中 国 林 业 经 济 学 会
北京林业大学经济管理学院 编
中国人民大学农业与农村发展学院

Forestry
Economic
Review

第3卷 VOL.3

林業经濟评論

中国林業出版社
China Forestry Publishing House

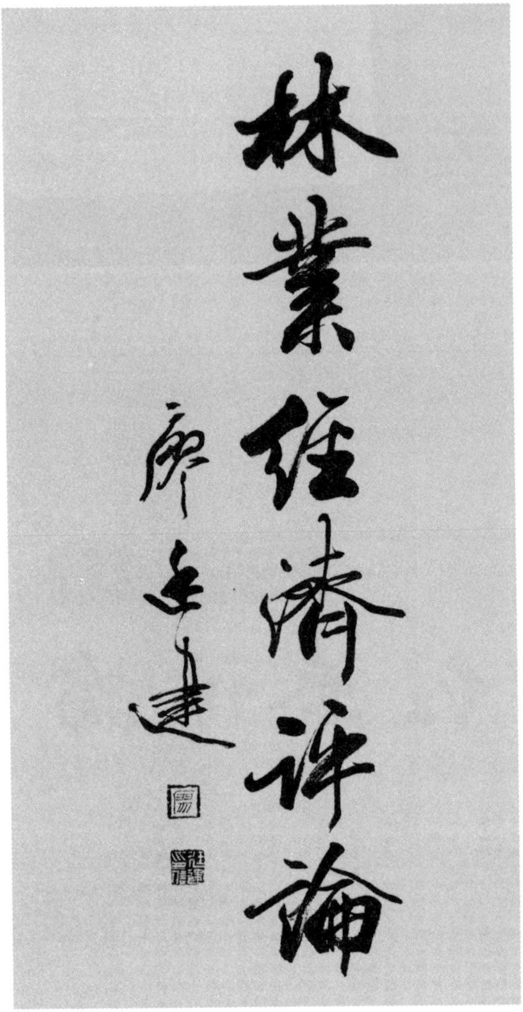

图书在版编目（CIP）数据

林业经济评论.第3卷：汉、英／中国林业经济学会，北京林业大学经济管理学院，中国人民大学农业与农村发展学院编.—北京：中国林业出版社，2013.7

ISBN 978-7-5038-7209-9

Ⅰ.林… Ⅱ.①中…②北…③中… Ⅲ.①林业经济-文集-汉、英 Ⅳ.①F307.2-53

中国版本图书馆CIP数据核字（2013）第221051号

策划编辑：徐小英　责任编辑：何鹏　封面设计：赵芳

出　版：中国林业出版社
（100009 北京西城区刘海胡同7号）
http：//lycb.forestry.gov.cn
Email：forestbook@163.com
电话：(010)83228427

发　行：中国林业出版社
印　刷：北京北林印刷厂
版　次：2013年7月第1版
印　次：2013年7月第1次
开　本：889mm×1194mm　1/16
印　张：11
字　数：350千字
印　数：1～2000册
定　价：35.00元

地址：北京海淀区清华东路35号北京林业大学主楼904室（100083）
电话：8610－62338464　传真：8610－62337674
Email：lyjjpl@163.com

卷首语

2012 年，党的十八大把生态文明建设纳入中国特色社会主义现代化建设五位一体总体布局，明确提出大力推进生态文明建设，努力建设美丽中国。2013 年，新一届国家领导集体高度重视生态文明建设。习近平总书记明确指出，良好的生态环境是人和社会持续发展的根本基础，是最公平的公共产品，是最普惠的民生福祉，多次强调保护生态环境就是保护生产力，改善生态环境就是发展生产力。绿色是美丽中国的主色调，林业是生态建设的主战场。

为了促进中国林业经济学界的学术交流，提升学术研究水平，同时更好地服务于美丽中国建设和现代林业发展，在业内广大同仁的大力支持下，在各主办单位领导的关怀下，在各位编委的共同努力下，《林业经济评论》自 2011 年创办以来已成功出版 2 卷，获得了业内同仁的广泛好评。

林业经济评论第 3 卷，本着高质量化、国际化和规范化的出版理念，经过精心征稿和细致审稿，最终共选录论文 22 篇，其中英文 3 篇。本卷所刊录论文内容丰富，选题涉及林权改革与林业发展、技术创新与绿色经济、林业投资与生态建设、林业贸易与产业发展、林业管理与林业服务等等当前林业经济与政策研究热点。研究内容紧扣时代主题，为当今林业改革与可持续发展提供了有力支撑。

衷心希望农林经济管理学界广大同仁的持续支持和不吝赐稿，也欢迎广大读者对本论文集提出批评、建议和意见，使本论文集质量得以不断改进、完善和提高。

《林业经济评论》编委会
2013 年 6 月

目　　录

林业管理与林业服务

Content

Forestry management and services

林权改革与林业发展

集体林权制度改革对农户林业投入影响研究

王　刚　宋维明　陈建成
（北京林业大学经济管理学院，北京，100083）

摘要：基于辽宁省 500 户农户的调查数据，分别运用 Logit 模型和 Tobit 模型研究集体林权制度改革后农户家庭林业投资决策和林业投资规模的影响因素。结果表明：农户家庭户主年龄、林权证、林业合作组织、林权抵押贷款以及林改以来林地病虫害显著影响农户家庭林业投入，并且户主年龄和地区虚拟变量显著影响农户林业投资决策，林业收入和林地面积却显著影响农户家庭林业投资规模。

关键词：集体林权制度改革；农户；就业决策；Logit 模型；Tobit 模型

Study on the impact of collective forest tenure reform to the farmer's investment in forest

Wang Gang，Song Weiming，Chen Jiancheng
（School of Economics and Management，Beijing Forestry University，Beijing，100083）

Abstract：Based on the survey data of 500 farmers in Liaoning Province，the paper analyzes influence factors of the farmers' forest investment decision-making and invest scale after the forest tenure reform using the Logit model and Tobit model，respectively. The results suggest that age of the household head，forest tenure certification，forestry cooperative organizations，forest tenure mortgage loans as well as the pests and diseases in forest have significant impacts on farmers' forest investment，and the education years of the household head and regional virtual variables significantly influence the farmers' forestry investment the age of decision，forest income and forest area of household significantly affect farmers' forestry investment scale.

Keywords：forest tenure reform；farmers；employment decisions；Logit model；Tobit model

集体林权制度改革政策出台及正式实施后，农户是经营集体林的主体，他们的投资行为直接影响集体林经营效果的好坏。集体林权改革后，农户林业投入影响因素研究，尤其是和集体林权改革相关的诸多变量如何影响农户林业生产投资决策和投资规模，对于了解集体林权改革对农户林业生产积极性的影响以及在集体林改后如何从配套政策方面更好服务农户林业生产具有一定的现实意义。

一、文献综述

诸多学者专注于集体林权改革对农户生产、投资与就业行为的研究。对江西省集体林业改革的研究表明集体林权制度改革得到了农户的普遍支持和广泛参与，且林业生产积极性提高[1]。罗金和张广胜运用博弈论分析中国集体林权制度改革后林农林业生产决策，指出源于林业经济利益的驱动，群体中的林农会通过学习、模仿逐渐改变行为策略，林农进行林业生产和非林生产的动态均衡比例取决于 2 种行为的收益比例[2]。并且，林权制度改革促进了土地利用方式的转变，部分农业用地向林果业方向发展[3]。

集体林产权制度主体改革接近完成后，农户投资林业的积极性有了较大程度的提高，58.18% 的林农表示近期内会增加林业投资，超过 80% 的林农表

基金项目：中央高校基本科研业务费专项资金资助（TD2012－10）

第一作者：王刚，博士，副教授。主要研究方向：人力资源管理，劳动经济学，林业经济。Email：wanggang@ bjfu. edu. cn，地址：北京市海淀区清华东路 35 号 39 信箱，100083。

责任作者：陈建成，博士，教授。主要研究方向：农林经济管理，行政管理。Email：chenjc1963@ 163. com，地址：北京市海淀区清华东路 35 号 39 信箱，100083。

达了会在远期内有投资林业的意愿[4]。另外一项调查也表明，有84.84%的农户在林改后有林业投资的意愿，影响林农进行林业生产投资的主要因素包括缺乏资金、担心政策变化以及采伐限额限制木材生产等[5]。集体林权制度改革通过产权界定，明晰林权主体的权利边界，使人们在市场交易时形成更为稳定的收益预期，从而产生行为激励，集体林改后农户经营林业的积极性提高，林业投入和造林面积均有所增加[6]，并且林改获得林地面积越大，林农投入意愿越强[7]。罗金和张广胜对辽宁省农户调查数据的分析表明，户主受教育程度、生产资金获取的难易程度、农户家庭收入、林地面积等因素显著影响林农投资行为[8,9]。谢彦明等对云南省景谷县林农林业投资的研究表明，林地质量、林改政策宣传是否到位、是否编制林业经营方案、林业生产经营缺钱是否经常发生等因素对林农林业投资影响显著为正，林地离家距离和林地是否缴纳承包使用费对林农林业投资影响分别显著为负[10]。黄安胜对南方集体林区林农资金投入行为影响因素的分析表明，林农经营用材林资金的投入量会受到经营所得、林地的面积、林木的成熟状况和经营的其他林种林地面积的显著影响[11]。林农经营经济林的资金投入量会受到经济林经营所得、林地的面积、自投工数和林业外家庭收入的显著影响。

王洪玉等对辽宁省农户的调查显示，对林地产权的不同安排会影响农户造林投入，农户非农就业比例、经营土地面积、是否接受过林业社会化服务和年龄都影响农户参与造林活动，而木材价格、非农就业比例和是否具有资金也会影响农户造林投入[12]。对公益林有投资意愿的家庭平均收入、人均收入、林业收入都要高于不愿意投入的林农，对公益林投入的前提是有现金收入支撑[13]。Ping用叙述性偏好法研究贵州省林权制度改革对林农的财产权利偏好的影响，发现林农对林权制度改革合同提供的权利类型非常关注，降低合同期内风险，增加对林农的保障，会显著增加林农对林业的投入意愿[14]。林业产权的不稳定性极大降低了农户林业投资的积极性，产权制度改革后产权明晰使得农户造林的积极性明显提高[15]。

国外对林业投入的研究主要集中在对非工业私有林(NIPF)投入的研究。Sudiksha对美国西弗吉尼亚州非工业私有林地所有者森林管理决策影响因素的调查结果显示，所有者的年龄、教育程度、职业、收入、林地规模、林地获得时间、林地距居住地的距离、林地获得的途径(购买或继承或礼物)会在不同程度上影响林地所有者的森林管理和投资决策[16]。Rodríguez对西班牙北部非工业私有林(NIPF)所有者的调查结果表明，林农投资和提高林地生产效率主要受到林地地块的大小及地块分散程度的影响[17]。ANDERS对挪威的森林投资与森林管理的研究结果显示，林业投资相对其他投资回报率较低，林业投资主要受林农时间和风险偏好的影响[18]。Maminiaina对美国弗吉尼亚州3 435户森林所有者的调查显示，缺少时间和缺少劳动力是影响其对林业投入和管理的最主要的两个因素[19]。Robert对NIPF管理的文献研究确定了四种主要影响林地所有者对林地管理的因素：市场力量、政策变量、所有者特征和地块/资源状况[20]。Hildebrandt探讨了预期效益模型、期权定价模型和鲁棒优化技术在林业投资决策中的应用及适用性[21]。

从现有研究看，国内外学者对林业投入影响因素的研究多集中在林农个体特征(性别、年龄、教育程度)、家庭特征(劳动力数量、家庭收入)、林地特征(林地面积、块数、林地质量)和林改后集体林产权等方面，研究集体林权制度改革对农户投入影响的分析多是以林改前后林农在林地上的投入变化为因变量，且研究时间多在林权制度改革实施后很短的时间内，林权制度改革对农户投入影响的效应不一定能发挥出来。本文利用2010年国家林业局集体林权制度改革监测辽宁省数据，建立逻辑回归模型，判断集体林权制度改革对农户投入行为的影响效应和机理。

二、样本数据来源及特征分析

(一)样本数据来源

本研究基于国家林业局经济发展研究中心和农村林业改革发展司、规划与资金管理司组成的2010年集体林权制度改革跟踪监测调查项目，对辽宁省集体林权制度改革进程进行监测。监测的主要内容：反映林地权属明晰、流转、融资、森林保险等政策的落实情况，分析林改前后营林生产、森林资源、产业发展、农户生计、林业就业的变化情况，了解农民对改革的满意程度。根据监测方案，样本县的监测期为各县实际开始林改前一年和调查前一年。由于各县开始林改的具体时间略有差异，监测前一时点各县不完全统一，最早是2004年，多数为2005年；后一时间则均为2009年。

根据监测方案，项目组分三个层次抽取10个样本县、50个样本村和500个样本农户就监测内容指标进行实地调查。首先，采用分层随机抽样选取样本县。根据森林资源分布和区域社会经济发展水平，抽取了法库、彰武、西丰、普兰店市、清原、本溪、宽甸县、北票市和建昌等10县。实际开展调查时，根据辽宁省林业厅林改办的意见，把法库、彰武、西丰、盘山县和普兰店市分别调整为新宾、桓仁、开原、辽阳和铁岭县。最终选定的样本县为北票、本溪、桓仁、建昌、开原、宽甸、辽阳、清原、铁岭和新宾等10县。其次，根据各样本县经济状况差异按照对称等距方法抽取5个样本村；第三，在每个样本村中，根据户籍名单，随机抽取10个样本户。农户调查由调查员按照调查表内容逐个指标与被调查农户户主的访谈获取。本次调查共发放农户调查表500份，收回500份，有效率100%。

(二)辽宁省林权制度改革概况

辽宁省土地总面积1480.6万 hm^2，总人口4189万人，林业用地面积万695 hm^2，占土地总面积的46.9%，森林覆盖率35.13%。在林业用地面积中集体林600万 hm^2，占林业用地面积的86.3%。辽宁省集体林改自2005年3月开始启动试点，到11月全面推开，截至2010年6月主体改革完成确权面积524.73万 hm^2，占应改面积的99.5%。参改农户434万户，参改人数1 523万人。签订合同384万份，合同签订率达99%。至2010年6月，全省已组建林业合作经济组织1 336个，各类专业协会592个，林业综合管理服务中心27个(为广大农户提供林业行政许可办理、林权流转、抵押贷款等便捷高效的一站式服务)。

抽样调查结果显示，明晰产权改革有效激发了农民经营山林的积极性，全样本农户2009年林业生产投入平均较林改前增加了141%，积极开展荒山(沙)地造林、抚育作业、低效林改造等营造林活动。样本县有林地面积较林改前有所增加，森林结构得到改善，低效林地面积占林地面积比例大幅下降。

三、影响农户林业投入因素分析

(一)林业投资变量

林业投资变量以农户家庭年度投入到林业生产和经营上的实际资金量表示。

(二)农户特征变量

农户特征变量中主要涉及户主年龄、性别、教育程度等变量。户主具有在林业生产方面的决策权。一般来说，户主年龄越大其从事非农就业的可能性就越小，从事林业生产的可能性越大，对林业的投资也就越大。户主性别和林业投资的关系的相关研究尚未有清楚定论，但理论上，男性可能更倾向敢于投资林业生产。户主的教育程度直接关系到户主对集体林权制度改革政策及结果的认识和理解，在更清楚地了解集体林权制度改革政策后，可能会促使农户增加对林业的投资。与此同时，户主教育程度越高，其学习和掌握非农技能的能力越强，也更加注重对子女的教育投资，提高子女的教育程度，增加户主和其家庭成员非农就业的可能性，进而降低对林业的投资。因此，户主受教育程度对农户林业投资的影响方向不确定。

(三)农户家庭变量

农户家庭变量主要包括家庭成员是否担任干部(包括县、乡、村级干部)、家庭劳动力数量、家庭林业收入、家庭林地面积和家庭林地块数等。由于本研究是以家庭总体为背景研究集体林权制度改革对农户家庭林业投资的影响，所以农户家庭特征也是重要的影响变量。家庭成员担任干部本身就属于非农就业，且接触社会的层面和一般农户不同，所以家庭成员有更多的机会从事非农行业。但是家庭成员担任干部可以增加家庭收入，同时有更多的机会承包集体林(在调查时发现有部分村干部不得不承包别人不愿意承包的林地)，又可能会增加其家庭对林业投资的可能性。理论上说，家庭劳动力数量越多，从事林业生产经营的能力越强，承包经营林地的意愿也越强，林地面积也越大，因而会增加农户家庭林业投资额度。家庭林业收入越高，农户可支配收入越多，增加林业投资的可能性越大。林地面积和林地块数对林业投资的影响不同，林地面积越大农户越倾向于增加林业投资，但是林地块数越多则越不利于农户林业规模生产和经营，会降低农户林业投资的可能性。

(四)集体林权制度改革变量

集体林权制度改革变量主要包括林权制度改革后农户以家庭为单位是否发生林权纠纷、是否拥有林权证、是否参与联户经营、是否加入林业合作组织、申请木材采伐指标是否有困难、家中是否有林地流转、是否有林权抵押贷款、林地是否发生过火灾或病虫害以及是否参加森林保险等指标。集体林权制度改革变量主要用来衡量集体林权制度改革政策及实施效果对农户行为特征的影响。如果发生林权纠纷，说明林改过程中存在问题，同时农户对林业投资的效果会持怀疑态度，会影响农户林业投资的积极性。林权证是农户林业投资和生产经营的权属保证，确保农户林业投资能得到回报，因此拥有林权证会增加农户林业投资的可能性。农户参与联户经营和加入林业合作组织可以增强发展林业规模经济的能力，会增加农户林业投资的机会。集体林权制度改革后，农户可以处置林地上的林木以变现，这也是农户林业收入的主要来源，如果申请木材采伐指标有困难也会降低农户对未来林业收入的预期，减低农户林业投资的积极性。林地流转包括林地转出和转入，林地转出会降低农户林业投资，林地转入会增加农户林业投资。农户用林权抵押贷款会增加农户资金使用的灵活性，使得农户有资本投资于林业生产，但是可能也有农户用林权抵押贷款从事其他经营活动，所以林权抵押贷款对农户林业投资的影响方向不确定。如果农户的林地曾经发生过火灾或病虫害，使得农户林业生产的收益下降，可能会降低农户林业投资的积极性。农户参加森林保险可以为林业生产提高保障，即使发生病虫害或火灾，也能最大限度地降低损失，因此参加森林保险可以促进农户对林业生产的投资。

(五)地区虚拟变量

地区虚拟变量：由于不同地区自然资源禀赋差异，农户所拥有的林地资源状况以及农户对林业生产的依赖性存在很大差异，直接影响到农户的林业生产投资决策。地理位置类型分为辽东地区和辽西地区。辽西地区包括：北票、建昌、开原、铁岭；辽东地区包括：本溪、桓仁、宽甸、辽阳、清原和新宾。

(六)变量描述性统计分析

根据上述分析结果，本文选择以下变量对农户林业投资进行分析，并基于文献资料和经验预测各自变量对因变量的影响方向。表1为因变量和自变量的描述性统计分析结果与预期符号。

表1 变量描述性统计分析

Tab. 1 Descriptive statistical analysis of variables

变量与定义	均值	标准差	预期符号
林业投入	5007.17	12248.83	
户主特征变量			
户主年龄(岁)	51.79	10.84	-
户主性别(男性=1，女性=0)	0.91	0.28	+
户主教育程度(年)	12.86	21.18	+/-
家庭特征变量			
家庭成员担任干部(是=1，否=0)	0.23	0.42	+/-
家庭劳动力数量(人)	2.38	1.14	+
林业收入(元)	8032.04	39041.24	+
林地面积(亩)	29.59	96.21	+
林地块数(块)	3.27	11.86	-
集体林权制度改革变量			
林改后是否发生林权纠纷(是=1，否=0)	0.03	0.18	-
是否拥有林权证(是=1，否=0)	0.76	0.43	+
是否参加联户经营(是=1，否=0)	0.34	0.48	+
是否参加林业合作社(是=1，否=0)	0.16	0.37	+
申请木材采伐指标是否困难(是=1，否=0)	0.44	0.49	-
家庭是否有林地流转(是=1，否=0)	0.13	0.33	+/-
是否有林权抵押贷款(是=1，否=0)	0.03	0.17	+/-
林改以来林地是否发生火灾(是=1，否=0)	0.02	0.13	-
林改以来林地病虫害(是=1，否=0)	0.26	0.44	+
是否参加森林保险(是=1，否=0)	0.01	0.12	+
地区虚拟变量(辽东=1，辽西=0)	0.60	0.49	+

四、影响农户林业投入的计量模型分析

(一)实证模型

为了更加系统准确地分析研究现象之间的内在关系，本文建立了农户林业生产性投资行为的实证模型以进一步进行多因素分析。基于对前面分析框

架的讨论及描述，这里将农户的林业生产性投资设定为以下几类因素的函数，即农户户主特征变量、农户家庭变量、集体林权制度改革变量和地区虚拟变量。归纳为以下函数形式：

林业投资 = F(农户户主特征变量、农户家庭变量、集体林权制度改革变量和地区虚拟变量) + 随机扰动项

由于本研究采用的农户林业投资数据为2009年农户家庭投资于林业生产的具体金额，因变量大于等于0。农户林业生产投资行为实际上是两个行为决策过程的结合。第一个行为决策是农户决定是否进行林业生产性投资，选择Logit模型来研究农户是否进行林业生产性投资的影响因素，模型中因变量是0、1选择变量，因此采用二元选择模型进行分析，模型形式：

$$Prob(Y=1) = a_1 + b_2x_1 + b_2x_2 + b_3x_3 + b_4x_4 + \varepsilon_1$$

因变量Y是一个0、1虚拟变量，当$Y=1$时代表农户进行林业生产投资，$Y=0$时则代表农户未进行林业生产投资。a是常数项，ε代表随机误差。自变量X包括：农户户主特征(x_1)和家庭特征(x_2)、集体林权制度改革特征变量(x_3)、地区特征虚拟变量(x_4)。

第二个行为决策就是农户决定林业生产性投资的规模。由于因变量大于等于0，所以模型中的因变量下限被界定，可以通过限值因变量模型Tobit模型来分析影响农户林业生产性投资规模大小的影响因素，模型表达方式如下：

$$Y = a_2 + b_1x_1 + b_2x_2 + b_3x_3 + b_4x_4 + \varepsilon_2$$

方程中，Y为农户林业投资的金额，a是常数项，ε代表随机误差。自变量X包括：农户户主特征(x_1)和家庭特征(x_2)、集体林权制度改革特征变量(x_3)、地区特征虚拟变量(x_4)。

(二)模型估计的结果与讨论

模型估计结果如表2所示。从模型运行结果来看，整体拟合程度较好。

模型估计结果显示，显著影响农户是否进行林业投资的因素包括农户家庭户主年龄(-)、户主性别(+)、林地块数(+)、是否拥有林权证(-)、是否参加林业合作组织(+)、家庭是否有林地流转(-)、林改以来林地是否发生病虫害(+)和地区虚拟变量(+)等，基本和预期一致。

回归结果显示，农户户主年龄显著影响农户林业投资决策，对农户是否进行林业投资具有负作用，随着年龄增长，农户进行林业投资的意愿逐渐降低。数据显示，户主年龄每增加一年，农户家庭进行林业投资的意愿会降低2.49%。户主性别显著正向影响农户林业投资决定，男性户主相对女性户主其投资林业的可能性会增加63.85%；比较意外的是，林地块数显著正向影响农户林业投资意愿，农户家庭林地块数每增加一块，其家庭林业投资的意愿会增加10.87%，可能是由于林地块数多且分散，增加了农户林业投资成本，使得农户被动增加林业投资。林业合作组织可以有效组织农户合作经营，增强抗风险能力和增加收入，回归结果也表明参加林业合作组织的农户相对没有参加林业合作组织的农户其投资可能性增加65.72%，说明林业合作组织对带动农户增加林业投资，积极从事林业生产具有正向显著影响。同时，显著影响农户林业投资的因素还有集体林权制度改革后农户家庭是否有林地流转，相比没有林地流转的农户，农户如果有林地流转，则其林业投资的可能性会下降94.18%，这个统计结果也很难解释，可以理解为样本中的林地流转多为转出，林地转出后农户自然没有林业投资。而且林改以后林地是否发生病虫害也显著影响农户家庭林业投资决策，林地发生病虫害的家庭其林业投资的可能性会增加95.1%，即林地发生病虫害后，农户积极投入、恢复林业生产和经营，导致增加林业投资。不同地区的农户其林业投资的决策也有所不同，显著影响农户是否进行林业投资，根据本研究关于地区虚拟变量的划分，辽东地区的农户进行林业投资的可能性显著高于辽西地区的农户，如果农户处于辽东地区，则其进行林业投资的可能性会增加75.43%，由此可见，自然资源禀赋的差异显著影响农户林业投资决策。

显著影响农户林业投资规模的因素包括：农户家庭户主年龄(-)、林业收入(+)、林地面积(+)、是否拥有林权证(-)、是否参加林业合作组织(+)、家庭是否有林权抵押贷款(+)、林改以来林地是否发生病虫害(+)、是否参加森林保险(+)等。其中，农户家庭户主年龄、是否拥有林权证、是否参加林业合作组织、是否有林权抵押贷款、林改以后林地是否发生病虫害等影响因素对林业投资规模的影响方向与对林业投资决策的影响方向一致，说明上述几个因素在林权制度改革后对农户家庭林业投资具有重要影响。另外，林业收入和林地面积对农户家庭林业投资规模有显著影响，且方向为正，

即对林业投资规模具有正向促进作用。其中林业收入和林地面积在1%的水平下显著影响林业投资规模，由此可见随着林业收入的增加，农户林业投资规模越大；农户家庭林地面积越大，农户投资林业的积极性越高，投资林业生产的资金也就越多。

但是，意外的是，是否拥有林权证对农户林业投资决策的影响是显著负相关，和预期相反，原因可能包括以下三点：第一，辽宁集体林改最早开始于2005年，而调查仅反映农户2009年林业投资数据，而农户林业投资可能发生于2009年之前；第二，调查中发现，部分地区在集体林权改革之前已经实现林地到户，而集体林权改革仅是确权过程，不会对农户林业投资有显著影响；第三，颁发林权证后，农户可以林权证抵押贷款，但是农户把贷款用于林业生产以外的投资，导致林业投资下降。在此基础上，要具体分析林权证对农户林业投资的影响，可以考虑加入连续投资数据，并界定清楚农户林地到户和取得林权证的时间关系以及农户如何看待林权证的作用等变量。

表2 模型估计结果

Tab. 2 Model results

	农户是否进行林业投资		农户林业投资规模	
	系数	Z值	系数	Z值
户主特征变量				
户主年龄	-0.0249**	-2.38	-82.5184*	-1.77
户主性别	0.6385*	1.77	1482.4280	0.86
户主教育程度	-0.0005	0.10	-0.7951	-0.03
家庭特征变量				
家庭成员担任干部	0.2914	1.05	801.8278	0.67
家庭劳动力数量	0.1088	1.13	-295.4837	-0.69
林业收入	0.0000	1.21	0.0376***	3.02
林地面积	0.0024	1.49	29.3036***	7.70
林地块数	0.1087*	1.74	32.2875	0.74
集体林权制度改革变量				
林改后是否发生林权纠纷	0.1097	0.17	-1220.4890	-0.46
是否拥有林权证	-0.5187***	-1.86	-2576.2270**	-2.16
是否参加联户经营	-0.3349	-1.34	520.5957	0.48
是否参加林业合作组织	0.6572*	1.94	1986.3850**	1.47
申请采伐指标是否困难	-0.2994	-1.33	-454.5416	-0.45
家庭是否有林地流转	-0.9418***	-2.79	843.3086	0.55
是否有林权抵押贷款	1.4542	1.34	11369.2600***	3.79
林改后林地是否发生火灾	-0.0834	-0.10	5636.5360	1.51
林改以来林地病虫害	0.9510***	3.40	2252.5670**	1.99
是否参加森林保险	-	-	12473.4800***	2.80
地区虚拟变量	0.7543***	3.09	500.6465	0.46
常数项	0.8828	1.08	6588.6820	1.39
LR chi2(21) =157.48				

注：*、**、***分别表示该系数达到10%、5%、1%的显著性水平。

五、结论与政策建议

本文研究结果表明，农户林业生产投资受到户主年龄、户主性别、是否拥有林权证、是否参加林业合作组织、是否有林权抵押贷款以及林改以来是否发生病虫害和地区虚拟变量等因素的显著影响。影响农户是否进行林业投资以及农户林业投资规模的因素有所不同，户主年龄和地区虚拟变量显著影响农户是否进行林业投资，但林业收入和林地面积却显著影响农户家庭林业投资规模，并且随着这些因素的变化而不断变化。由于林业投资回报的长期性，农户户主年龄对其林业投资决策有显著影响。随着户主年龄增长，其对林业投资回报的期望越小，进而影响其林业投资决策和投资规模：即年龄越大的户主越不愿意进行林业投资，即使有林业投资其规模也会随着户主年龄的增长而下降，但是户主年龄对其投资决策影响的显著水平要高于对其投资规模的显著水平。地区虚拟变量反映了不同地区的资源禀赋，辽东地区的林业资源禀赋要优于辽西地区，林业生产投资回报率较高，农户对林地的依赖性较强，进而决定了辽东地区的农户更愿意投资林业生产，但是在投资规模上影响不显著。至于投资规模影响因素，农户从林业生产中获取的林业收入越高，其林地投入产出比越高，进而刺激农户显著增加林业投资以获取更多林业收入。

因此，在集体林权制度改革后，为调动农户林业生产的积极性，增加林业生产投资，从而更好地经营、管理林地，应继续完善相关的林权制度改革配套措施。包括：

(1)鼓励农户建立各种形式林业合作组织，并为各种类型的林业合作组织提供政策支持、技术培训和经费支持。林业合作组织为农户从事林业生产提供资金、技术、市场等方面的服务，并且可以增强农户的抗风险能力，极大提高农户林业投资和生产的积极性。同时，可以借助专业的林业合作组织，引导农户林业生产方式和内容，积极发展林下经济，促进农户增收。

(2)继续建立、健全并完善林地流转及林权抵押贷款的政策、机制以及相关的评估机制。首先要制定和完善林地流转的政策、制度和实施细则，鼓励和允许有条件的农户进行林地的转入和转出，保证农户可以开展林地流转，实现资源的优化配置，增强林业规模化生产和经营。其次，完善林权抵押贷款配套的政策与实施机制，鼓励各商业银行和相关机构实施林权抵押贷款，保证农户可以用林权抵押贷款增加林业生产投入，实现林业生产和经营的可持续发展。第三，要制定完善的林地流转和林权抵押贷款评估机制，并建立林权评估机构负责林地的评估，为林地流转和林权抵押贷款的实施提供服务和保障。

(3)继续扩大森林保险的实施范围。一方面，要倡导和鼓励相关保险行业或机构积极开展森林保险业务，并展开宣传，增强农户的森林保险意识；另一方面，要强化农户的风险意识，鼓励农户参加森林保险，降低林业生产的风险，保证农户林业生产经营的积极性。在森林保险降低农户林业生产风险的前提下，农户才能放心进行林业投资和林业生产。

参考文献：

[1]李娅，姜春前，严成，等. 江西省集体林区林权制度改革效果及农户意愿分析[J]. 中国农村经济，2007，12：54－61.

[2]罗金，张广胜. 中国北方集体林权制度改革路径与林农生产决策[J]. 世界林业研究，2011，24(3)：47－52.

[3]杨校生，格日乐图，魏彬. 我国南方集团林权制度改革实证追踪之一[J]. 林业经济，2010(6)：46－49.

[4]陈珂，魏彪，王海丽，等. 辽宁集体林产权主体改革后林农投资行为的调查研究[J]. 林业经济问题，2008，28(3)：246－249.

[5]邵丹. 辽宁省集体林林权制度改革林农行为问题的调查分析[J]. 吉林林业科技，2010，39(4)：37－39.

[6]胡慧敏，王爱民. 河北省集体林权制度改革成效分析[J]. 林业经济问题，2011，31(1)：76－79.

[7]张俊清，吕杰. 集体林产权制度改革下林农对用材林的投入行为分析[J]. 林业资源管理，2008，4：40－43.

[8]罗金，张广胜. 集体林权改革后的林农生产投资行为[J]. 林业经济问题，2009，29(1)：77－80.

[9]刘伟平，陈钦. 集体林权制度改革对农户林业收入的影响分析[J]. 福建农林大学学报(哲学社会科学版)，2009，12(5)：33－36.

[10]谢彦明，支玲. 林农林业投资行为影响因素分析及政策启示[J]. 林业经济问题，2011，31(1)：24－27.

[11]黄安胜，张春霞，苏时鹏，等. 南方集体林区林农资金投入行为分析[J]. 林业经济，2008，6：67－70.

[12]王洪玉，翟印礼. 产权制度安排地农户造林投入行为的影响[J]. 农业技术经济，2009，2：62－68.

[13]张俊清，吕杰. 集体林产权制度改革下林农对公益林的投入行为分析[J]. 辽宁林业科技，2008，2：31－34.

[14]Ping Qin，Carlsson Fredrik，Jintao Xu. Forest Tenure Reform in China：A Choice Experiment on Farmers´Property Rights Preferences [J]. *Land Economics*，Aug2011，Vol. 87 Issue 3：473－487.

[15]王洪玉，翟印礼. 产权制度制度变迁下农户林业生产行为研究

[J]. 农业经济, 2009, 3: 71 -73.

[16] Sudiksha Joshi, Kathryn G Arano. Determinants of private forest management decisions: A study on West Virginia NIPF landowners [J]. Forest Policy and Economics, 2009, 11(2): 118 - 125.

[17] Rodríguez-Vicente, Verónica, Marey-Pérez, Manuel F. Land-use and land-base patterns in non-industrial private forests: Factors affecting forest management in Northern Spain[J]. Forest Policy & Economics, 2009, 11(7): 475 -490.

[18] ANDERS Q. NYRUD. Analysing Norwegian Forest Management Using an Optimal Harvesting Rule[J], Journal of Forest Research, 2004, 19(5): 74 -81.

[19] Maminiaina S Rasamoelina , James E Johnson, R Bruce Hull. Classifying forest owner motivations, management constraints, and information sources-a factor analysis approach. IUFRO conference, Bled, 06 -12 June 2010.

[20] Robert H Beach, Subhrendu K Pattanayak, Jui-Chen Yang, Brian C Murray, Robert C Abt. Empirical Studies of Non Industrial Private Forest Management: A Review and Synthesis [W]. http://www.rti.org/public ations/abstract.cfm? pubid =1144.

[21] Hildebrandt, Patrick, Knoke, Thomas. Investment decisions under uncertainty—A methodological review on forest science studies [J]. Forest Policy & Economics, 2011, 13(1): 1 -15.

我国林业合作经济组织发展的态势、存在问题及对策
——基于福建、浙江、辽宁和甘肃四省的调研

孔祥智　毛　飞　柯水发　崔海兴　何安华
（中国人民大学农业与农村发展学院，北京，100872）

摘　要：作为集体林权制度改革的配套措施之一，我国林业合作经济组织蓬勃发展。论文基于福建、浙江、辽宁、甘肃等四个典型省份的调研，分析了四个省份的林业合作经济组织发展状况及发展趋势，并指出我国林业合作经济组织发展存在的问题，并提出了相应的对策以促进我国林业合作经济组织的健康发展。

关键词：林业；合作经济组织；发展态势；问题；对策

Development status, existing problems, and countermeasures of Forestry Cooperatives economic organizations in China
——Based on the investigation in Fujian, Zhejiang, Liaoning and Gansu provinces

Kong Xiangzhi, Mao Fei, Ke Shuifa, Cui Haixing, He Anhua
(School of Agricultural Economics and Rural Development, Renmin University of China, Beijing, 100872)

Abstract: As one of the supporting measures of collective forest property right system reform, forestry cooperative economic organizations in China grows rapidly. Based on the investigation in Fujian, Zhejiang, Liaoning and Gansu provinces, the development situation and trend of forestry cooperative economic organizations in four above - mentioned provinces were analyzed in the paper, then the problems existing in the development of forestry cooperative economic organizations were also pointed out. Finally, the countermeasures to promote the healthy development of the forestry cooperative economic organizations in china were put forward in the paper.

Key words: Forestry; cooperative economic organizations; Development status; problems; countermeasures

2008年6月8日，中共中央、国务院出台《关于全面推进集体林权制度改革的意见》，全国集体林权制度改革全面展开，以明晰产权、放活经营权、落实处置权、保障收益权等为主要任务。在各级政府及相关部门的大力支持下，全国集体林权制度改革取得了较快进展和明显成效。截至2011年底，全国已确权林地面积26.77亿亩，占集体林地面积的97.8%；发放林权证1亿本，发证面积累计达23.69亿亩，占纳入林改总面积的86.65%；发证户数达8784万户，5亿多农民直接受益。

作为全国集体林权制度改革的配套措施之一，林业合作经济组织蓬勃发展。截至2012年底，全国共建立林业专业合作组织11.15万家，比2011年年增长14.05%，加入合作组织农户1356.32万户，占林改涉及农户的9.06%；合作组织经营林地面积2.38亿亩，占已确权林地8.79%。其中，林业专业合作社3.74万家，比2011年增长17.94%，加入林业专业合作社的农户达623.27万户，林业专业合作社经营的林地面积为9767.78万亩，比2011年增长17.11%，占已确权的林地面积的3.61%。林业合作组织呈现出蓬勃发展之势，取得了良好的经济效益。林业合作组织已经覆盖全国29个省（自治区、直辖市），涉及种苗、花卉、用材林、经济林、林产品加工与销售、中草药种植、特种珍稀动物饲养、林下经济、森林旅游等方方面面，组织形式也呈现出多样化，农民林业合作社、股份合作林场、股份制林场、家庭林场、联合社以及林业专业协会等多种模式发展，充分体现了农民自主自愿、合作发展，

基金项目：国家自然科学基金面上项目"成员异质性、合作社理论创新与农民专业合作社发展政策体系构建(71273267)"；国家林业局委托课题"集体林区综合改革实验区建设前期研究"。

第一作者：孔祥智，中国人民大学农业与农村发展学院教授。主要研究方向：农业政策分析。电话：(010)82509112，Email：k－xz@263. net，地址：北京市中关村大街59号(100872)。

逐步实现从单一功能向多种功能拓展，从传统合作向新型合作演变，从横向合作向纵向合作深化。

当前，诸多学者如张晓山[1]、孔祥智[2]、罗必良[3]、苑鹏[4]等已针对农民合作经济组织开展了较为深入的研究，而在林业合作经济组织方面，孔祥智[5]、王登举[6]、程云行[7]等也开展了相应的研究。为更加深入地探讨集体林权制度改革以后林业合作经济组织发展等问题，2009 年至 2010 年 8 月，笔者选取福建、浙江、辽宁、甘肃等典型省份，就林业合作经济组织发展情况进行实地调研。通过调研，对调研省份林业合作经济组织的发展现状、特点、存在的问题有了基本的了解和判断，并为推动林业合作经济组织健康发展提出了相应的对策。

一、样本省份林业合作经济组织发展状况

(一)福建省林业合作经济组织发展状况

在南方集体林区，提高林业经营组织化程度，实现林业规模化经营，增强林产品竞争力，这不仅是市场经济的客观要求，也是实现林业产业化和现代化的需要。随着集体林权制度改革的不断深入，广大林农在耕者有其山的基础上坚持自愿为原则，以亲情、友情为纽带组建了各类林业合作经济组织。据统计，据统计，截止 2007 年 7 月，福建省已成立林业合作经济组织 6211 个，合作经营山林面积达到 8033 万亩。截至 2010 年上半年，福建全省已建立林业专业合作社 1296 个，林业专业协会 1000 多家。截至 2012 年底，累计成立农民林业专业合作社 1668 个，一定程度上实现了林改后林农小生产与大市场的有效对接。福建省林业合作经济组织的发展模式呈多元化趋势，如家庭合作林场、股份制合作林场、专业技术协会、林业专业合作社、“公司 + 基地 + 农户”合作型林场等。以永安市为例，永安市共组建各类林业合作经济组织 491 个，其中家庭合作林场 143 个、股份制合作林场 69 个、“公司 + 基地 + 农户”合作型林场 5 个、林业专业(行业)协会 249 个，林业专业合作社 25 个。

在推进林业合作经济组织建设的进程中，福建省政府着力于规范林业合作经济组织运作，并给予倾斜扶持、促其加快实现规模经营。下面将福建省推进林业合作经济组织建设的经验总结如下：

一是加强引导。针对林改后，林业经营单位划小、经营主体分散、信息掌握较为滞后、抵抗自然风险能力和连接市场能力相对不足等问题，引导林农创新联户经营管理方式。具体分三步走：①进一步划小经营单位，将产权细化到户、到人。②引导联户经营的林农将所持有的山林股权或经营权按出资比例组建家庭合作林场，实现股份制经营。③引导联户经营的林农将所持有的山林股权或经营权以折价入股方式加入已组建的股份制林场(如与森发公司、永林股份等)进行统一经营，并按照入股的数量按时获取一定比例的分红，避免因林权流转出现林农“失山失地”问题，达到依托龙头企业化解分散经营风险的目的。

二是规范经营。积极开展林业合作经济组织编制森林经营方案试点工作，引导家庭合作林场和股份合作制林场，以股份合作林场、林业专业协会、“公司 + 基地 + 农户”模式经营的企业原料林、乡镇林场、行政村等五种类型为编制单位，细化经营方案，并严格按照森林经营方案分解商品林采伐指标，实现森林的可持续经营。

三是政策扶持。主要从四个方面扶持林业合作经济组织做大、做强、做实。①金融支持。对申请林业贷款的家庭合作林场和股份合作制林场，由市林业信用协会优先给予推荐，并争取国家、省给予贷款贴息。对示范专业合作社申请林木资产抵押贷款的，免收林木资产评估费。②资金帮助。市争取的上级项目补助资金，优先安排给各类家庭合作林场和股份合作制林场。对林业经济合作组织经营面积达 3000 亩以上的，由市财政按照注册资本总额的 20%(20 万元以下)给予专项资金扶持政策。对示范林业专业合作社的育林基金实行先征后返的办法，在合作社更新造林验收合格后，将育林基金予以返还。同时，免收专业合作社办理注册、变更、注销手续时一切费用。③部门扶持。对按照要求编制森林经营方案的家庭合作林场和股份合作制林场，由林业部门对其更新造林予以适当的资金补助扶持，并实行采伐指标单列管理，确保其林木收益权。④政策倾斜。赋予协会发展壮大的优惠政策，对运作规范、成效显著的各类林业合作经济组织，由市政府评选表彰和政策倾斜。

(二)浙江省林业合作经济组织发展状况

随着市场经济的发展，林农以个体形式单独进入市场的弱势越来越明显。在激烈的市场竞争中，广大林农在发展生产、进入进场的过程中，逐渐认识到通过组建林业合作经济组织提高自身组织化程度的重要性。为顺应林农需求，浙江政府因势利导

地出台措施发展各类林业合作经济组织。到2007年底达到了5659个，其中农民专业合作社就有5141个，成员总数更是达到了38.5万，截至2009年9月，浙江省紧密型农民林业专业合作社1718个，社员数15万个，带动农户95万户，带动基地450万亩，有力地推动了现代林业发展。

根据课题组对浙江丽水市林业合作经济组织的调研情况，截至2009年5月，丽水市各类林业合作经济组织超过300家，其中：林业专业合作社118家，现有社员1.2万人，带动农户8.8万户，联结基地70.14万亩；在数量上较2005年同期增加了72家，年增长率为52.2%。总体上看，丽水市的林业合作经济组织建设仍处于探索发展阶段，数量不多，覆盖农户数较少，大部分农户仍采用单家独户的分散式经营模式从事林业生产。

林业合作经济组织作为新出现的市场主体，如果没有政府的政策扶持，它很难靠自身力量发展壮大，因此各级政府对林业合作经济组织的发展都给予了政策扶持。概括而言，浙江省各级政府对林业合作经济组织的扶持方式和手段主要有以下几个方面：

一是部门扶持。工商部门在注册登记、年检方面予以方便和优惠；林业部门积极探索林业合作经济组织森林经营方案编制工作，对符合条件的组织给予了指标单列，优先安排，确保其林木收益权。

二是给予政策性奖励。凡工商管理部门登记注册，达到职能部门规定要求，且正常规范开展各项活动，对提高农民的组织化程度效果显著的，给予奖励。如台州市黄岩区的做法是：对取得法人资格的林业合作经济组织，奖励1万元，对达到区、市级规范化标准和省级扶持标准的分别奖励2万元、3万元、5万元；设立销售营业房或摊位、专柜，给予场地租用费30%的补助；购买选果机和营运车辆，给予30%的购车款补助；建设精品基地连片100亩以上的，给予70%的基础设施投入补助；林产品进入省会城市大型超市并且销售额在100万元以上，补助5万元等。

三是给予税收优惠。如税务部门贯彻“反哺”方针，从营业税、增值税、所得税方面给予税收减免.

四是金融支持。政府对林业合作经济组织向金融机构贷款提供贷款担保或者给予贷款贴息等支持。如在推进林权抵押贷款方面，丽水市政府对金融机构进行奖励，鼓励农村信用社、农业银行等向合作组织及其成员提供生产经营性贷款。

(三)辽宁省林业合作经济组织发展状况

辽宁省自2005年开展集体林权制度改革以来，在林木经营、林果经营、林下作物种植、林产品加工等林业产业链的各个环节形成了一大批新型农民林业合作经济组织。林改前只有24个，截止2012年底，全省已经建立林业专业合作社2746个，其中已经登记注册的有1567个，比林改前增加了65倍。中部5市的合作社数量为595个，登记注册的572个，分别占全省的21.67%和36.5%。其中沈阳154个、大连75个、鞍山246个、营口54个、辽阳43个。截至2012年底，林业合作经济组织总数达到2795个合作经济组织经营业务涉及经济林及果材林种植、花卉种植、森林中草药种植、森林食品(食用菌、山野菜)种植、野生动物繁养及保护、林产品加工等领域。

辽宁省林业合作经济组织主要特点：一是发展迅速，与林改前相比，全省林业合作经济组织在数量上增长了28倍；二是地区发展不平衡，东部山区丹东、抚顺、本溪、铁岭林业合作经济组织727个，中部沈阳、大连、鞍山、营口、辽阳五市572个，西部锦州、阜新、盘锦、朝阳、葫芦岛只有201个。

2010年7月，辽宁省林业厅召开全省林业合作经济组织典型经验交流会议，全省13个林业合作经济组织在会上做了经验介绍，以其“能人牵动，整合资源，依托市场，品牌创建，强化服务，管理规范，一业为主，多业发展，回馈社会，促进和谐”的做法充分说明“林改是土壤，市场是导向，致富是动力，能人是关键，技术是重点，制度是保障。”辽宁省林业合作经济组织的发展，提高了林农组织化程度，保护了林农利益；带动了林农集体致富，增加了就业机会；有利于林业规模优势的发挥，提高了经济效益，林业合作经济组织建设取得初步成效。

辽宁省各级政府对林业合作经济组织的扶持方式和手段主要有以下几个方面：

一是加强宣传。省林业厅编制集体林权配套改革指导手册，下发全省各地，手册内容包括农民林业专业合作社和林业专业协会的登记管理条例、章程样式、财会制度等。省内各电台、电视台和报纸等媒体对林业合作经济组织的建设进行系统宣传。

二是广泛开展培训。尤其对建立农民林业专业合作经济组织的作用意义、方法步骤、注意事项、章程制度等内容作了重点讲解。如2007年辽宁省政府组织省科技厅、省委组织部、省人事厅、省农委、省财政厅等部门共同启动“农民技术员培养工程”，有计划、有步骤地在全省农村种养殖科技示范户中选拔有一定实践经验的农民进入省内农业高等院校。该工程每年培训两期，每期培训时间为4个月。培训按农民的技术需求分蔬菜、花卉、果树、食用菌、药用植物、家禽、养猪、海珍品养殖、淡水鱼养殖等专业。为鼓励农民参加培训，每个学员的学费、教材费和住宿费用均由省财政和各市承担。截止调查之日，相关部门已成功举办7期培训，为全省培养了3000余名“懂技术、会经营、留得住、用的上”的农民技术员。2009年5月，抚顺县红顺中药材种植专业合作社理事长李红通过4个月的学习，掌握了相当的种养技术知识，提高了解决农业生产具体问题的能力；同时，转变了思想观念，对市场有了更深刻的认识，单打独斗式的小农意识让位于协调配合、共同闯市场的观念。她运用所学知识，积极带领当地农民发展林业合作社，营林致富，不但为自己带来了丰厚经济效益，同时也把新技术、新品种和新的经营理念带到了乡村，带动了周边村民致富，产生了广泛社会效益。

三是加大资金投入，支持林业合作经济组织建设。沈阳、朝阳、铁岭等市出台政策，正式登记注册成立的林业合作社均可获得1万元以上的补助；本溪市对带动力较强的农民林业合作社给予5万元的补助；营口市政府出台贴息补助政策，对合作经济组织优先贷款，并全部贴息，贴息资金市县各承担一半。

四是通过项目扶持、森林经营方案编制等措施积极引导林业合作经济组织的发展。抚顺、本溪、丹东等市对合作经济组织给予项目倾斜支持，对成立林业合作组织的村组优先落实产业发展项目，并及时编制森林经营方案，落实采伐限额。

(四)甘肃省林业合作经济组织发展状况

甘肃省根据“先行试点、循序渐进、稳步推进”的原则，采取加大农业发展项目资金支持、财政支持、农村信贷支持和技术指导等措施，促进各类林业专业合作经济组织发展。截至2012年底，通过政府引导、政策扶持、党员领办、大户带办、农户联办，组建农民林业专业合作社578个，建立各种林业协会180个，解决了政府“统”不了、部门“帮”不了、农户“办”不了或“办起来不合算”的事情，降低了生产流通成本，增强了抵御市场风险的能力。林业合作经济组织包括村两委班子牵头组建、农户自发联营组建、农村能人大户牵头组建、农林产品加工流通企业牵头组建(农民合作经济组织+企业+农户)等四种组建形式。其业务主要涉及经济林果栽培、中草药种植、养殖、林产品加工、干鲜果贮藏销售、林业“三防”、木材运销等方面，主要从事商品率和专业化生产程度较高的地方优势特色产业。合作社设立人包括农民、农技服务组织及农技人员、龙头企业、基层供销社、基层科学技术协会等多种农业经济主体。合作经济组织已呈现跨村、跨乡镇发展的态势。合作领域也从最初产中的提供信息、种子种苗、技术培训，向产加销、贸工农一体化方向发展。优势特色产业互动互促局面开始显现。

2009年，甘肃省委、省政府已将发展农民专业合作社列入促农增收六大行动之一，制定了《关于加快林业专业合作经济组织建设的意见》，充分发挥政府指导、扶持和服务作用，努力做到引导不强迫，服务不干预，支持不包办，林业、财政、工商、税务、金融等部门通力合作，认真落实各项优惠政策，重点扶持一批示范性林业专业合作经济组织。具体措施如下：

一是优先扶持基础设施建设。对农民林业专业合作社的林业有害生物防治、林区道路建设等基础设施建设纳入林业发展规划，优先享受政策扶持。

二是优先扶持合作社品牌创建和基地认证。积极鼓励和支持农民专业合作社开展林产品商标注册、品牌创建、产品质量标准与认证活动。例如积极扶持飞云乡元朝村果品专业合作社创建GAP基地认证1080亩，为其果品远销欧盟高端市场奠定坚实基础。

三是优先支持合作社开展科技培训。优先支持合作社开展果园修剪、病虫害防治等方面的技术培训。2010年，泾川县政府共支持合作社举办科技培训班24期，培训农民1.3万人(次)。

四是优先支持合作社实施科技推广项目。采取整合项目、加大扶持的办法，对农民专业合作社承担实施的新技术推广应用项目，优先给予重点扶持。2010年，泾川县政府整合项目资金260万元，为农民发放化肥1200吨、地膜65吨，有效促进了果园投入的增加，标准化管理水平的提升。

五是优先为合作社提供金融信贷支持。积极支持农民专业合作经济组织开展多渠道融资，帮助其解决资金不足的问题。如引导党员乡丁寨村农民专业合作社采取林权抵押、农户联保的方式，为农户落实林权抵押贷款280万元。

二、样本省林业合作经济组织发展发展趋势

我们在调研中发现，尽管各地林业合作组织尚处于初级发展阶段，但已经显现出以下明显的发展趋势，值得关注并进一步引导。

(1)更加注重股份的作用，"新一代"发展趋势明显。所谓"新一代"合作社，是指美国、加拿大等国家在上个世纪70年代以后逐渐发展起来的新型合作组织，其主要特点有：合作社与社员之间商业化交易态势越来越明显，同时与非成员、非成员企业的交易增多；利润作为惠顾额返利分配给社员；合作社最基本的经济观念趋向"比例原则"，合作社的权责集中在交易额上。等等。林农合作社和一般农民专业合作社的最大不同之处就在于，林农一开始就是以林地入股的，越是典型的林农合作社越是如此。这就决定了农民林业专业合作社一开始就具有典型的股份制特征，而且由于林地承包均等化特点，林农合作社的股份也比较均等化。由于林业生产周期长，合作社资产积累越来越多，林农合作社的"新一代"发展趋势也将越来越明显。

(2)更加注重群体的作用，联合社发展趋势明显。在一些地区，由于市场竞争越来越激烈，单个小规模合作社所遇到的问题实际上就是农户面临问题的集合，而合作社之间的合并或者单个合作社规模的扩大又比较缓慢，合作社之间的联合就成为近年来合作社发展中出现的重要现象，不少同类合作社以各种方式联合在一起，形成规模更大的集团优势，共同面对市场，能够为成员获取更大的利益。从当前情况看，林农合作社联合社主要有以下几种类型，一是紧密型，即联合社本身是一个经济实体，具有相应的业务范围，联合社和成员社之间的关系明确，决策机制健全。二是半紧密型，即联合社主要负责某一方面的资源配置协调和决策，主要是产品销售协调，以及技术标准的推广等，各成员社独立性较强。三是松散型，即联合社实际上起到联合会的作用，遇到需要和政府部门协调或者一致应对市场时，联合社领导人召集各成员社负责人进行协商，力度在行动上步调一致。尽管无论哪种形式的联合都是农民自己的选择，都具有合理性，但从长期趋势看，紧密型联合社无疑会大大提升合作社的竞争力，更具发展前景，因而在这次上应该予以引导。

(3)更加注重经营人才的作用，管理人员职业化趋势明显。人才是制约合作社发展的最大制约因素。这里主要指合作社的领办人或带头人，要求他们既对农产品生产技术、生产过程有一个全面的了解和把握，又是市场销售方面的行家，还要懂得合作社理念、合作社运作方式和经营模式。从现实情况看，农村中对这三方面知识都精通的专门人才少之又少，这种情况严重影响到合作社的进一步发展。发达国家和地区的合作社已经实现了经理人的职业化。近年来，不少合作社借实施大学生村官、科技特派员等项目的机会聘请大学生好技术推广人员担任合作社的经理，主要负责合作社具体事务，如产品销售、技术标准实施、聘用人员管理等，理事长则腾出精力负责成员管理、合作社和成员之间的关系、合作社发展战略等重大事务，二者分工明确。这样的合作社发展更加健康、迅速。目前，聘用职业经理人的合作社尽管还不多，但相当多实力较强的合作社都有这方面的要求。

(4)更加注重生态环境的作用，经营综合化趋势明显。林农专业合作社和一般合作社的最大不同之处就在于经济效益和生态效益并重。近年来，一些合作社注重发挥生态资源的作用，发展林下种植、林下养殖、生态旅游、农家乐等，以生态促经济，具有明显的综合化发展趋势。一些地方对于这样的合作社不具有"专业性"而不予注册，对于已经注册的合作社以超出营业执照上注明的营业范围为理由予以干预，这些做法都是不正确的，都是对《农民专业合作社法》不准确理解的反映。这个发展趋势是林业合作社所独有的，是林业特点在合作社经营上的体现，林业部门应该予以支持和扶持。

三、样本省份林业合作经济组织发展过程中存在的主要问题

(1)村社关系需进一步协调，合作经济组织领导人素质有待进一步提高。通过对典型省份林业合作经济组织的调查得知，部分村干部思想认识不到位，认为合作组织发展是农民自己的事，集体不宜插手干预，以至于合作组织在生产经营中遇到许多实际困难，，靠自身力量难以解决比如办公场所的选定等。一些林业合作经济组织领导成员存在，对合

作组织的功能和作用没有充分认识，经营和财务管理知识缺乏等问题。这些问题严重者制约了合作经济组织的进一步发展。

(2)经营规模普遍较小，发展能力仍然较弱。从调研的林业合作经济组织看，部分地区的合作组织规模较小，带动农户的能力较弱，尤其是对农业从业人员的带动能力明显不足。如甘肃省飞云乡共有农业人口18267人，农户4266户，而入社社员只有754人，占农业人口的4.2%；林业合作经济组织带动农户仅1400户，只占农户总数的32.8%。调研结果显示，大部分地区的林业合作经济组织处于初步发展阶段，经营水平较低，如甘肃省的果品专业合作社仅仅停留在初级农产品的简单销售上，缺少自身的专业生产基地，设备几乎空白，社员数相对偏少，资金实力不够雄厚，投资明显不足。林业合作经济组织的社员规模、资金状况、办公条件等从侧面上反映了合作组织的自身实力不强，发展能力欠佳。多数合作组织缺乏再生产资金和流动资金。缺乏管理经费，目前一部分合作社无办公场所，组织推介、业务培训等方面经费无法保障，难以持续、稳定发展。

(3)松散合作较多，互助合作关系待加强。从合作经济组织的服务衔接角度看，多数合作组织只作不合，产销衔接不够紧密，这无疑弱化了合作组织的市场竞争力。其次，合作经济组织内部间的成员合作以松散型为主，成员之间的趋利性比较明显，往往是利益共享，而风险各自分担，能形成利益共同分享团体，却不能形成风险共担团体，导致合作组织的整体抗风险能力较差。部分专业合作组织在初创时期，由于资金缺乏，主要有几个大户出资兴办，会员一般只缴纳少量股金，或不缴纳股金只缴纳会费。会员按农产品销售量享受分配，按股金进行二次分配的很少。因此，当农副产品难卖，受到市场冲击时，最终吃亏受损的还是农户，体现不出“利益共享、风险共担”的互助合作关系。

(4)机构不健全，内部运作不规范。对相当一部分专业合作经济组织而言，即使是设置了成员(代表)大会、理事会、监事会等合作社法和章程规定的管理机构，但机构的存在多流于形式，并不发挥实质作用。从本质上讲，这类林业合作经济组织的机构设置仍然属于不健全之列。从另一角度说，治理机构设置齐全而无甚作用的内部原因在于合作组织的内部制度不完善，引致实务操作不规范。如日常运作主要由理事长一人说了算，民主管理意识淡薄，运作和管理随意性较大；资金积累制度和风险保障制度缺乏，社务不够公开等。

(5)政府扶持力度尚显不足，扶持方式有待于完善。毫无疑问，政府对北方林业合作经济组织的发展给予了很大帮助，扶持力度也在不断加大。但合作组织仍停留在数量发展阶段，并未进入质量型发展阶段，除了受生产力水平较低的影响之外，某种程度上也反映了政府的扶持力度仍显不足，扶持方式有待完善。这包括政府投入的人力、物力、财力投入力度的不足和方式的不科学。政府扶持不足，而自身发展能力也不够强，却也同时面临着农业企业的激烈市场竞争，林业合作经济组织逐渐暴露出经济技术力量薄弱、对农民的吸引力和凝聚力下降、经营管理能力不足等问题。合作组织暴露出的问题又进一步动摇了农民入社的积极性，增强了农民的观望心理，并有可能带来长期维系社员的艰难性更加明显，在社员流失的背景下，合作组织制定长期发展规划的做法显得有些不明智，最终导致合作组织因社员不稳定而出现发展后劲堪忧的局面。

(6)辐射范围窄，示范效应不明显。调研显示，多数林业合作经济组织带动辐射的范围仅局限于本村，而且局限于周边的几十户经营同一产品的农户，覆盖跨地区农户的专业合作经济组织还很少，处于不同产业链条环节的农户组合就更少了。多数合作组织的服务层次低，服务基本停留在信息、技术咨询等层面上，只是提供一些产前、产中服务，不能很好解决农民的销售问题。地区上虽有一些带动农业增效、农民增收成绩突出的合作经济组织，但多成点状分布，其周边的合作组织没能从经营绩效好的合作组织的示范效应中获益，甚至可以说，绩效好的合作组织与其他组织的地理、社会障碍严重地阻碍了前者示范效应的发挥。

四、林业合作经济组织发展对策

(1)加强合作社普法宣传，提升林农对合作组织的认知度。从调研情况可知，辽宁、甘肃两省中有不少林业合作经济组织的负责人对于《农民专业合作社法》的认识不足，给合作社的运行和发展造成了一定的影响，有的甚至偏离了发展方向。所以，政府部门有必要对《农民专业合作社法》的精神进行宣传，特别是对其中的决策制度和分配制度聘请专家进行解析，使合作经济组织的领导和成员真正了解合作组织并按照法律的相关条款管理合作组织。

(2)设立专项资金，创造发展机会。林业具有生产周期长，投资回收期长，在功能上集经济、生态和社会效益于一身的特殊性，由集体林权制度改革催生出的林业专业合作社的组织形态特殊，以服务为主，盈利水平不高，需要政府财政部门设立专项资金，专款专用，支持合作经济组织开展信息、技术培训、市场营销、生产基础设施建设等活动。除一般意义上的财政补贴、贷款贴息等扶持方式外，政府部门可通过设立专项资金，专门扶持符合条件的农民林业专业合作社申请和承担省、市(县)级林业项目，让农民林业专业合作社拥有与一般农民专业合作社同等的的被资助机会。林业主管部门应优先选择农民林业专业合作社作为林业产业化经营、科技推广项目的实施载体，辅以政策性指导。此外，专项资金还可用于鼓励农民林业专业合作社与加工企业联合，延长产业链条，实行定向培育，促进林业的产前、产中、产后一体化经营。

(3)规范合作经济组织发展，引导组织与社员向紧密联系方向靠拢。林业合作经济组织的相关管理部门应加强对合作组织的管理力度，切实采取措施惩罚“翻牌”、“冠名”类型的假冒林业合作经济组织，减少林业合作经济组织的政策优惠的溢出效应。对名实相符且具有较好林农增收示范效应的林业合作经济组织予以适当奖励，促进其进一步的良性发展。对名实相符但起步艰难、增收效应不明显的林业合作经济组织要施以援手，不仅从财政上予以扶持，更应从合作组织的内部治理方面给予指导建议，组织弱势合作组织向效益较好的合作组织学习先进管理经验。针对组织与社员关系松散的现状，政府须加强宣传，树立紧密型合作组织为典型示范社，且将合作组织的奖励直接跟组织的利益联结紧密程度挂钩，奖紧密弃松散，通过奖励的方式积极引导合作组织向紧密型方向发展。

(4)提高社员整体素质，以社员民主管理去监督组织规范运作。鉴于政府管理部门有效监督林业合作经济组织的内部机构设置是否真正发挥作用的管理成本相对较高，且监管难度相对大，建议把对合作组织运行情况的监管工作下放给组织内的社员，让组织的所有者和服务需求者——林农，更多地参与到合作组织的日常管理活动中来，发挥民间舆论和乡村信任的监督作用，切实通过农户“用脚投票”的方式对合作组织的运作规范性施加压力。当然，这需要相关部门积极帮助合作组织完善其章程和运行机制，提高社员的整体素质和自我管理能力，使入社农户和成员更多地掌握有关农民合作组织的知识，严格按照“民办、民管、民受益”的原则对合作组织实施“自我管理、自我服务”并最终实现合作组织的“自我发展”。

(5)全面扶持与重点突破相结合，突破各自比较优势的利用瓶颈。全面扶持包括政府职能部门如何向各级决策组织反映情况，寻求支持。扶持内容不仅包括新办补助、税收优惠、为农服务、固定资产投入贴息、农民培训和设施建设等方面，还包括品牌建设、地理商标申请、维权等方面。总之，有利于林业合作经济组织发展壮大的合法、有效且相对公平的扶持内容都是政府职能部门有可为的地方。全面扶持的普适性比较广，但要求政府的扶持资金相对充足。所谓重点突破，是指林业合作经济组织都有自己的相对比较优势，如林产品的特殊性、林地光照水源的优越性、地理商标的品牌效应等，每个合作组织可能凭借各自的比较优势努力突破市场进入壁垒，寻求生存发展空间。因此，针对合作经济组织的资源禀赋差异，政府部门还须因势利导，重点帮助合作组织强化其优势，弱化其弱势，趋利避害，突破合作组织比较优势的利用瓶颈，加速培育内源性发展动力。

(6)强化示范社建设行动，宣传合作规模效应以吸收农户广泛参与。发展林农专业合作社必须坚持以合作社为依托，以拳头产品为经济增长点，以市场需求为导向，以增加农民收入为目标，发挥资源优势，培育支柱产业。在开展示范社建设行动过程中，要着力加强规范化建设、标准化生产、品牌化建设，以实现提高民主管理水平、提高产品质量安全水平和提高市场竞争能力的目标。利用各种方式加强对合作经济组织的宣传，扩大社会影响，如对示范社建设成功事例及示范社带头人先进事迹的总结和经验交流，推行以奖代补扶持示范社，充分发挥示范社的示范带动作用，自下而上、循序渐进地引导林业合作经济组织健康稳定发展。

针对合作组织社员人数普遍较少，覆盖面较窄的现状，建议合作经济组织在稳定核心职能的前提下，积极向社员宣传合作经济规模效应，借鉴日韩综合性合作社的发展模式，对内以最大化为社员提供产、供、销各个环节的服务功能为目标，对外以利润最大化为己任，拓宽收益来源渠道，形成对内强化林农入社吸引力，对外增强利润实现能力的发展方式，以双重引力吸引林农积极谋求与合作组织开展合作活动。

参考文献：

[1]张晓山．提高农民的组织化程度 积极推进农业产业化经营[J]．农村合作经济经营管理，2003(2)：8－9.

[2]孔祥智，等．现阶段农民合作经济组织的基本状况、组织管理及政府作用[J]．农业经济问题，2006(1)：54－59.

[3]罗必良．经济组织的制度逻辑——一个理论框架及其对中国农民经济组织的应用研究[D]．太原：山西经济出版社，2000.

[4]苑鹏．中国农村市场化进程中的农民合作组织研究[J]．中国社会科学，2001(6)：63－73.

[5]楼栋，孔祥智．制度变迁视角下林业股份合作社的产生、优势与挑战[C]．林业经济评论．北京：中国林业出版社，2012(2)：87－94.

[6]王登举，李维长，郭广荣．我国林业合作组织发展现状与对策[J]．林业经济，2006(5)：65－68.

[7]程云行，汪永红，汤肇元，等．林业专业合作组织与林地产权制度研究[J]．林业财务与会计，2004(5)：35－37.

集体林产权制度改革研究综述

荣庆娇[1] 刘 璨[2]
（1. 西北农林科技大学经济管理学院，杨凌，712100；2. 国家林业局经济发展研究中心，北京，100714）

摘要： 本文通过对国内外有关土地产权制度、集体林产权制度改革及其绩效进行了梳理与评述。针对集体林产权制度改革研究从林业产权制度、集体林产权制度变迁动因、集体林产权制度后续配套改革措施等方面进行了分析。新一轮集体林产权制度改革绩效从农民收入、森林资源状况及社会效应等方面进行了评价。在此基础上，对已有文献和开展进度进行了评述，并提出了将来研究方向。

关键词： 产权制度；集体林产权制度改革；绩效；林业经济

Literature reviews on the reform of collective forestland tenure

Rong Qingjiao[1], Liu Can[2]
(1. College of Economics and Management, Northwest A&F university, Yangling, 712100;
2. China National Forestry Economics & Development Research Center, Beijing, 100714;)

Abstract: This paper summarized the land tenure, the reform of collective forestland tenure and the performances of the reform collective forestland tenure. Furthermore, he reform collective forestland tenure introduced from forest property right, the drive of he reform collective forestland tenure and the compulsory reform measures for implementing he reform collective forestland tenure. From the existing literatures , these researchers conducted evaluation of the performance of he reform collective forestland tenure from three aspects: rural household's income, forest resources management and social impacts. But there are some gaps to be narrowed for the future studies with related to the reform of collective forestland tenure in China.

Keywords: property rights; he reform collective forestland tenure; performance; forest economics

我国林地划分为集体所有和国有两种土地产权类型。在我国森林资源培育、木材及林产品供给中，集体林具有重要影响。根据全国第七次森林资源清查(2004～2008年)结果，在林地面积中，集体所有的有1.82亿hm^2，占60.06%；有林地面积中，集体所有的有1.09亿hm^2，占60.05%；在天然林地面积中，集体所有的有0.57亿hm^2，占47.27%；在人工林地面积中，集体所有的为0.52亿hm^2，占84.83%。在林分蓄积中，集体所有的有29.04亿m^3，占21.73%；个体所有的有16.7亿m^3，占12.5%。在天然林蓄积中，集体林和个体人分别占29.54%和18.08%，合计为47.62%；人工林林分蓄积中，集体林和个体人分别占33.11%和40.44%，合计为73.55%(国家林业局，2010)。全国、国有林和集体林的有林地生产力水平分别为85.88m^3/hm^2、124.22 m^3/hm^2和34.23 m^3/hm^2。集体所有乔木有林地生产力仅相当于国有乔木有林地生产力水平的27.55%，集体林地生产力低下是迫切需要解决的问题，同时集体林面积为1.82亿hm^2，林业收入占农户总收入的比重不足1%。集体林在我国木材及其林产品有效供给中发挥着主要作用，根据最近几年的统计，集体林生产的木材产量占全国的2/3强；竹林基本来自于集体林地。我国人造板主要生产集群，如山东省南部地区，江苏省北部地区，河南省北部，河北省南部，浙江省东部地区和广东省惠州地区等均分布在我国集体林区，所占比重超过80%。基于集体林地占有如此重要的地位，因此集体林权制度改革的问题一直受社会各界普遍关心，有必要对产权和集体林产权制度改革的研究进行梳理和评价。寻求新的研究空间，开展集体产权制度改革及其配套改革的理念创新，开发新的分析方法。

第一作者：荣庆娇，博士研究生。主要研究方向：林业经济理论与政策。电话：010－64279246，email：rongqingjiao@126.com，地址：北京东城区和平里东街14号中林商务229室，100714。

一、关于土地产权制度的研究

土地产权是一束权利(Schlager and Ostrom, 1992),包括占有权、处置权、经营权、排他性的权利及可转让权。土地产权是土地制度的核心。土地产权是指土地的归属,是存在于土地之中的排他性完全权利,它包括土地所有权、使用权、租赁权、抵押权、继承权、地役权和其他项权利。1949以来,我国农村土地产权模式经历了土地农有、土地集体所有集体经营、土地集体所有使用权归农三个阶段。土地产权制度改革的重中之重在于清晰的土地产权(赖丽华,2009)。

土地具有资源和资产的双重性质,决定了其对于发展具有特殊的重要作用。土地产权不仅影响微观投资活动,而且对增强穷人发言权及改善社会治理结构至关重要。土地产权是"规范土地收益如何分配的社会契约",是"资产如何持有、使用和交换的共识",应受到政府和社区的支持。土地产权的理想状态:第一,土地产权的持续期限应足够长,以保证对投资产生激励。第二,产权划界应以便于确认和交换的方式进行,同时要充分考虑到划界的成本。第三,产权的实施机构必须正规化,必须通过法律的支持提高机构解决问题的能力,以此保障合法土地产权。第四,产权主体的属性应由资源的性质和现存社会安排所决定(丹宁格,2007)。

清晰与稳定的土地产权制度有利于人们对于土地进行投资,反之,一个不稳定、没有保障的产权制度安排,则会促使农户采取短期行为,尽可能在短期内获取利益的最大化,而不考虑长期利益和社会的整体利益(Angelsen, 1999)。一些经济学文献认为:土地产权会对农户投资行为产生影响(Feder, Feeny, 1991; Besley, 1995)。Alehian 和 Demesetz (1972)提出土地产权可以被看作是一种对剩余价值的索取权,而对剩余价值的追求正是激励资源管理者努力监管的重要因素;当产权缺失时,这种激励就大打折扣。

在向家庭提供经济机会问题上,土地产权制度安排具有深远的影响,从长期来看,初始土地所有权分配决定性地影响着包括农业部门在内的更广泛的经济发展空间。土地和固定资产是主要资产(Ibbotson, Siegel and love, 1985),在发展中国家,土地更为重要,不仅是家庭资产的重要成分,如在乌干达占60%,而且是家庭福利的一个关键决定因素。界定土地产权的方式不仅影响特定投资的回报及技术变迁的方向和程度,而且影响外生土地增值收益分配方式,如对基础设施投资、更好的贸易机会以及总体经济增长(Berry, 2001)。产权不仅仅针对资产本身,也是人们关于这些资产如何持有、使用和交换的共识(De Soto, 2000)。

采用诱致性创新框架,Hayami 和 Ruttan (1985)解释随着人口密度提高而更精确地界定产权,从而减少无限制使用土地并激励投资。产权有保障的一个关键合理性在于其能激励土地投资和可持续地管理资源。除非界定土地产权能使投资者至少获得一部分收益,否则没有人会愿意投资。

在土地产权制度安排对农民生产要素投入影响的研究中,土地产权稳定性对农户生产行为的影响研究较多。土地产权的不稳定对农民投资激励有负面影响(Prostman et al, 1996; Scott et al, 1997; Chen, 1995; Du, 1996)。Yao (1995)和 Wen (1995)认为农民对土地承包权的不稳定性削弱了农民的投资积极性;在投入品和产出品市场给定的条件下,土地使用权的稳定性和农民对土地及其他农用资产的投资正相关(Feder, 1993)。Besley(1995)认为,产权不稳定就好像是在土地上的一种随机税,农户在土地上的投资很可能随时被抽走,因此,农户缺乏对土地投资的长期预期收益,从而降低投资激励。俞海等(2003)利用6省抽样资料,研究了土地产权稳定性、土地流转与农地资源持续利用之间的关系,认为稳定的土地使用权有助于改善农地土壤的长期肥力;农户之间的非正式土地流转容易造成农地土壤长期肥力的衰退,但对土壤的短期肥力无显著影响。陈志刚、曲福田(2003)认为土地调整制度并不必然妨碍农户的长期投资,尤其是当不存在外部机会时,土地调整制度与土地私有制度对农户长期投资的影响是相同的。姚洋(1998)对浙江和江西两省449个农户的研究表明,土地产权稳定性对农民的绿肥种植面积有显著的正向影响。有保障的土地产权将会降低在保护资源权利免受侵害及解决土地冲突方面所消耗的成本,从而刺激了对土地的投资;有保障的土地产权可以让投资者从投资中获益,提高了土地有关投资的报酬;有保障的土地产权将增加信贷供给量,从而使在信贷供给不足限制投资的情况下进行投资的价值得以提高。

在正规或非正规体制下,土地产权更有保障显著刺激了土地所有者的投资,尤其是在劳动密集的情况下，土地产权更能保障—即使其与高可转让性无关且仅被非正规地界定—确实强烈刺激了投资量的增加。通过对不同土地产权安排下相同家庭种植相同作物的地块所进行的比较，Jacoby，Li 和 Rozelle(2002)发现，农民们更愿意在那些私人所有的地块上投入更多的肥料和劳动，其产出也明显提高。

土地产权制度安排对农业生产发展发挥着重要的促进作用。黄少安、孙圣民和宫明波(2005)运用计量和统计分析方法，对1949～1978年中国农业生产效率进行实证研究。他们的结论认为：①不同阶段的不同产权制度，对人们投入土地、劳动、化肥等生产要素的激励程度确实不同，这是直接影响。②如果投入相同的或者可比的生产要素，在不同的产权制度下，要素的利用率不同，这是间接影响。③综合考察和分析各时间段不同土地产权制度对农业的直接和间接影响，“所有权农民私有、合作或适度统一经营”是相对较好的制度。因为在这种制度下，能较大程度地激励各生产要素的投入，单位土地和劳动要素对产出的贡献率也很高，从而使农业总产值高速而稳定增长。林毅夫(1992)的研究表明，生产队体制向家庭联产承包责任制的转变是1978～1984年产出增长的主要源泉。

全要素生产率(TFP)可以用来评价农业经济效率。Gavian 和 Ehui(1999)运用全要素生产率方法比较了埃塞俄比亚丘陵地带土地产权对其生产率的影响，土地产权是全要素生产率的限制因素这一假定并没有实证依据；产权制度新的安排并不一定能改善全要素生产率。姚洋(1998)通过对江西和浙江2省5县449户农户的计量研究，测量了土地产权制度残缺对土地产出率的影响，并分析了这些影响的形式和途径。土地产权的不稳定性和对土地交易权的限制对土地产出率具有负面影响，其影响途径是降低要素配置效率和减少农户对土地的长期投入；相反地，对土地使用权的限制迫使农民保持对土地的劳动投入，从而提高土地的产出率，但是这种提高是以牺牲农民的其他收入来源为代价的。通过对从合作社向促进生产力大幅增长的家庭耕作转变研究，证实了当土地产权的形式更有保障且更个体化时，甚至在没有任何投资效应的某个时期内，在提高生产率方面，所发挥的作用是重要的，如中国(Lin，1992；McMillan，1989)。对大多数习惯或社区土地产权制度而言，土地改良投资将会获得强大的私人土地产权(Crisologo-Mendoze，Van de Gaer，2001；Otsuka，2001；Shepherd，1991)。长期改良投资能显著提高土地生产率，一个普遍的安排是建立佃户半所有权性质的土地产权，如也门共和国(Aw-Hassan，2001)。

二、关于集体林产权制度的研究

(一)林业产权制度

林业产权(简称林权)是林业范围内的财产权属关系，其核心是权利主体对森林、林木和林地的占有权、使用权、收益权和处分权。林权制度是对林权所包含的权能的界定、主客体的设定、确立和保护的一系列行为规范(张春霞，1994)。国内外学者对林业产权制度进行了大量研究，主要有林业产权制度的概念和特点研究(张敏新、肖平，1999；张春霞，1994)；林业产权制度的历史变迁研究(徐秀英，2004；柯水发、温亚利，2005；刘伟平，2006)；林业产权制度存在的问题和改革方向研究(戴广翠等，2002；陈幸良，2003)以及林业产权制度绩效的研究(Yin and Newman，1997；乔方彬等，1998)。

与农业相比而言，林业生产具有周期长的特点，对林地投入属于长期投入。如果农户无法保证未来收益的获取权，则他们是不会去冒险进行投资的(Deacon，1994)。关于产权对林业生产要素投入影响的研究表明，产权明晰只是森林资源产权发展的第一步，更重要的是这种产权的长期性。如果政府现在决定将森林资源的产权下放，而不久又收回去了，显然没有人会选择林业作为投资项目。Hardin(1968)认为只有当人们对自己未来的收益有正确的预期时，才会选择进行长期投资，原因在于没有稳定的产权就无法保证投资的收益，就失去了投资的激励。Otsuka 等(1991)认为土地产权的安全性有助于激励农户进行造林。Linde-Rahr(2008)研究了越南农民关于森林产权安全的支付意愿，研究结果显示了产权安全性会提升制度的价值。FAO(2007)的报告认为对于没有自主经营权的林地使用者，一般很少有兴趣去管理和保护他们的森林资源，相反地，对于在法律上拥有长期经营权的人，则会对林地进行积极的投资，原因在于他们知道未来的收益归自己所有。因此，要想促进林业经营者进行森林可持续发展，必须向生产者提供长期可靠的产权。当然只保障产权的安全也不能保证森林的可持续发展，它还要结合其他配套措施一起实施(FAO，2007)。

关于林业产权安全对农户生产要素投入方面国内学者开展了一些研究，蒋海等(2001)利用博弈分析论证了林业产权制度安排对林业投资的激励，他认为中国林业发展已受到资源、资金和技术的严重制约，其根本原因还在于不合理的林业产权制度安排，难以形成激励相容的林业投资机制，使私人、林业部门内部及地方政府的林业投资无法跟进，造成林业投资渠道不畅。从产权经济学的角度，张道卫(2001)分析了森林单位面积蓄积量不高和无林地面积大的原因，他认为由于政策失误和不连续，从而使林业生产的纯收益低，并由此妨碍生产者对林业投入而造成的。茅于轼等(2002)探讨了商品林的产权和税费安排，认为通过保护森林产权和减轻木材税费可以吸引人们投资投劳造林。廖祖君(2007)认为产权制度的稳定性决定产权主体能否对未来投资形成正确和合理的预期，进而决定是否采取最大化收益的投资策略。产权稳定是经营者积极性的保障，而只有切实保障林业生产要素的合理规范流转才能真正盘活森林资源资产，切实解决林业生产经营周期长与经营主体所追求的经济循环周期短的矛盾，实现由森林资源资产经营向资本经营转化，为社会资本注入林业建设创造条件(缪光平等，2005)。

(二)集体林产权制度变迁动因

制度变迁是一个追求潜在利润的渐进的制度交替过程(王小映，2000)。对于启动新一轮集体林产权制度变迁的动因，研究者们大多是从现有林权制度存在的缺陷出发，提出集体林产权制度改革的必要性和改革的方向；也有研究从林权制度变迁的视角，探讨林权改革的诱因，如柯水发和温亚利(2005)构造了一个林权制度变迁的动因模型，指出资源稀缺是原始动因，利益的刺激和诱导是根本动因，经济效率的激励是重要原因之一；对森林资源需求变化和林业外部环境的变化也是导致业产权制度变迁的原因之一(乔永平等，2007)。这些研究从一般意义上对林权改革得以发生的原因给出了一些解释。

进入21世纪以后，随着林业市场垄断和税费减轻，林业剩余随之增加，原本农户对对集体林业产权安排有抱怨，在集体林经营剩余凸现的情况下，通过各种渠道甚至是激化矛盾的极端措施，要求森林权益的呼声加以反映(张红霄，2007)，农户要求进行集体林权改革愿望非常强烈。村集体进行集体林权改革的动力来自改善村财状况。村集体把部分山林以活立木转让的形式转让出去，村委会不仅还清了所欠下的所有债务，还有结余(张海鹏、徐晋涛，2009)；孔祥智等(2006)的研究也印证了这一点。

(三)集体林产权制度后续配套改革

近几年，中央和各地政府相继出台了一系列配套改革措施，如减免林业税费、森林保险、木材采伐限额、中幼林抚育补贴、造林补贴、林权抵押贷款等。限于篇幅，本文重点综述林业税费改革、木材采伐限额及森林保险政策。

1. 关于林业税费改革的研究

2003年农林税费改革之前，存在林业税费过高不利于林业经营的现象(福建省林业厅，2006)。韩国康(2009)认为，林业“两金”挫伤了林农发展林业的积极性；佟慧玲等(2005)则提出，我国育林基金存在名不副实的情况，即育林基金并没有完全被用于更新造林，而是被挪作他用。已有的研究表明，当前林业税费改革依旧存在一些问题。如林业税费改革存在绩效不足问题(郑宇，2009)；林业税费负担过重、税费优惠政策不公平和地方财政对林业的依赖性过大等是林业税费改革中存在的主要问题(杨英，2006)。针对当前我国林业税费依然过重等问题，学者提出一些改革建议，应加大省级财政转移支付力度，并缓征林业“两金”(韩国康，2009)；理顺育林基金和林业生产资金、育林成本、育林费、林价、林木资产、林业税费、林业基金等之间的关系(刘洪迅，2007)；做好育林基金征收管理(苏蕾，2007)。

2. 关于林业采伐限额的研究

关于采伐限额制度对林业经营的研究，学界得出的研究结果表明：采伐限额管理制度使得农户承担的采伐成本过重从而导致滥砍滥伐的行为(张兰花等，2010)；使得农户的产权缺失，降低了其对林业预期性收入的期待，从而阻碍了农户对林业的投资热情(沈文星，2004；宋元媛等，2003)；也使得设租寻租行为普遍存在，从而扭曲了资源配置、浪费了社会资源，使得社会福利总体下降(高立英，2007；周经纬，2004)。另一部分学者从农户的林业收入角度去分析采伐限额制度。在阐述林业总收入内涵的基础上，黄斌(2010)指出要分析采伐限额管理制度对单个农户林业收入的影响就应该从木材销售收入和木材生产成本两个方面分别进行。通过木材的需求价格弹性及林分生产率与银行存款利率的比较，得出采伐限额管理制度并没有导致农户木材销售收入减少的结论。通过采伐流程及其发生的成本分析发现，采伐限额管理制度增加了农户的信息费用等直接相关成本，农户通过不同的采伐方式来降低这些成本，其中林分出售的采伐方式虽然降低了信息成本，但是同时也减少了农户可支配的林业收入。何文剑和张红霄(2012)的研究结果表明：在全国年采伐指标既定的前提下，采伐指标的分配、获取的难易程度就决定了农户林业收入的损失程度，即符合产权经济学中产权管制的程度与租值耗散耗的程度呈正相关关系的理论假说。

3. 关于森林保险政策的研究

关于森林保险的研究，目前研究主要涉及到的方面有森林保险机制研究(韩茜，2012；杨菊红，2012；张长达，2012)；我国森林保险的现状、制约因素及发展前景(曾静等，2010；殷丽秋等，2013)；林农对森林保险的支付意愿及参保的一些影响因素(范玲燕，2012；李彧挥等，2013)；政府对森林保险的补贴方式、保险费率(秦涛等，2013；冷慧卿，2011)。从已有的相关资料来看，制约我国森林保险发展的因素是由外部的法律法规及制度因素和内部的保险产品供求因素共同决定的(潘家坪，1997)。在市场经济条件下开展森林保险是恢复和稳定林业生产的重要经济手段(刘畅、曹玉昆，2005)。森林保险是林业管理风险的重要手段，在林业发展诸多方面具有不可替代的基础保障作用(许慧娟，2009)。森林保险发展过程中信息不对称、逆向选择和道德风险阻碍了其发展(石焱，2009)。我国应利用已有的试点经验，并借鉴国外森林保险法规，建立我国的森林保险法律法规体系(刘颖，2005)。此外，还应考虑立法实行强制保险的可行性(崔文迁，2008)。

三、新一轮集体林产权制度改革的绩效

诺思认为"绩效"是制度的表现。制度绩效的评价成为了研究经济增长和社会发展不可忽视的一个重要问题(张应良、王钊，2008)。主要有3种观点：第一种观点认为绩效是指工作的结果，这种观点得到各界普遍认同(如Bemardin，1984)；第二种观点认为绩效是行为(如Campbell，1993)；第三种观点认为绩效包括行为和结果两个方面。

评价一项制度的绩效，目的是揭示制度方面存在的缺陷，分析形成的原因，从而寻求解决问题的思路和方法，以实现一种新的制度均衡，为经济增长和社会发展提供一套有效率的制度安排(卢现祥等，2009)。关于绩效评价的理论，Drucker(1964)对绩效评价进行了定义，认为绩效评价是利用一个标准来引导组织或个人朝向目标努力，依据客观性、数量性的数据收集与分析方式，以数字或百分比的形式表现组织的效能与效率。在20世纪70年代，美国运筹学家Satty(1990)提出了层次分析法(Analytical Hierarchy Process，AHP)，它是一种定性与定量分析相结合的多目标绩效分析方法。Zadeh(1965)于20世纪60年代提出模糊数学方法，它采用精确的数学方法来描述模糊性现象。

随着新一轮集体林产权制度改革的推进，集体林产权制度绩效成为了当前学术界关注点(贺东航等，2010)。在现有林权制度改革绩效研究文献中，学者们所采用的研究方法各有不同，有使用时间序列数据，也有采用截面调查数据，既有定性描述，也有定量模型统计分析。使用时间序列数据进行分析研究的，如张新光(2007)，他梳理了自新中国成立以来各阶段集体林权制度改革的实况，然后将各个阶段的改革绩效进行比较，得到现阶段的相对绩效水平；采用截面调查横向数据进行分析的有徐晋涛、孙妍等(2008)，他们用福建、江西、浙江、安徽、湖南、辽宁、山东和云南8个省的数据对林权制度改革绩效进行了对比研究；定性描述方面，刘珉(2010)从农户角度运用管理学中的S-C-P理论，探讨主体参与行为对林权制度绩效的影响，认为个体态度取向决定着参与人的行为，对制度不满意时，参与主体身份特征及个体特质不同可能会采取不同行为，从而会对林权制度绩效产生一定的影响；陈幸良(2010)和奉钦亮(2011)采用定量的层次分析法来测算绩效，具体办法是先获取评价指标的实际指标值，而后按照评价指标体系中给予的具体权重给各指标赋值，再利用加权算术平均法完成逐层加权求和平均，最后得到综合得分，即得到0~1之间一个比较准确的数值。

目前学术界，把农民收入和森林资源经营状况作为集体林产权制度改革绩效评价的核心，这与此次林改增加农民收入，提高用材林的生长量进而增加林木蓄积量的目标(李周，2008)直接相关。此外，林权改革的社会效应也是绩效评价的一个重要方面。

(一)新一轮集体林产权制度改革在农民收入方面的绩效

新一轮集体林权制度改革的目标之一就是实现农民增收。王良桂、董微熙等(2010)认为，集体林权制度改革促进了农民林业收入增长，提高了林业收入在家庭收入中的贡献率，并且林业收入增长幅度明显高于非林业收入增长。江西、福建和河南等省的样本数据显示，林权制度改革有助于农民林业收入增加，而且增长幅度较大(刘珉，2010；徐晋涛、孙妍、姜雪梅，2008)。具体而言，林业收入提高主要来自于林产品价格上升、税费降低和林木采伐量增加等3个主要方面(孙雨葭、刘晓萍，2010)。张蕾等(2008)认为集体林产权改革通过确权发证，从法律上保障了农户经营山林的权利，从而减小了农户林地经营预期收益的不稳定性，调动了农户进行林业生产经营的积极性，增加了农户收入。王文烂(2009)通过对福建10县(区)2006年调查数据的分析，却得出了不同的结论，认为集体林权改革以后农民的林业收入虽然取得了较快的增长，但与其它行业相比，林业对农民收入增长的贡献率并不高。

对于林权改革提高农民收入增收的来源，研究者们却得出了不同的结论。张正(2007)通过对福建省南平市18个样本村的调查发现，林权改革主要是增加了农民的林业收入，而对农民的种植业收入、畜牧业收入以及非农收入的影响都极为有限。李娅等(2007)采用参与式农村社会调查方法，对江西省3个典型案例村的实地调查后发现，林权改革以后，农民收入的增长主要来自于木材和毛竹等林业收入增长，而农民外出务工时间没有发生明显的变化。孔祥智、李彧挥(2008)通过对福建省永安市的实地调查发现，林权改革后，农民收入提高主要来自两个方面：一方面是直接经营林业的收入提高；另一方面是林业发展后，林业产业对富余劳动力的吸纳能力上升。此外，他们在调查中还发现，与林权改革相关联的改革也能给农民带来新增收入。林权改革促进农民林业收入可持续增长，只能依靠产权明晰对农民经营林业的劳动与资本等要素投入产生正激励，通过林地生产力提高给农民带来收入的增加(王文烂，2009)。因此，评价林权改革对农民收入的影响不应将税费减免、市场化进程等一系列环境因素带来的增殖囊括在内，应界定为这些环境因素条件下林权改革前后农民收入的变化(张红霄等，2007)。这样才能对农民收入增长的可持续性做出科学的判断。

(二)新一轮集体林产权制度改革在森林资源经营状况方面的绩效

新一轮集体林权制度改革通过明晰产权，把农户承包林地的期限延长到70年，其目的就是为农户提供一个长期安全的产权保障。林权改革以后农民的造林积极性提高，造林面积有较大程度的增长，林业经营可持续增长的趋势初步显现(裘菊等，2007)。在辽宁省的调查，陈珂等(2008)发现，林权改革接近完成后，农民投资林业的积极性有了较大程度的提高，58.8%的农民表示近期内会增加林业投资；超过80%的农民表达了会在远期内投资林业的意愿。郭艳芹(2007)通过对福建的农户调查数据的分析表明，林权改革以后，农民对林地的要素投入增加。林地生产要素中肥料的投入变化最显著，而影响肥料投入的因素主要包括村庄位置、家庭经济状况、户主特征以及人际关系等。徐晋涛等(2008)根据对8个省实地调查资料的统计描述发现，林权改革以后，家庭投资林业的比例有很大程度的增长。一项在福建、江西、辽宁、浙江四省开展的调查也表明，林权改革以后，劳动力要素、资金要素、技术要素和市场要素都向林地聚集，从而促进了森林资源的增长(国家林业局新闻办公室，2007)。孙妍(2008)将农户投资函数设定为由产权因素、林地经营模式、林地立地条件、家庭特征、信贷约束共同作用而形成的函数形式，利用江西和福建的入户调查数据，主要考察了不同产权因子(稳定性、交易权和抵押权)对农民林业投资行为的影响。结果发现，赋予农户稳定的产权确实提高了农户林业投资的积极性；但由于目前林木林地流转、抵押市场的不完善，林业投资的规模并没有因为获得了这两项权利而呈现显著扩大的态势。

集体林权制度改革后，农户对生产要素投入进行调整，生产要素投入的变化可能使农户的生产效率相应地变化。因此，分析集体林权制度改革后林农林业全要素生产率变动及其影响因素是很有必要的。但是，国内研究相关内容的文献很少。苏时鹏等(2012)研究了集体林权制度改革后农户林业生产率变动的规律，文章从微观主体的角度以福建省71个样本农户为决策单元，应用DEA-Malmquist指数法测算分析了林改后农户林业全要素生产率变化情况，采用Tobit回归发现关键影响因素。

(三)新一轮集体林产权制度改革在社会效应方面的绩效

新一轮集体林产权制度改革强调：既要实现森林资源数量的增长和质量的提高，又要保证耕者有其山，即实现公平和效率的统一。王文烂(2008)通过调查研究发现，福建集体林产权改革最大限度地实现了公平，但却没有达到效率的目标。而更多的文献却认为，林权改革对社会公平产生了负面的影响。朱冬亮、贺东航(2007)通过对福建林权改革实践的分析发现，由于林权改革制度设计以及林权改革政策实施中存在不少缺陷，使得林权改革后的林权大部分集中在少数非农村资本持有人手中，由此导致整个改革可能偏离了预先设计的实现"耕者有其山"的目标。事实上，林权改革制度设计中存在的制度缺漏，以及林权改革政策在实施过程中的违规操作，都会造成林权的集中(朱冬亮，2007)，从而对社会公平产生损害。因此，不能仅仅从整体的角度笼统地谈林权改革的经济绩效，同时也要考虑到林权改革的公平性与正义性问题(朱冬亮、肖佳，2007)。林权改革政策设计的不合理是损害社会公平的重要原因之一。朱冬亮(2007)通过对福建省林权改革的调查，将造成林权集中的不合理政策设计归结为 3 个方面：第一，林权改革政策设计的主导精神偏向于经济效率，忽视了社会的公平效益；第二，林权改革把部分山场直接排斥在改革之外；第三，"三维护"政策把林权改革之前已经转让的山场排斥在改革之外。

损害社会公平的另一个原因是林权改革政策在执行中的走样。由于村级民主在各个村的发展状况并不平衡，不可避免地在少数地区存在干部没有依法办事，损害农民利益的情况。王新清(2006)认为，在农村，由于民主形式往往被宗族意识或传统观念扭曲，因此，民主形式造成的结果却是照顾了本族和大姓的利益，而普通农民的利益并没有受到关注。裘菊等(2007)对福建林权改革的实地调查发现，部分村庄的有些村干部没有经过村民代表大会甚至在村民不知情的情况下，擅自转让、出卖山林。林权改革后，采伐指标通常情况下不能按照民主程序分配给经营者，采伐权集中于有办法拿到采伐限额的大户或村干部手中，普通经营者拿不到指标，只能选择将活立木低价转让，蒙受利益的损失。贺东航、朱冬亮(2008)通过对福建省 L 县林权改革实施过程中群体决策失误问题的分析，进一步认为，对林权改革对村级民主发展的积极作用不应作过高的估计。

四、文献评述

从研究内容看，现已有的研究涵盖了集体林产权制度改革对我国农村经济发展、产业结构、农民收入、生产要素配置、生计情况等的影响，并针对各类问题提出了相应的政策建议。从研究方法分类，现已有的研究包含理论研究和实证研究，其中理论研究结合新制度经济学，产权经济学，福利经济学等，将集体林产权制度改革的影响作用原理、方式和结构分析得十分透彻；实证研究则运用了各类数据资料，包括宏观统计资料和各级微观调研资料，结合不同的计量经济学方法，其中不乏十分前沿的计量方法，测度了集体林产权制度改革产生的影响，得出了可靠的结论。针对目前的研究现状，本文提出了未来研究需要努力的方向。

从今后一段时间内有关集体林权制度改革方面的研究内容上看，以下问题可能会成为其研究重点和热点：首先，关于林业税费、森林保险、木材采伐限额、中幼林抚育补贴、造林补贴、林权抵押贷款等集体林权制度配套改革政策，它们对农户经营林业积极性的影响是肯定存在的。这些政策对于促进我国林业的经济增长和可持续发展，也是至关重要的。然而，前面的文献综述表明，在目前有关集体林权制度改革的研究文献中，涉及到这些方面的研究是较少的。因此，研究实施集体林权制度改革后这些配套政策如何影响农户经营林业行为，以及它们的作用机制，这些可能是有关集体林权制度改革方面的未来研究最重要的发展方向之一。其次，中国地域广阔，各省地域分布、社会经济发展水平、森林资源分布状况等因素是不同的，对比研究各省的集体林产权制度改革是很有意义的，以反映南北林权改革绩效的差异性；而且不同省实施林改进展情况不同，有的省早一些，如福建开始于 2003 年，有的省晚一些，如山东和广西开始于 2009 年，收集不同省的数据进行对比可以有助于反映出林权改革后不同时期农户行为的变化情况。但是，已有的研究大部分主要侧重于对南方集体林产权制度改革绩效的研究，或者是单一省份(如辽宁省)的研究，对于全国 2008 年全面实施集体林产权制度改革后各省综合改革效果的研究很少见。因此，进一步研究实施集体林权制度改革后全国各省绩效比较的研究是未来发展的方向。

从数据和研究方法方面来看，已有研究主要利用案例点个别年度的样本农户数据，利用长期定点跟踪数据很少。短期样本数据不利于克服随机因素等冲击，得出的结论具有一定风险与不确定性；定点跟踪数据可以有效避免随机因素冲击所带来的影响，比非连续的数据更具可比性和有效性。根据现有文献研究方法上的特点，今后的研究将更多地使用面板数据的分析技术。

参考文献：

[1] Schlager E, Ostrom E. Property-rights regimes and natural resources: a conceptual analysis[J]. Land Econ, 1992, 68(3): 249 - 262.

[2] McMillan J, J Whalley, L Zhu. The Impact of China's Economic Reforms on Agricultural Productivity Growth[J]. Journal of Political Economy, 1989, 97(4): 781 - 807.

[3] Lin JY. Rural Reform and Agricultural Growth in China[J]. American Economic Review, 1992, 82(1): 34 - 51.

[4] Feder G. The Relation between Farm Size and Farm Productivity: The Role of Family Labor, Supervision, and Credit Constraints[J]. Journal of Development Economics, 1985, 18(2 ~ 3): 297 - 313.

[5] Jacoby H G, G Li S. Rozelle. Hazards of Expropriation: Tenure Insecurity and Investment in Rural China[J]. American Economic Review. 2002, 92(5): 14, 20 - 47.

[6] Crisologo-Mendoze, L., D. Van de Gaer. Population Growth and Customary Land Law: The Case of Cordillera Villages in the Philippines[J]. Economic Development and Cultural Change. 2001, 49(3): 631 - 58.

[7] Aw-Hassan. Impact of Land Tenure Policy Modelling of the Trade-Off between Agricultural Development and Land Degradation—The Sudan Case [J]. Journal of Policy Modeling. 2001, 23(8): 847 - 74.

[8] Otsuka K. Determinants and Consequences of Land Reform Implementation in the Philippines [J]. Journal of Development Economics, 1991, 35(2): 339 - 55.

[9] Shepherd G. The Communal Management of Forests in the Semi-Arid and Sub-Humid Regions of Africa: Past Practice and Prospects for the Future[J]. Development Policy Review. 1991, 19(1): 151 - 76.

[10] Angelsen, A., Agricultural Expansion and Deforestation: Modelling the Impact of Population, Market Forces, and Property Rights [J]. Journal of Development Economics, 1999, 58(1): 185 - 218.

[11] Berry A. When Do Agricultural Exports Help the Rural Poor? A Political-Economy Approach[J]. Oxford Development Studies, 2001, 29(2): 125 - 44.

[12] Besley T. Property Rights and Investment Incentives: Theory and Evidence from Ghana[J]. Journal of Political Economy, 1995, 103(5): 903 - 37.

[13] Feder G., D. Feeny. Land Tenure and Property Rights: Theory and Implications for Development Policy[J]. World Bank Economic Review, 1991, 5(1): 135 - 53.

[14] De Soto, H. The Missing Ingredient: What Poor Countries Need to Make Their Markets Work[J]. The Economist, 1993, 328(7): 8 - 28.

[15] Ibbotson, R. G., L. B. Siegel, K. S. Love. World Wealth: Market Values and Returns[J]. Journal of Portfolio Management, 1985, 12(1): 4 - 23.

[16] I. Fisher. Elementary Principles of Economics[M]. New York: Macmillan, 1923: 27.

[17] Armen A. Alchian. Some Economics of property Right[J], Il Politico 30(No. 4), 1965: 129 - 130.

[18] Bosiner. Economic Analysis of Law[M]. Boston: Litle Brown and Company, 3rd, 1986: 30.

[19] Alchian, Armen A., Harold Demsetz. Production, Information Cost, and Economic Organization [J]. American Economic Review, 1972, 62.

[20] 克劳斯·丹宁格. 促进增长与缓减贫困的土地政策[M]. 北京：中国人民大学出版社, 2007.

[21] 张红宇. 中国农地制度变迁的制度绩效：从实证到理论的分析[J]. 中国农村观察, 2002, (2): 21 - 33.

[22] 俞海, 黄季焜, Scott Rozelle, Loren Brandt, 张林秀. 地权稳定性、土地流转与农地资源持续利用[J]. 经济研究, 2003, (9): 82 - 91.

[23] 陈志刚, 曲福田. 农地产权制度变迁的绩效分析——对转型期中国农地制度多样化创新的解释[J]. 中国农村观察, 2003, (2): 2 - 9.

[24] 姚洋. 农地制度与农业绩效的实证研究[J]. 中国农村观察, 1998, (6): 1 - 10.

[25] 黄少安, 孙圣民, 宫明波. 中国土地产权制度对农业经济增长的影响——对1949 ~ 1978年中国大陆农业生产效率的实证分析[J]. 中国社会科学, 2005, (3): 49 - 61.

[26] 张道卫. 为什么中国的许多林地不长树? [J]. 管理世界, 2001, (3): 141 - 146.

[27] 茅于轼, 唐杰. 商品林业发展中的产权和税费问题[J]. 管理世界, 2002, (7): 75 - 88.

[28] 廖祖君. 对我国林地权属安排的一种解释：基于新制度经济学范式[J]. 农村经济, 2007, (6): 35 - 36.

[29] 苏时鹏, 马梅芸, 林群. 集体林权制度改革后农户林业全要素生产率的变动——基于福建农户的跟踪调查[J]. 林业科学, 2012, (6): 127 - 135.

[30] 刘璨, 吕金芝. 我国集体林产权制度问题研究[J]. 制度经济学研究, 2007, (1): 80 - 105.

[31] 张蕾, 文彩云. 集体林权制度改革对农户生计的影响——基于江西、福建、辽宁和云南4省的实证研究[J]. 林业科学, 2008, 44(7): 73 - 78.

[32] 王文烂. 集体林权制度改革对农民林业收入的影响[J]. 林业科学, 2009, 45(8): 141 - 146.

[33] 李娅, 姜春前, 严成, 邱水文, 黄选瑞. 江西省集体林区林权制度改革效果及农户意愿分析——以江西省永丰村、上芫村、龙归村为例[J]. 中国农村经济, 2007, (12): 54 - 61.

[34] 张海鹏, 徐晋涛. 集体林权制度改革的动因性质与效果评价[J]. 林业科学, 2009, 45(7): 119 - 126.

[35]张应良，王钊. 农村公共产品供给的制度绩效：一个分析框架[J]. 改革，2008，(11)：141-146.
[36]孙妍. 集体林权制度改革研究—产权制度安排与绩效[D]. 北京林业大学，博士论文，2008
[37]卢现祥，朱巧玲. 新制度经济学[M]. 北京：北京大学出版社，2009.
[38]郭艳芹. 集体林产权制度改革绩效分析——对福建省的实证研究[D]. 北京：中国人民大学，2007.
[39]李周. 林权改革的评价与思考[J]. 林业经济，2008，(9)：3-8.
[40]孔祥智，李彧挥. 福建省永安市集体林权制度改革的经济分析[A]. 孔祥智. 制度创新与林业发展. 北京：中国人民大学出版社，2008.
[41]胡慧敏，王爱民. 河北省集体林权制度改革成效分析[J]. 林业经济问题. 2011，31(1)：76-79.
[42]徐翠萍. 中国农户收入、生产行为与技术效率研究[D]. 上海：上海交通大学，2010.
[43]马梅芸. 福建省林业全要素生产率研究[D]. 福州：福建农林大学，2012.
[44]陈向华，耿玉德，于学霆，汤欢，陈文静. 黑龙江国有林区林业产业全要素生产率及其影响因素分析[J]. 林业经济问题，2012，32(1)：50-59.
[45]徐晋涛，孙妍，姜雪梅，李劼. 我国集体林区林权制度改革模式和绩效分析[J]. 林业经济，2008，(9)：27-38.
[46]刘珉，唐忠. 平原地区林权制度绩效研究：农户行为角度[J]. 林业经济，2010，(8)：59-70.
[47]郑宇，张敏新. 后林业税费时期的政策需求分析——基于林农的小规模经营[J]. 林业经济问题，2009，29(3)：265-273.
[48]柯水发，温亚利. 中国林业产权制度变迁过程、动因及利益分析[J]. 绿色中国，2005，(20)：29-32.
[49]徐秀英，吴伟光. 南方集体林地产权制度的历史变迁[J]. 世界林业研究，2004，(3)：40-43.

集体林权制度改革后福建省林业产业结构探究

潘文婧　米　锋　陈　凯　李华晶　张玉静
（北京林业大学经济管理学院，北京，100083）

摘要：本文选取2003~2010年福建省林业产业数据，用灰色关联分析法对林业三大产业及各亚产业进行关联度的计算，并将模型结果与前人研究比较，试图分析福建省集体林改对产业结构的影响。研究得出，林改后福建省林业产业结构的特点有：①林业产业结构得到一定优化，但林业对经济贡献仍不大；②林业第一产业内部基础产业地位不稳固，林业工业主导产业逐步形成，新兴产业有待提高，第三产业升级缓慢。

关键字：林业产业结构；集体林权制度改革；灰色关联度；福建

Study On Forestry Industrial Structure After Collective Forest Tenure Reform In Fujian

Pan Wenjing, Mi Feng, Chen Kai, Li Huajing, Zhang Yujing
(School of Economics and Management , Beijing Forestry University , Beijing, 100083)

Abstract: This paper selected the relevant data of Fujian forestry industry from 2003 to 2010, used the gray concern analysis method to calculate gray concern degree of the three major forestry industries and each internal industries, and compared the model results to the previous studies, trying to analyze the impact of collective forest tenure reform for the industrial structure in Fujian Province. The results after the implementation of collective forest tenure reform in Fujian are as follows: (1) forestry industry structure has been optimized, but the forestry contribution to the economy is still not; (2) the internal basic industry of the first industry is not stable, and gradually formed the leading industries in the forestry industry, emerging industries should be improved, the tertiary industry upgrades slowly.

Keywords: Forestry industrial structure; collective forest tenure reform; gray concern degree; Fujian

林业是国民经济的重要组成部分之一，人类在经历了漫长的农业社会和工业社会之后才逐步把林业作为一个独立的产业来经营。林业产业相较于其他产业存在一定的特殊性：它是主要提供原材料的基础性产业，是比较效益较低的弱质产业，是兼顾社会生态效益同时受资源限制的产业[1]。所以，在市场经济条件下，只有当林业产业的特殊性被转化为一般性，市场机制的作用范围被扩大时，林业才能发展壮大。与此同时，林业产业是一个复杂的系统，涉及到自然资源、社会发展和经济增长等方面。因此，合理的林业产业结构有利于林业产业之间相互促进，相互扶持，充分合理地利用自然资源和经济资源来保持生态系统的平衡，以达到顺利发展林业生产的同时取得经济效益的最大化。

国外学者对于林业产业结构的研究比较早，如：Ellefson(1978)对美国的林业产业结构体系进行整体和战略多样性分析[2]；Bush(1991)通过研究美国硬木材行业认为林业产业结构可以通过种植农户数量、企业数量和行业的垄断化程度作为指标来研究[3]。国内关于林业产业结构的研究中，运用定性研究方法的学者占大多数。在定量研究方面，主要运用投入产出法，线性、目标、多目标模型分析法，层次分析法，灰色系统理论分析法，偏离－份额分析法等方法构建数学模型和经济学模型来研究[4~10]。目前，有关林业产业结构的研究趋势是以实证为主，偏重于第二产业的分析。大部分学者引用的是较早的数据和旧的产业分类方式对林业产业进行研究。本文立足于福建省林业产业发展现状，基于最新产业体系分类，从整体上深入研究自集体林权制度改革以来林业产业结构的变化形势和灰色动态关联度，

基金项目：中央高校基本科研业务费专项资金资助项目(编号RW2011－14)

第一作者：潘文婧，硕士研究生。主要研究方向：林业产业＆技术经济。Email：pwj8857505@163.com，地址：北京林业大学经济管理学院　(100083)。

责任作者：米锋，博士，副教授。主要研究方向：林业产业＆技术经济。电话：(010)82381911　Email：mifengsun@163.com；地址：北京林业大学经济管理学院　(100083)。

并且有针对性的提出今后林业产业结构的规划调整方案，对评价林改成果以及探寻合理的林业产业结构具有一定的意义。

一、福建省林业产业结构现状

福建省森林覆盖率高达63.1%，居全国第一。作为我国南方重点集体林区之一，林业自古以来便是福建省的传统优势产业。2003年，福建省率先开展实施了全面的集体林权制度改革，展示了林业生产力发展的巨大潜力。2004年，福建省出台《关于持续深化林改，建设海西现代林业的意见》，提出：到2015年，林业产业总产值达到2200亿元；2020年，林业产业总产值达到3080亿元。在当前林业良好的发展背景和契机下，福建省已基本上形成了集种苗花卉、制浆造纸、木竹加工、人造板生产、林产化工、家具制造、生物制药、林下产品、森林旅游等门类比较齐全的产业体系。

根据统计资料，福建省林业产业总产值从2003年的448.97亿元增长到2010年的1665.30亿元，增长了270%，平均年增长幅度较大，为22.38%。其中，从2006年开始突破千亿元。在2005年之前林业第二产业低于第一产业产值，2004年至2005年实现陡升20个百分点，并且从2005年开始，林业第一产业和第二产业产值的距离逐渐拉大，第二产业成为主导产业。福建省林业第三产业产值一直小于一、二产业，处于比较低的水平。总的来说，日前福建省林业三大产业的产业结构总体情况呈现出“二一三”的结构。

二、福建省林业产业结构灰色关联分析

(一)数据的选取

2003年以后，《中国林业统计年鉴》按新的国民经济行业分类标准对林业分类方法进行了变动：在第一产业细分中增加了“中药材”，木材和竹材的采运由原来的第二产业转入第一产业。同时，2003年恰是福建省在全国范围内率先全面开展集体林改的时间点，选取2003年以后的数据进行分析并对比03年前的研究结果，这样能够在一定程度上反映出集体林权制度改革政策的效果。因此，本文的数据取自《中国林业统计年鉴》(2003～2010)中福建省林业产业的相关产值数。2006年，统计局根据《林业及相关产业分类(试行)》对林业产业分类又进行了一次调整。为了统一数据口径以便于统计分析，本文参照最新的产业划分方法，对数据进行适当的处理后得到本文后续研究的原始数据。

(二)林改前研究结果

杨云(2005)曾采用灰色关联分析法，选取1998～2002年的数据对福建省林业产业结构进行分析，分析结果显示：①各产业产值与总产值的关联度大小为：第二产业>第一产业>第三产业；②在第一产业内部，茶桑果业(经济林产品)与其关联度最大，林木的培育和种植业次之，花卉的种植业最弱；③在第二产业内部，几项产业基本一致；④第三产业过于弱小，并没有细分[8]。

(三)福建省林业产业结构的灰色关联分析

1. 林业三次产业间灰色关联分析

表1　福建省林业产业与三次产业间动态关联矩阵

Tab. 1　The gray concern degree between forestry industry and three industry in Fujian

阶段	第一产业	第二产业	第三产业
2003～2010	0.6405	0.5672	0.5633
2004～2010	0.5635	0.5136	0.5126
2005～2010	0.7901	0.8420	0.4769
2006～2010	0.8756	0.9480	0.5991
2007～2010	0.8481	0.9367	0.5956
2008～2010	0.7616	0.8863	0.5944
2009～2010	0.6846	0.8108	0.6667
均值	0.7377	0.7858	0.5732

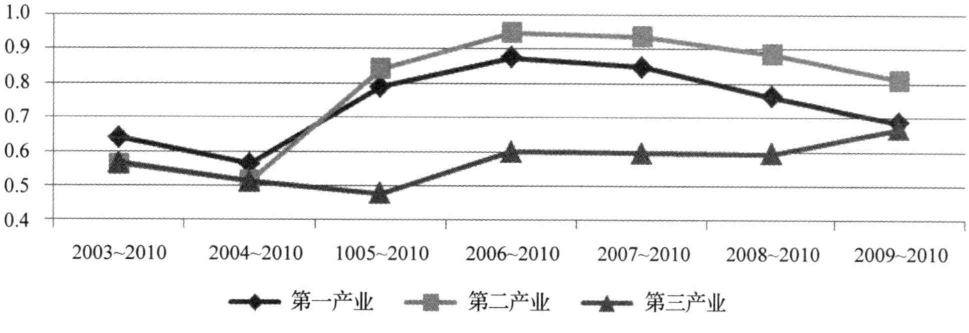

图1　福建省林业产业关联度的动态变化曲线图

Fig. 1 The curve diagram of gray concern degree of Fujian forestry

从表1中的数据可以看到，在2003~2010年阶段，福建省林业产业总产值与林业第一产业产值的关联度最大，其次是第二产业，第三产业落在最后，灰色关联度分别为0.6405、0.5672、0.5633，这说明福建省林业第一产业在林业经济的发展过程中仍居首要位置，是支持二、三产业发展的基础。

但是，从动态发展趋势来看(图1)，第一产业和第二产业的关联度都呈波动变化状态，2005~2010年阶段是一个转折点，两大产业在该阶段的关联度骤增，并且在2006~2010年阶段达到最大。其中第二产业的关联度正是从2005~2010年(转折点)开始超过第一产业，成为主导产业。第三产业的关联度小范围波动上升到2009~2010年达到最大，但仍小于其他两个产业。福建省林业产业结构的格局有从“一、二、三”向“二、一、三”转变的趋势。

综合表1中的7个时间段，福建省林业第二产业产值与林业产业总产值的平均灰色关联度值最大，其次是第一产业，第三产业关联度最小，灰色关联度分别为0.7858、0.7377和0.5732，说明在2003－2010年间第二产业的发展平均与福建省林业产业总产值的影响最为密切，贡献最大。杨云采用林改前数据分析得出1998－2002年福建省林业产业的第二产业关联度最大[8]，而本研究结果在2003~2010年阶段，林业第一产业的关联度较大，随着动态发展，第二产业的关联度逐渐超过第一产业变为最大。从这一点可以看出，林权改革对于福建省林业产业结构的变化起到了一定的调节作用。林改初期，林农积极性得到了极大的提高，第一产业较为稳固。而后，林业基础产业极大的推动了林业工业产业的发展，成为主导产业，这也和福建省坚持“以二促一带三”的林业产业发展战略相符，福建林改对林业产业的促进作用越来越显著。

2. 林业第一产业内部灰色关联分析

表2 福建省林业产业与第一产业间动态关联矩阵

Tab. 2 The gray concern degree between forestry industry and the first industry in Fujian

阶段	林木的培育和种植	木材和竹材的采运	经济林产品的种植与采集	花卉的种植	陆生野生动物繁育与利用	林业生产辅助服务
2003－2010	0.5425	0.7847	0.9053	0.8961	0.6590	0.6895
2004－2010	0.6025	0.7458	0.9294	0.7531	0.6720	0.5900
2005－2010	0.8066	0.7299	0.9346	0.7844	0.6407	0.5387
2006－2010	0.8895	0.7199	0.9080	0.9383	0.5289	0.6027
2007－2010	0.6542	0.8341	0.8971	0.7761	0.6245	0.5780
2008－2010	0.8625	0.9429	0.9748	0.9455	0.7839	0.5858
2009－2010	0.8847	0.8466	0.9242	0.9471	0.6667	0.6858
均值	0.7489	0.8006	0.9248	0.8629	0.6537	0.6101

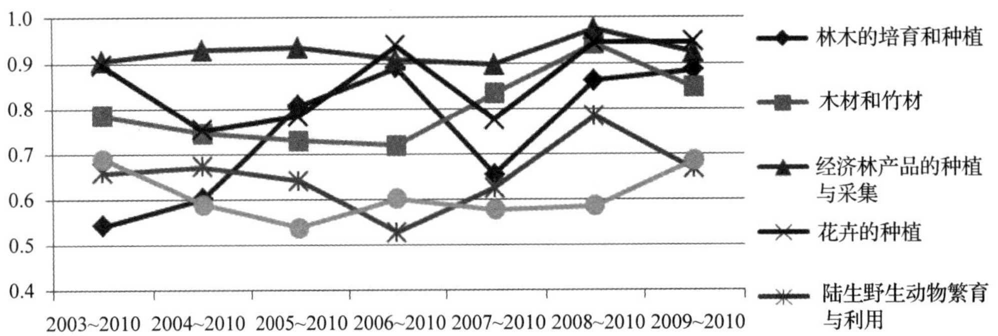

图2 福建省林业第一产业关联度的动态变化曲线图

Fig. 2 The curve diagram of gray concern degree of the first forestry in Fujian

从表2和图2可以看出，第一产业内各亚产业在各个阶段都是在不断的波动交叉起伏变化中，总体变动趋势不是非常明显，关联度变化幅度最大的是林木的培育和种植业，2009～2010年比2003－2010年上升了34%。福建省林业第一产业内各亚产业中，平均关联度最大的是经济林产品的种植与采集，达到0.9248，稳固占据福建省林业第一产业的首要位置，说明经济林产品产业对福建省林业产业的影响力不可忽视；其次是花卉的种植产业，关联度为0.8629；再者是木材和竹材的采运业，关联度为0.8006；其余几项的灰色关联度都小于0.8。与杨云的研究对比，经济林产品产业依旧是福建省第一产业的主导产业，林木的培育和种植业与林业第一产业的关联度在逐渐增加但是其基础地位仍然薄弱，花卉的种植业在第一产业中的地位不再是最弱，而是逐渐上升到第二位。

福建是沿海丘陵山区，自古以来经济林产业就是其林业产业体系中一个重要的组成部分，经济林名优品种繁多。在林权改革的带动下，经济林产业得到了更加迅猛的发展。2006年全省经济林总面积1975.5万亩，总产量571.9万吨，全省已形成了“五带一区”的区域化经济林布局。全面实施林权制度改革和海峡西岸经济区的建设为推动福建省花卉产业的发展起到了重要的作用。截至2010年，福建省已有花卉企业2038个，福建省花卉产业除了原有的发展模式外，和台湾的交流也越来越多，多次举办海峡两岸花卉博览会。

福建省林业从改革开放后到2003年前，经历过1981年开始的林业“三定”，1984年左右的“分股不分山”的林业股份合作制以及90年代末的集体林经营体制改革。但是，这些改革都没有真正涉及到有关林业产权的问题，大部分林子的经营管理者仍旧是集体，只有少数人对少数山林进行承包和管护，林木产权不清晰、经营机制不灵活等一些亟待解决的问题的存在对林农投资林业的积极性和林业生产力的发展产生了一定程度的影响和制约。2003年进行全面林改后，产权的确立直接影响农户的生产行为，林农的自觉性和积极性提高。然而，林木的培育和种植业的基础地位为什么仍然不稳固呢？这其中的原因可能在于：一方面，集体林权制度改革对于森林面积和蓄积量的增加并不显著，政策的长期效益目前还没有突显出来[11]；另一方面，林权改革将林地的使用权和林木的所有权分到各户，因此，树种、种植方式和管理方式都由林农自主决定，争山、抢山造林、林地可持续经营等问题便随之而来。作为“经济人”，利益最大化的心态结果促使林农将更多的金钱和劳动力投向周期短回报快的经济林产品，适地适树难落实，造成林地力衰退等问题。同时，不够合理采伐限额制度损害了农民的收益权，林农申请采伐限额困难，不能及时砍伐已经成熟的林木，在一定程度上削弱了林农造林营林的信心。

3. 林业第二产业内部灰色关联分析

表3 福建省林业产业与第二产业间动态关联矩阵

Tab. 3 The gray concern degree between forestry industry and the second industry in Fujian

阶段	木材加工及木、竹、藤、棕、苇制品制造	木、竹、藤家具制造	木、竹、苇浆造纸	林产化学产品制造	木制工艺品和木制文教体育用品制造	非木制林产品加工制造业	其他
2003～2010	0.8870	0.8215	0.8397	0.9221	0.9259	0.9437	0.7685
2004～2010	0.9739	0.9751	0.9547	0.9795	0.9677	0.9775	0.7537
2005～2010	0.9838	0.9949	0.9848	0.9408	0.9889	0.9916	0.7121
2006～2010	0.9835	0.9917	0.9796	0.9490	0.9718	0.9847	0.6809
2007～2010	0.9815	0.9758	0.9614	0.9088	0.9295	0.9641	0.6696
2008～2010	0.9669	0.9629	0.9281	0.8943	0.9131	0.9095	0.6033
2009～2010	0.7905	0.7830	0.8944	0.6667	0.6929	0.7612	0.6775
均值	0.9382	0.9293	0.9347	0.8945	0.9128	0.9332	0.6951

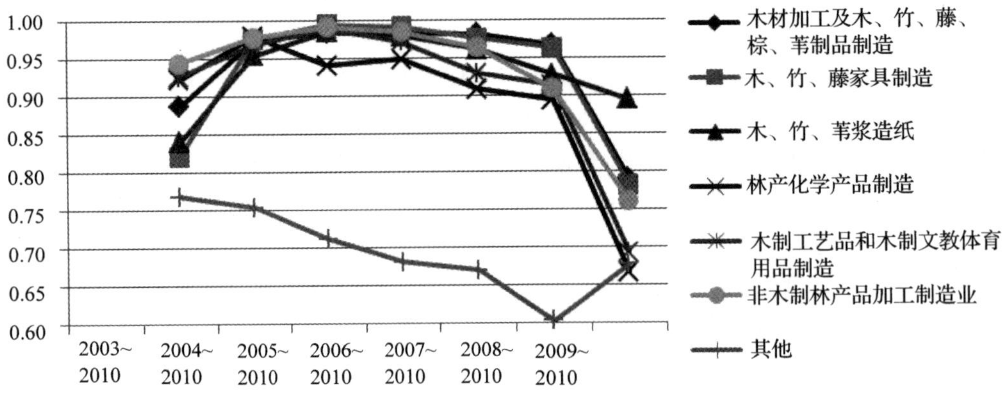

图 3 福建省林业第二产业关联度的动态变化曲线图

Fig. 3 The curve diagram of gray concern degree of the second forestry in Fujian

从表 3 和图 3 可以看出，木材加工及木、竹、藤、棕、苇制品制造业与林业第二产业的关联度最大，与木、竹、苇浆造纸业和非木制林产品加工制造业这两项相差不多，但比其他几项大了至少 1 个百分点。这一点较之于林改前的研究结果产生了一定变化，说明林权改革后第二产业有逐步形成自己的主导产业的趋势，主要以造纸和初级产品制造为主，林化产品制造业相对薄弱。从动态角度看，除了关联度较小的"其他"项以外，各制造业的关联度基本都是呈现出阶段性的先上升后下降的倒"U"型，在 2005 ~ 2010 年阶段达到顶峰。

形成倒"U"形左半部分的主要原因有：2003 年大规模推进集体林权制度改革刺激了社会各种生产要素向林业流动，林业成为新的投资热点，吸引了社会资金向林业产业涌进，福建省初步形成了中国(建瓯)笋竹城、莆田秀屿国家级木材贸易加工示范区、闽北林产工贸园区等林业工业产业集中区。截止 2010 年，福建省有林产加工企业近 9000 家，规模以上林业工业企业突破 2700 家，比 2003 年改革之初的 1100 来家增加了一倍多。同时，林权改革的配套改革中林业贷款、税费制度改革等措施的实施有效缓解了林农、林业企业和林业经营大户的资金问题，进而在一定程度上推动了林业工业的发展。以福建省永安市为例，在林权改革后，从 2004 年到 2010 年，该市已向林农和林业企业发放林业贷款共计 29.9 亿元，是各级政府投入的 25 倍。木材的税费改革减轻了林农在林业经营过程中的税费负担，营林利润的增加使林农对林业的投入增加，随之而来的是林产品供给量的增加，进而催生了林产加工企业的出现。因此，集体林权制度改革促进了福建省林业工业企业的兴起和发展，企业的发展同时又反向推动了集体林权制度改革的实施和深化，形成了良性互动，多方共赢的局面。以林业第一产业为基础的福建省林业第二产业的发展速度相对较快，各亚产业间发展相对均衡。

近两年，福建省将林业建设的重点放在建设绿色海西，发展林业生态功能上。因此，发展以林业生产为主的林业工业将受到一定的限制，在图 4 中表现为关联度下降。

4. 林业第三产业内部灰色关联分析

表 4 福建省林业产业与第三产业间动态关联矩阵

Tab. 5 The gray concern degree between forestry industry and the third industry in Fujian

阶段	林业旅游与休闲服务	林业生态服务	林业专业技术服务
2003 ~ 2010	0. 9760	0. 5742	0. 8244
2004 ~ 2010	0. 9846	0. 5203	0. 9002
2005 ~ 2010	0. 9560	0. 5488	0. 7287
2006 ~ 2010	0. 9272	0. 7243	0. 6669
2007 ~ 2010	0. 8787	0. 6937	0. 6032
2008 ~ 2010	0. 8799	0. 6196	0. 5938
2009 ~ 2010	0. 9617	0. 9581	0. 6667
均值	0. 9377	0. 6627	0. 7120

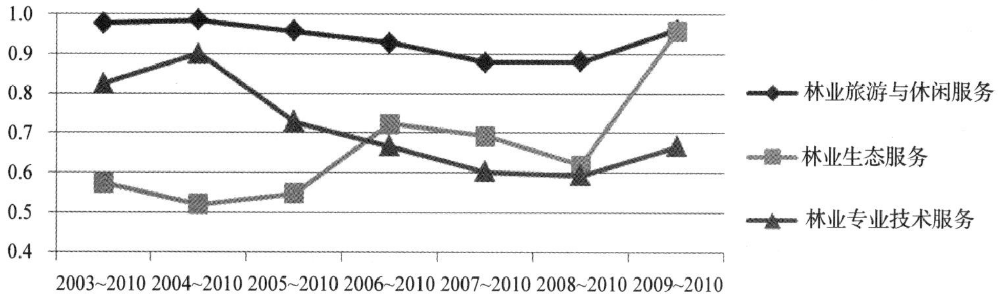

图4　福建省林业第三产业关联度的动态变化曲线图

Fig. 4　The curve diagram of gray concern degree of the third forestry in Fujian

从表4和图4中可以看出，2003～2010年的8年间，第三产业内的三大亚产业中与其关联度最大的是林业旅游与休闲，高达0.9760。同时，从阶段性动态发展来看不同阶段的林业旅游与休闲业远远高于林业生态服务和林业专业技术服务，一直居于第三产业主导产业地位。林业生态服务和林业专业技术服务两大亚产业之间始终处在一种交替波动状态，其中林业生态服务业与第三产业产值的关联度在2009～2010年阶段从0.6196骤增至0.9581，可见近两年福建省生态林业的建设有了很大的飞跃。也可以看出，集体林权制度改革后，林农投入的增加、林业企业的快速发展使得福建省林业在经济效益增长的同时林业资金来源政策的改革以及生态公益林的建设等改革措施使得林业生态效益也逐渐显现出来。

三、结　论

（一）林改后福建省林业对经济贡献仍不大

近年来，福建省实施集体林权制度改革，降低林业税费、改革国有林业企业、放开木材经营体制，调动了林农造林育林护林的积极性，促进了林业产业的发展。与此同时，福建省林业产业结构调整与林业产业化经营也取得了一定的成效：林业第一产业产值的比重有所下降，第二产业产值比重超过第一产业并同三产业产值的比重一样不断上升。集体林权制度改革的实施从本质上是要促进林业经济的发展，推动林业产业朝更快更好的方向前进。但是，从整体上来看，2000年林业总产值占福建省GDP的比例为2.9%，到2010年，林业总产值占福建省的GDP比例为4.3%，林改后林业对福建省经济的贡献份额仍旧很小。

（二）林业第一产业内部基础产业地位不稳固

以森林资源为基础的第一产业是林业产业发展的前提，要满足林产品旺盛的需求，离不开木材等原材料的生产增长。当前，福建省林业第一产业中以林产品采集业和花卉业为优势产业，木材采运和林木培育种植相对比较薄弱，陆生野生动物繁育与利用业更为弱势。森林资源培育是林业产业发展中的一项长期的重要任务，稳固资源基础地位是福建省在推进林业产业又快又好发展进程中的一项关键性任务，需要在今后不断完善林权制度改革的过程中逐渐建立起来，形成扎实的产业基础，为林业第二产业和第三产业提供相应的资源保障。

（三）林业第二产业主导产业逐步形成，新兴产业有待提高

林权改革后，福建省林产工业企业在政策的引导和推动下不断扩张，林业第二产业已经成为福建省林业产业的主导。从产业内部结构上看，以人造板制造、锯材、木片加工为主的制品制造业和林浆造纸业为主，林产化学产品制造稍逊。然而，林产化学加工是森林资源综合利用的一个重要方面，其树木提取物加工、木材热解和气化以及木材水解等方面的技术是发展生物质能源产业和实现绿色低碳经济的技术前提。因此，林产化学产品加工制造需要被引起重视，这将会对福建省林业工业新兴产业的发展有很大的帮助。

（四）林业第三产业升级缓慢

林改后，福建省林业第三产业内部结构正在趋于合理化，但无论是和全国其他林业大省的比较还是同本省内三大产业结构比重相比，第三产业的发展仍然相对不足，甚至可以说是比较弱后。

2010年，福建省森林公园有107处，总面积达203167公顷，在处于全国排名前列的位置，但是森林旅游与休闲产业的产值仅仅占林业总产值的2%，这一点与我国其他几个林业大省相比存在较大的差距。同比，林业生态建设和林业技术服务更是薄弱。

以世界遗产武夷山国家级自然保护区为首的福建省旅游资源可算是丰富，其他如：梅花山国家级自然保护区、福鼎太姥山自然保护区、泰宁世界地质公园等各种风景名胜区不胜枚举。但这些独特的旅游资源并没有很好的发挥其应有的产业价值。

四、政策建议

(一)不断推进林权改革，建立资源培育长效机制

林业产业结构调整的基础是以森林资源为主的第一产业，这是决定林业生存和发展，保证产业竞争力的前提。要稳固林木培育和种植业的基础地位，提高木竹才采运业，以提升福建省林业第一产业内部结构的平衡性，最关键的就是要不断推进集体林权制度改革的实施，不断完善各项配套措施，完善分类经营，建立资源培育长效机制，确保迹地及时更新，抓好基地建设，提高林地产出率显得尤为重要。

(二)强化主导产业，挖掘新兴产业发展空间

林业产业化的发展，政府的作用不可忽视。政府应该适当的干预，及时提供有效的信息服务，进一步改革林业企业的征税方法，最大限度刺激企业的生产积极性，为企业创造一个公平竞争的良好环境。

福建省的林产工业要从产业结构调整入手，加快主导产业发展，提升福建林业产业市场的竞争力。在森林资源丰富的基础上要积极发展木材加工业，提高木材的利用率。重点培养一批规模大、技术含量高、带动力强的林业产业化龙头企业，引导林业产业集群形成，提高林业产业化水平。例如：南平市的竹类资源丰富，竹业面积占全国的10%，以竹产业为主导，充分发挥地区山地优势，把竹业开发提高到一个新的水平。同时，福建省要有创新精神，充分利用福建省林业第一产业中经济林产品的种植和采集的优势，在林业第二产业的发展中，要积极学习和引进其他省份乃至国外的先进技术和设备，提高林产品的精深加工，促进经济增长方式向节约型转变。加强林产化学技术研究，适度深入挖掘发展生物质能源产品，利用“海西经济区建设”的良好契机推动闽台产业合作并做好相应规划，以加倍提高林业产品本身的价值。

(三)重点发展森林旅游业

鉴于丰富的自然资源和地理优势，福建省具有发展森林旅游得天独厚的条件。随着人民生活水平提高和森林旅游基础设施的改善，人们对大自然的向往以及对休闲旅游的需求将越来越旺盛。我们有理由相信森林旅游的发展将进入快车道，为整个林业产业做出更大贡献。因此，福建省应重点发展森林旅游业。按照建设海峡西岸绿色腹地的要求，充分利用福建省丰富的森林资源和独特的自然景观，树立福建省森林旅游的整体形象，重点突出“生态人家”生态旅游，形成特色旅游的同时还能延长游客逗留时间，提高消费水平，以实现福建省提出的到2015年，实现200亿元森林旅游产值的目标。

参考文献：

[1]沈文星，等．福建省南平市林业产业发展战略研究[M]．中国林业出版社，2008：19.

[2] Ellefson，P V，Chopp M E. Systematic analysis of the economic structure of the wood-based industry [J]. University of Minnesota，1978，1(11)：37－41.

[3] Bush R J，Sinclair S A，Araman PA. A qualitative investigation of competition in the U S hardwood lumber industry [J]. Forest Prod J，1991，41(11/12)：43－49.

[4] 陈同英，邱登鸿，黄世典．林业系统投入产出模型及其应用[J]．福建林学院学报，1993，13(1)：53－59.

[5] 张自立．模糊线性规划在林业生产结构优化上的应用[J]．浙江林学院学报，1989(6)：66－68.

[6] 张智光，刘建波，等．可持续发展林业产业结构优化系统模型研究[J]．农业系统科学与综合研究，2003，19(1)：19－22.

[7] 田明华．区域性林产工业的研究[D]．北京林业大学硕士论文，1994.

[8] 杨云．福建省林业产业结构研究[D]，2005，福建农林大学硕士论文．

[9] 周莉，张宇清，张晓星．平原林业产业结构灰色关联度评价[J]．林业经济，2010(7)：108－112.

[10]许玉粉，耿玉德，李明德．基于SSM的延边林业产业结构模式研究[J]．林业经济，2011(3)：76－78.

[11] 刘小强，王立群．集体林权制度改革对森林资源影响实证分析[J]．林业经济，2010(6)：40－45.

林权流转的实证研究

——以美国林木拍卖为例

安　欣

（北京林业大学经济管理学院，北京，100083）

摘要：为使林木销售公开化、市场化，使林木所有者获得尽可能大的利润空间，目前林木的销售更多采用公开拍卖的方式进行。本文对美国林务局提供的林木拍卖数据做了实证分析，利用固定效应模型分析了影响投标参与人数的因素和影响赢者投标价的因素。研究发现，在地区5和地区6组织的拍卖能吸引更多的投标者参与，对组织在春、夏两个季节的林木拍卖也能吸引更多数投标者；一般来说，投标者对蓄积量较大的林木更感兴趣。对影响赢者投标价的所有因素而言，总蓄积量产生的影响最大，每增大1%的林木蓄积量，赢者投标价就会提高约0.94%。

关键词：林权流转；林木拍卖；固定效应模型

Empirical Study on the Circulation of Forest Tenure: A Case study on Timber Auctions in America

An Xin

(School of Economics and Management, Beijing Forestry University, Beijing, 10083)

Abstract: To achieve the maximum profit for the forest owners, the public auctions are utilized much more in market economy. This study makes empirical analysis using timber auction data provided by U. S. Forest Service. Specially, the effect factors of bidders' number and winner's bid are analyzed using fixed effect model in the paper. The study finds that the auctions organized in region 5 and 6 can attract more bidders to participant, and so do auctions organized in spring and summer. Generally, the bidders are more interested in timber storage, which most influences the winners' bid in all of the effect factors. The research proposes that the timber storage increases 1%, the winners' bid enhances 0.94%.

Keywords: Turnover of Forest Tenure; Timber auction; Fixed effect Model

近年来，为保障山林权益主体的切实利益，对森林资源流转行为进行全面规范，确保森林资源公开、公平、公正、有序流转，福建、江西、浙江等地均出台了相关的森林资源转让条例，并不断在全国得到推广。条例规定，在不改变集体林地所有权和林地用途的前提下，允许林木所有权或者经营权和林地使用权依法、合理、有序流转，规范流转行为，促进林业资源的合理配置。规范流转工作开展过程中，强调了国有森林资源的转让，必须经林业主管部门审核后，报同级国有资产管理部门批准，依法采用拍卖、招标方式进行，并在依法设立的产权交易机构中公开进行。在积极推进集体林权制度配套改革的过程中，以林业行政部门为主导的流转交易平台得以建立，其核心功能是为林地林木产权流转提供交易平台，兼具开展森林资源资产评估、木竹检量、提供林业科技与法律咨询服务等功能。

积极推进集体林权制度配套改革，依法采用拍卖、招标方式开展林权交易服务，从源头上解决了农民种树容易，卖树难，砍树犯法的问题。林权流转服务中心，首先为林农和客商搭建林权公平交易的平台，对居住分散，市场信息缺乏的农民，避免非法或不规范交易，实现林农利益最大化。其次能简化程序，提高办事效率。林木采伐指标的分配和办理手续得到了简化，农民不仅不再耽误大量工时，

基金项目：北京林业大学青年科技启动基金（BLX2011028）；北京林业大学科技创新项目（TD2012－08）；教育部人文社科项目（12YJC790221）。

作者简介：安欣，1980年生，女，山东省临沂市人，讲师，博士，研究方向：数量经济、拍卖与招投标理论与应用。E－mail：anxin927@gmail.com。通讯地址：北京市海淀区清华东路35号，100083。

而且还能及时抓住商机。另外，林权交易服务还能促进林业资源的整合。通过采伐权的拍卖流转，使林木向竞买者集中，实现一定程度的规模经营。从而加快成熟林更新、调整优化林业产业结构，发挥林业规模化、集约化经营效益。本文基于拍卖的视角对林权流转进行实证研究，有助于了解现行制度安排对林权流转行为的影响，也可为管理部门完善和优化现行制度安排、规范和推动林地林木流转提供决策依据，进一步推进集体林权制度配套改革。

一、文献回顾

林权流转是指在不改变林地所有权和林地用途的前提下，林地、林木进入市场交易，根据法律规定，按照法定程序在一定期限内，将林木的所有权和林地使用权按一定的程序，通过招标、拍卖、协议等方式，有偿地由一方转给另一方的经济行为。在国外，Brown 等人[1]在长期研究的基础上，通过数据分析发现在巴布亚新几内亚高原上钦布地区的土地占有权、土地流转和继承影响着一个以经济作物为主的快速商品化时期农业循环、家庭和人口增长之间的关系。Paarsch[2,3]用加拿大哥伦比亚省的植树采购合同数据分别对共同价值模型和英式拍卖模型进行了验证。Li 和 Perrigne[1]用广义非参数方法分析了带随机保留价的法国公共木材的拍卖。Lu 和 Perrigne[1]证明如何利用非参数方法识别投标人的效用函数，并附以林木拍卖数据加以证实。

近年来，国内学者对林权流转的研究也逐渐增多。杨萍[6]认为在产权明晰的前提下，林权流转是实现森林资源资产与市场要素有机结合，促进林业规模经营的重要手段。吴军、徐德云[7]认为林地流转是指在不改变林地用途的前提下，允许林农以股份合作制、租赁、拍卖、承包等多种方式转让林地，使林地使用权按照自愿、合作、有偿的原则有序流动。张从哲、张会敏[8]在对河北省集体林权流转发展情况进行调查研究的基础上，阐述了承包制、拍卖制、股份合作制、租赁制等流转的主要形式和特点，分析了当前流转存在的主要问题。徐正春等人[9]在对广东森林资源流转的现状进行调查研究的基础上，系统分析了广东森林资源流转存在的问题，并就如何规范森林资源流转提出了具体的对策。聂影[10]从微观、中观、宏观层次方面分析了林权流转的动因，并为加速林权流转提出稳定和强化农户的土地使用权等五条路径激励。张文婷等人[11]以农户为研究对象，通过对辽宁丹东等地的实地调查，从林地有无生产经营收入的角度研究影响农户林地流转的因素。在林权流转评估方面，徐朝国等人[12]认为新一轮集体林权制度改革后，林权流转日趋频繁，因而规范林权评估工作显得尤为重要。为解决林权流转评估中出现的问题，要采取健全林权评估法律、法规和政策，建立科学的林权评估体系，加强林权评估管理，深化林权评估理论和实践研究等。高庆浩、曾华锋[13]在林权流转及林权评估等问题分析的基础上，阐明我国集体林权制度改革后林权流转评估的重要性，指出林权流转评估过程中存在的问题，进而提出应对这些问题的举措以及解决这些问题的关键点。程庆荣等人[14]从法律角度探讨了我国林权的流转，他们对我国目前实施的与林权流转相关的法律法规进行了分析，特别论述了承包、出租、抵押、入股等几种主要的集体林林权流转形式的交易制度。曹祖涛[15]提出为更好地引导和规范林权流转，必须在认清当前流转实践和相关法律制度中存在问题的基础上，建立范围合理、主体开放、成价合理、自主自由、监管有力的完善的林权流转法律制度。在林权流转的其他方面，谢屹[16]分析了林权流转收益的合理性以及农户流转行为的影响因素等。高鑫等人[17]分析了影响农户林权抵押贷款需求行为的各种因素。王彬等人[18]在分析林权流转实质的基础上，使用重置成本法估算幼龄林林木资产和收获现值法估算中龄林林木资产。而王武魁[19]基于林权改革的实际需求，提出林权流转中要建立统一的、面向全国的信息共享平台，以解决林权流转中信息共享只限于林权宗地本地的状况及信息不对称问题。

以上学者从不同的角度研究了林权流转的意义、存在的问题以及流转的评估等。即使有国外学者分析了林木拍卖数据，但其目的都是对拍卖模型的验证。本文利用美国林木销售数据，实证分析了影响投标参与人数的因素和影响赢者投标价的因素，并考察了投标方身份与中标的关系。从一个新的视角为林木拍卖提供了理论支持，具有一定的实践指导意义。

二、数据介绍及处理

(一)数据来源

本文所使用数据集来自美国的北部和西部地区(共9个地区)在1974~1993年共20年间的13318条集体林木销售数据，其中大多数是拍卖成功的情况，参与拍卖的投标人数从1到12均有，当然也有流拍的情况，即投标人数为0。

数据集记录了各地区不同林分内林木公开销售的情况，所使用的销售方式有三种：明码标价销售、升价拍卖和第一价格密封拍卖。1976年美国国会在讨论林木销售方式时，重点推荐了第一价格密封拍卖，因此本研究主要考虑了关于这种拍卖方式的销售情况。

(二)样本描述性统计

数据集提供了所销售林木的详细信息，如林木的蓄积量、林地面积、每批林木的评估净率、组织拍卖的地区、拍卖发生的季节、林木所处的地理位置(如林地与公路之间的距离等)、合同签订的条款、砍伐林木的成本和其他成本(如公路建设成本等)、参与投标的人数以及投标方的投标价和身份等。表1统计了一些关键变量的基本信息，其中赢者投标价、投标价和伐木成本的单位是美元，林木蓄积量的单位为千板英尺(mbf)，林地与公路间的距离单位为英里，密度为林木总蓄积量与所占用林地面积的比。

表1　样本的均值统计摘要($n\geqslant 2$)：1974~1993年

Tab. 1　The statistical summary of sample mean ($n\geqslant 2$): 1974~1993

	赢者投标价(/mbf)	投标价(/mbf)	总蓄积量	评估净率	密度	伐木成本	林地与公路的距离	平均投标人数
地区1	7386.56	6163.70	2583.51	12302.60	6.75	56662.36	2522.26	3.82
地区2	5462.37	5020.91	4362.87	3647.13	4.40	14804.29	2957.49	2.74
地区3	6282.15	5472.58	2791.19	7538.50	2.42	10311.76	1628.88	2.57
地区4	7206.61	6102.90	1109.33	8818.34	4.98	22399.31	2557.87	3.16
地区5	10217.43	8349.12	1121.29	15736.36	7.23	39664.62	2600.87	4.42
地区6	16857.09	14480.08	3181.17	19610.24	21.92	27055.05	2273.48	4.73
地区7	7749.86	7372.72	2276.17	9946.41	4.92	12796.68	2425.91	3.59
地区8	2372.94	2103.64	2367.13	10061.00	6.70	14297.47	810.07	3.11
地区9	5193.60	4580.48	9907.00	16441.22	17.34	67099.05	3040.12	2.62
所有地区	9465.33	8599.12	2312.16	13297.80	9.14	29134.47	2350.86	3.93

注：n为参与投标人数。

三、实证结果与分析

数据集包含了时间序列和截面两个维度，是一个面板数据。本文选择的个体不是从一个大的总体中随机抽取的样本，而是固定9地区的在不同年份组成的拍卖数据，将它们的异质性的特征假定为固定的较为合适。因此，本研究选用固定效应模型对林木拍卖的数据进行实证分析。

(一)影响投标参与人数的因素

考虑多个投标参与人数的影响因素：林木总蓄积量、评估净率、林木的密度、以及哑元变量(林木所在的地区及林木拍卖的季节)。建立上述变量的线性回归模型，结果见表2. 分析结果发现，在地区5和地区6组织的拍卖能吸引更多的投标者参与；对组织在春、夏两个季节的林木拍卖也能吸引更多数投标者参与，并且投标者对蓄积量较大的林木更感兴趣。上述分析结果与数据统计描述的结果相一致，说明选择固定效应模型对林木拍卖的数据进行实证分析是可行的。

表 2 影响投标参与人数的因素

Tab. 2 The effect factor oftender participants' number

投标人数	系数	标准差	t 值
地区 1	1.639348	0.156751	10.46
地区 2	0.381039	0.207798	1.83
地区 3	0.374816	0.191830	1.95
地区 4	0.944519	0.168208	5.62
地区 5	2.710831	0.157131	17.25
地区 6	2.759001	0.156831	17.59
地区 8	1.557885	0.154160	10.11
地区 9	0.486484	0.159584	3.05
春季	1.127040	0.157103	7.17
夏季	0.954077	0.158107	6.03
秋季	0.548705	0.156424	3.51
冬季	0.509121	0.155553	3.27
总蓄积量	0.000047	3.88e-06	12.01
评估净率	7.67e-06	1.57e-06	4.89
密度	0.000358	0.000340	1.06
调整的拟合优度 R^2		0.6334	

（二）影响赢者投标价的因素

为分析影响赢者投标价的因素，本文考虑多于1个投标者参与的拍卖，并从数据集中随机抽取25%的样本作为预测集，其余的样本作为建模集，以便对所建立的模型进行评价。对已有数据建立双对数线性模型：

$$\ln P = \alpha_1 \ln Y + \alpha_2 \ln R + \alpha_3 \ln C + \alpha_4 \ln S + \alpha_5 \ln N$$

其中 P 为被解释变量赢者投标价，Y 为林木总蓄积量，R 为评估净率，C 为伐木成本，S 为林场与公路的距离，N 为投标人数作为解释变量建立对数回归模型。表3是用样本占75%的建模集做出的回归结果，结果显示所有的估计系数都是显著的，它们可以用来解释弹性。总蓄积量在所有的因素中对赢者投标价的影响最大，总蓄积量每增大1%，赢者投标价就会提高约0.94%。对投标人数的估计系数而言，投标人数每增多1%，赢者投标价就会提升约0.59%，这说明竞争人数对投标价来说也是很敏感的。同样，每增大1%的评估净率，赢者投标价就提高0.55%；林场与公路间的距离每增加1%，赢者投标价就会降低0.59%。但需要注意的是，解释变量“伐木成本”的系数是负的，意味着赢者投标价会随着伐木成本的提高而降低，这可能是因为伐木公司也是一部分投标方的原因。伐木公司的利润会随着伐木成本增大而减少，当成本增大到一定程度的时候，他们可能会考虑放弃竞标。

表 3 影响赢者投标价的因素

Tab. 3 The effect factor of winners' bid

赢者投标价	系数	标准差	t 值
总蓄积量	0.937809	0.005678	165.17
评估净率	0.550595	0.008310	66.25
伐木成本	-0.10216	0.010877	-9.39
林场与公路的距离	-0.593722	0.013165	45.10
投标人数	0.586884	0.018596	31.56
调整的拟合优度 R^2	0.9981		

为进一步评价上述回归模型的估计效果，本文用随机抽取的25%样本构成的预测集对表3的回归模型进行预测，得到的对数回归方程的拟合图和残差图分别见图1和图2。图1中的拟合值与实际值的大体趋势非常接近，作为一个横截面数据的模型来说是相当不错的；从图2的残差（实际值-拟合值）分布来看，残差基本上分布在0的两边，效果也是很好的，这些都表明赢者投标价用对数模型来解释是比较适合的。

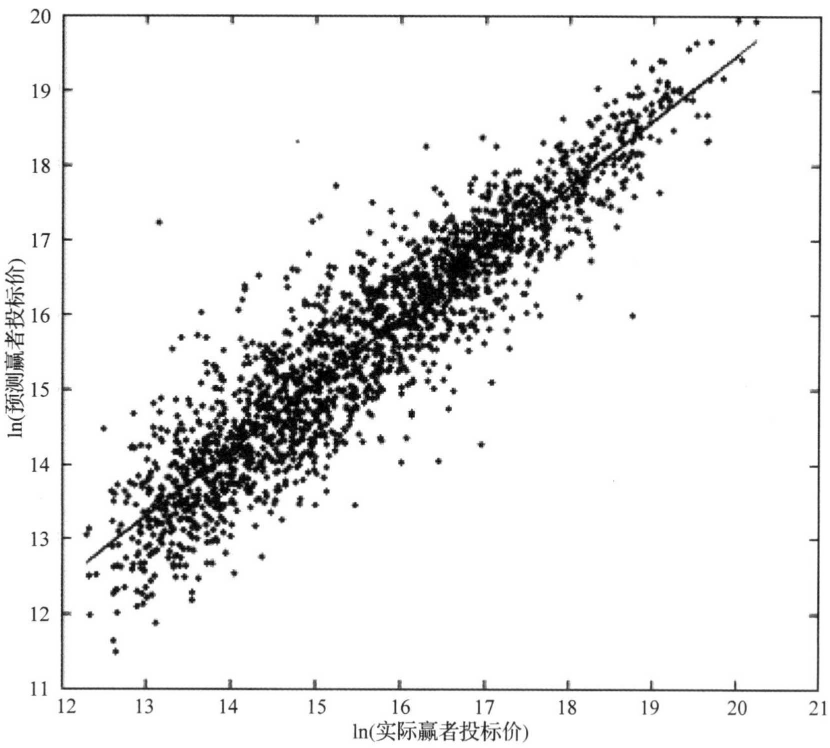

图 1　对数回归方程的拟合图

Fig. 1　The fitting figure of logarithm regression equation

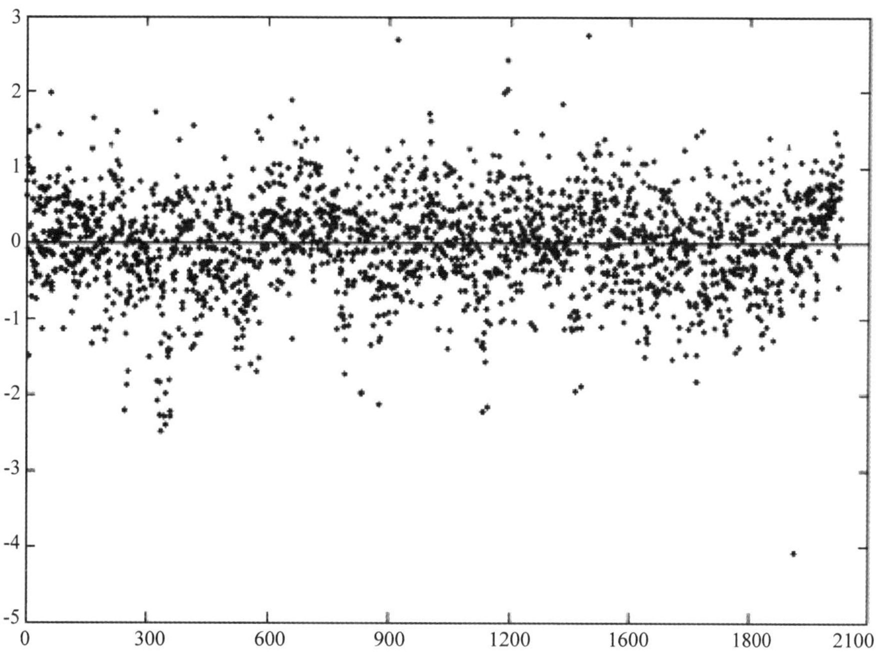

图 2　对数回归方程的残差图

Fig. 2　The residual figure of logarithm regression equation

四、结论与讨论

采用拍卖、招标方式对林权进行交易是林权流转的一项新举措，它有利于林权流转走向公开化、市场化、制度化、规范化、科学化的管理轨道。林权流转中的拍卖行为直接关系到林地林木销售的成功与否，进而影响林地林木流转活动的开展，林业生产要素集约使用目标能否实现，以及林业生产经营活动趋于规模化目标能否达到。本文借助美国西北部9个地区的林木拍卖数据，利用固定效应模型分析了影响投标参与人数的因素和影响赢者投标价的因素。研究发现，在地区5和地区6组织的拍卖能吸引更多的投标者参与，对组织在春、夏两个季节的林木拍卖也能吸引更多数投标者参与；一般来说，投标者对蓄积量较大的林木更感兴趣。对影响赢者投标价的所有因素而言，总蓄积量产生的影响最大，每增大1%的林木蓄积量，赢者投标价就会提高约0.94%。

参考文献：

[1] Paula Brown, Harold Brookfield, Robin Grau. Land Tenure and Transfer in Chimbu [M]. Papua New Guinea, 1990.

[2] Paarsch H. Deciding between the Common and Private Value Paradigms in Empirical Models of Auctions [J]. Journal of Econometrics, 1992, 51: 191-215.

[3] Paarsch H. Deriving an Estimate of the Optimal Reserve Price: An Application to British Columbian Timber Sales [J]. Journal of Econometrics, 1997, 78: 333-357.

[4] Li T, Perrigne I. Timber Sale Auctions with Random Reserve Prices [J]. Review of Economics and Statistics, 2003, 85: 189-200.

[5] Lu J F, Perrigne I. Estimating risk aversion from ascending and sealed-bid auctions: The case of timber auction data [J]. Journal of Applied Econometrics, 2008, 23(7): 871-896.

[6] 杨萍．福建省集体林林权流转方式探讨[J]．中国林业经济，2008(3)：32-35.

[7] 吴军，徐德云．林地流转是建德市集体林区森林经营的有效方式[J]．华东森林经理，2003，17(1)：14-17.

[8] 张从哲，张会敏．河北省集体林权流转现状、问题及对策[J]．河北林果研究，2010，25(3)：276-278.

[9] 徐正春，王权典，景彦勤．广东森林资源流转的现状、问题与政策研究[J]．北京林业大学学报(社会科学版)，2005，4(4)：41-45.

[10] 聂影．林权流转的多维动因分析与激励路径选择[J]．中南林业科技大学学报(社会科学版)，2010，4(4)：5-9.

[11] 张文婷，吕杰，宁金萍．集体林权改革背景下农户林地流转影响因素分析[J]．沈阳农业大学学报(社会科学版)，2011，13(1)：23-27.

[12] 徐朝国，朱在昱，曹端荣．集体林权改革后林权流转评估问题研究[J]．商业时代，2010(11)：89-91.

[13] 高庆浩、曾华锋．我国林权流转评估现实问题研究[J]．林业资源管理，2011(5)：16-19.

[14] 程庆荣，潘光辉，杨海燕，丁晓纲，汪迎利．集体林林权流转的交易制度及资本运作研究综述[J]．广东林业科技，2010，26(1)：102-107.

[15] 曹祖涛．论我国林权流转法律制度[J]．绿色中国，2005(8)：28-30.

[16] 谢屹．江西省集体林权制度改革中的林地林木流转研究[D]．北京：北京林业大学，2008.

[17] 高鑫，许宇鹏，石道金．影响农户林权抵押贷款需求因素的实证分析[J]．北京林业大学学报(社会科学版)，2011，10(4)：65-71.

[18] 王彬，孙倩倩，刘国顺．林木资产评估在林权流转中的应用研究[J]．安徽农业科学，2009，37(16)：7754-7755.

[19] 王武魁．建立林权流转中信息共享平台[J]．北京林业大学学报(社会科学版)，2009，08(4)：55-60.

技术创新与绿色经济

林业应对气候变化的理论研究与实践进展述评

付亦重[1]　樊阳程[2]
（1. 北京林业大学经济管理学院，北京，100083；2. 北京林业大学人文学院，北京，100083）

摘要：林业在减缓气候变化方面对应对气候变化具有重要意义，将林业作为减缓气候变化的重要手段，已经成为各个国家目前研究的重点。从2003年，中国逐渐展开应对气候变化方面的研究，从2007年开始，国家各主要部门出台了相关政策，从现有理论研究和实践情况来看，还存在着若干的问题，而且中国应对气候变化的林业整体战略仍在构建之中。欧美对于应对气候变化的问题的研究较为成熟，而主要欧美国家应对气候变化的林业战略均逐步出台。对中国而言，及早建立应对气候变化的林业战略，有助于实现中国林业自身的可持续发展，使中国更好地参与国际碳交易与博弈，并为中国充分参与国际气候变化相关协议的制定提供更多的准备。

关键词：气候变化；林业战略；措施；中国

A Review and Discussion of the Forestry Theory and Practice against the Climate Change in China

Fu Yizhong[1], Fan Yangcheng[2]
(1. School of Economics & Management, Beijing Forestry University, Beijing, 10083;
2. School of Humanities, Beijing Forestry University, Beijing, 10083)

Abstract: In terms of mitigation of climate change, the function of the forestry is significant. The forestry has become the focus of the current research as an important means of mitigating climate change in various countries. Since 2003, China started concentrating on the issue of climate change. And major government authorities and agencies have formulated relative policies since 2007. From the perspective of existing research and practice, there are still some unresolved problems, and the overall forestry strategy against climate change in China has not been established yet. However, the Chinese has already recognized how important the forestry is when concerning the affairs about climate change. For China, the earlier establishment of the forestry strategy on climate change, the more advantage could it take to fulfill its sustainable development of Chinese forestry. Furthermore, China can better participate in international carbon trading and game, and then China could be more prepared for getting involved in making international climate change treaty.

Keywords: Climate change; forestry strategy; practices; China

气候变化已经成为全球关注的问题。它涉及到的两个方面的活动——减排与增汇——对各国的经济和产业结构调整提出了新的挑战，对于任何一个国家经济实现可持续发展至关重要。林业对减缓气候变化具有重要意义。不仅森林碳存储能力对减排有重大意义，林业的整个经营与管理过程都将影响森林固碳能力的实现、保障与强化。将林业作为减缓气候变化的重要手段，已经成为各个国家目前研究的重点，通过可持续的林业的发展，一国能够获得除了解决气候变化问题以外的多重收益。另一方面，应对气候变化对森林的适应性和林业发挥新的功能提出了更高的要求，它是一国林业部门迈向中

基金项目：北京林业大学科技创新计划项目（RW2011－35）；北京林业大学经济管理英才计划项目（RW2011－35）。

第一作者：付亦重，副教授，经济学博士。研究方向：国际贸易理论与政策，国际服务贸易等。Email：fuyizhong@ bjfu. edu. cn，通讯地址：北京市海淀区清华东路35号，北京林业大学经济管理学院8号信箱。

通讯作者：樊阳程，讲师，哲学博士。研究方向：生态文明建设。Email：fanyangcheng@ 126. com，通讯地址：北京市海淀区清华东路35号，北京林业大学人文学院。

长期优质发展的重要契机，也是未来国际范围内林业产业与产品竞争的焦点。研究林业与气候变化的关系并建立起林业应对气候变化的长期战略是至关重要的。本文将首先综述与评析了林业应对气候变化的理论研究与实践活动，梳理了主要发达经济体的相关研究工作以及林业应对气候变化战略的构建，进而阐述了中国应对气候变化的林业战略转变与调整，最后得出结论。

一、中国林业应对气候变化的理论研究综述

林业应对气候变化有两方面的研究视角：林业适应气候变化与林业减缓气候变化。

(一)林业适应气候变化方面的研究

在林业适应气候变化方面，中国学者主要有以下研究视角：

1. 森林、湿地等生态系统的适应性研究

(1)特定森林生长季对全球气候变化的适应。主要包括某些特定森林生长季的适应状况，如天然胡杨林[1]，青海小叶杨，大兴安岭北部森林，胶州毛白杨花芽，绿洲胡杨，雁山楝树)；以及生态交错带的气候变化特征，如针对呼伦贝尔森林—草原生态交错带[2]、长白山岳桦苔原过渡带、大小兴安岭森林植被交错区等地区的气候变化特征的研究。

(2)气候变化对生态系统的影响。探讨森林和湿地生态系统受到气候变化的影响(漠河地区[3])；森林生态系统对气候变化的响应(长白山地区)；森林生态系统对气候变化的适应，如气候变化对中国东北温带针阔混交林和落叶阔叶次生林影响的模型[4]。这部分研究的定量分析主要采取了个体光合速率模型和个体生长模型及林隙模型等。此外，气候变化对森林和以林为生的人口都会造成重要的生态、经济和社会影响，但是目前对于中国适应气候变化的社会经济及对策研究相对滞后。

(3)气候变化对树木生长过程的影响。这个方面的研究起步较早，且较为充分，其中包括了各个地区的特定树种对气候变化的相应情况。例如：青海云杉木材性质对气候变化的响应[5]；柳杉年轮宽度指数与气候要素的关系；林线树木生长对气候变化的敏感程度；油松林树木年轮对气候变化的相应；高山林线生态交错区的树轮生态学以及对气候变化的响应；丽江云杉年轮宽度对气候变化的响应；人工林杨木材性径向变异对气候环境的响应；沙地樟子松径向生长对气候变化的响应；青海云杉木材密度对气候变化的响应；我国东北4种常见阔叶乔木物候对气候变化的响应；毛竹光合生理对气候变化的短期响应模拟；三峡库区上游马尾松径向生长与气候变化的关系；灌木物候对气候变化的响应机制(哈尔滨)；气候变化对中国马尾松径向生长的影响；马尾松年轮α-纤维素稳定碳同位素组成及其对气候变化的响应(福州)；丝栗栲和樟树年轮宽度对气候变化响应研究；新疆天山云杉林生长受气候变化影响的分析与模拟；红松、兴安落叶松林交错区在全球气候变化下的森林动态过程进行了预测等。另外，还包括了森林生产力对气候变化的适应，如刺槐林[6]、华北落叶松林净初级生产力对气候变化的相应；气候变化下长白落叶松立地生产力评价和预测；北亚热带马尾松净生产力对气候变化的响应等。部分学者就气候变化对植物生理过程的影响的国外研究也进行了综述。学者采用的研究方法主要为BIOME-BGC模型，NDVI(归一化植被指数)，克立格插值和小波分析，SilviScan-3™测量木材性质参数法，响应函数，样地调查法，LCFORSKA模型等。

2. 气候变化对物种分布及森林类型的影响

首先是对物种分布影响的相关研究。采用物种分布模型对油松分布的预测[7]；气候变化对珙桐地理分布的可能影响进行了模拟；气候变化对小陇山林业资源(树种、分布密集度)影响研究；对兴安落叶松地理分布进行模拟，同时结合全球气候模式对未来气候条件下的分布进行了预估；气候变化驱动下森林生态系统树种迁移过程；气候变化对大兴安岭北部蒙古栎种群的动态影响；气候变化改变中国东部典型森林类型；江苏沿海地区植被覆盖受到气候变化影响的情况等。。另外，温室效应引起的全球气候变暖的前景下，未来中国竹林的分布北界将可能会向北迁移[8]。由于较大幅度的增温，云冷杉红松林将向以蒙古栎、紫椴和裂叶榆为主要树种的阔叶林演变。未来增温速率决定了阔叶红松林未来的演替方向。

3. 气候变化对森林健康的影响

①气候变化与森林火灾。认为森林火灾的发生与气候变化有着十分密切的关系，对森林和人类造成了严重危害；气候变化会改变森林火灾等级(大兴安岭地区[9])，不同生态区森林火灾受到气候因素的影响程度不同(云南省森林、浙江省林区)；气候变化导致草原火灾次数的减少以及森林火灾次数的增多(内蒙古东北部森林草原火灾受到气候变化

的影响）；阐述气候变化对我国林火发生规律的影响，包括林火发生的周期、时间及地理空间分布等变化规律入手；气候变化对中国北方针叶林森林火灾的影响；气候变化对我国森林火灾时空分布格局的影响。②气候变化与病虫害。主要涉及林木病虫害的防治问题（如气候变化对春尺蠖生长发育的影响分析[10]）、树木生长与气候变化和虫害发生的关系（云阳县柏木）、气候变化以及生态环境质量改变对虫害生存环境、生活习性、危害的影响（红脂大小蠹）、对越冬虫害的影响、气候变化背景下谷地云冷杉林衰退与病虫害相关性研究等。③气候变化与寒害。包括受害频率和严重程度与气候变化的关系方面的研究（云南河口橡胶树[11]）

4. 利用气候变化，转负面影响为机遇

①利用现有气候、生物地理、引种、遗传改良等知识，结合进一步的系统试验研究，改变种植分布，使受到气候变化制约的边缘森林分布区变成适生区或种植区。②林业与绿色就业。论述了林业与绿色经济和绿色就业的关系，提出应对气候变化的造林行动能够创造出大量的绿色就业岗位，造林带来的间接和引致就业效应也较为可观[12]。

（二）林业减缓气候变化方面的研究

在林业减缓气候变化方面，主要集中了以下几个方面的研究：

1. 森林生态系统的碳循环

①研究火干扰对森林碳的再分配过程，以及气候变化与火干扰的双向反馈作用，从火干扰对森林生态系统碳循环的影响及模型方法在模拟火干扰对森林生态系统碳循环影响中的应用两个方面论述火干扰对森林生态系统碳循环的影响及其定量评价模型方法[13]。②充分发挥林火的生态效应，森林可燃物可持续管理在林火管理中具有基础性作用。

2. 利用森林植被的碳汇功能

①林业碳汇的基础性研究。其中包括对碳汇林业的认定：指以吸收固定二氧化碳充分发挥森林的碳汇功能降低大气中二氧化碳浓度减缓气候变化为主要目的的林业活动。明确林业应对气候变化碳管理的首要目标，即采取措施加强林业生态系统的碳储存和碳汇功能，同时减少森林的碳排放，发挥林业在减缓气候变化方面的重要作用[14]。森林碳汇的优势：森林固碳来减缓碳释放不仅潜力巨大，而且具明显的成本优势，更主要的是这种方法不会对现有的经济发展模式、发展速度造成太大的负面影响。②对碳汇造林的研究。碳汇造林指的是确定了基线的土地上，以增加碳汇为主要目的，并对造林及其林分（木）生长过程都实施碳汇计量和监测而开展的有特殊要求的营造林活动。该方面的研究主要集中在对中国林业碳汇的空间格局和分布以及动态变化情况，预测林业碳汇生产潜力和分布（如毛竹碳汇供给潜力[15]，浙江省杉木林碳汇供给潜力，吉林省国有森工林区森林碳汇能力）。研究方法主要为：Faustman-Hartman 模型，生产函数模型，森林资源碳储量的多元线性回归模型等。研究大规模植树造林对区域森林碳库与碳收支的影响；碳汇造林的地域选择方面的研究，在北温带，造林和再造林的碳汇效果相对较低，因此在这些地方实施碳汇造林项目需要慎重，建议碳汇造林集中在亚热带和热带地区。③林业碳汇审定与核查体系研究。包括对林业碳汇的核查依据、核查标准、核查方法及核查流程等内容的研究。④碳汇交易。包括林业碳汇交易制度的理论分析，认为林业碳汇交易制度具有对策的新颖性、政策的强制性和交易的平等性几个特征。⑤森林碳汇法律制度。包括：对森林碳汇的国际法的梳理；明确林权法律制度中森林资源的固碳能力和潜力的归属；法律制度的选择应该从森林生态学——包括森林培育、森林保护、森林的可持续经营管理角度出发。

3. 加强森林恢复和保护，发展生物质能源

通过增加森林面积，提高森林质量，保护林地植被和土壤，加强对森林火灾、病虫害的防控，减少森林的碳排放；用竹炭和竹子薪柴替代木质燃料。

4. 加强各层次的森林经营

①社区森林经营。是森林加富的有效手段，REDD＋报偿有可能给可持续经营森林和有限使用森林的森林社区提供数量可观的惠宜[16]。②发展区域低碳经济林业。研究包括：利用黑龙江省林业优势，发展黑龙江省林业低碳经济；福建省就林业生态建设在遏制温室效应、减缓气候变化、建设生态城市中的优势地位的论证；广东林业在应对气候变化中的贡献与潜力分析等。

5. 完善法律和相关机制满足应对气候变化的需要

①《中华人民共和国森林法》的完善。《森林法》中的制度已不能妥善帮助解决气候变化带来的影响，不能适应新形势的需要。因此，我们有必要完善《森林法》，以满足现实的需要。②重视国际机制在缓解气候变化和保护森林多样性方面的作用，如

REDD 机制和森林生物多样性保护的关系。

二、中国应对气候变化的国内实践状况

应对气候变化的各个层面的国内实践构成了中国林业应对气候变化的一个大背景。

(一)中央政府及各部委层面

中央政府已经开始从战略高度、组织保障、国际合作等方面提出应对气候变化的方案。2007 年，中国成立了“国家应对气候变化及节能减排工作领导小组”。从针对气候变化的立法与政策性文件方面来看，中国陆续通过了《中华人民共和国科学技术进步法(修订草案)》(2007，国务院)、《中国应对气候变化国家方案》(2007 年，国家发改委)、《中国应对气候变化科技专项行动》(2007 年，科技部)、《中国应对气候变化的政策与行动》白皮书(2008，国务院)，《规划环境影响评价条例(草案)》(2009，国务院)。国家环保总局(2008)提出加强生物多样性相关工作，水利部(2008)指出应对气候变化与保障中国经济社会发展的水安全，国家海洋局(2009)成立海洋领域应对气候变化领导小组，建设部、交通部等国家部委也开始关注应对气候变化问题。2011 年十一届全国人大四次会议审议通过的《国民经济和社会发展第十二个五年规划纲要》，将应对气候变化作为重要内容正式纳入国民经济和社会发展中长期规划。2011 年 11 月 9 日，国务院印发了《“十二五”控制温室气体排放工作方案》；2012 年国务院印发《“十二五”节能减排综合性工作方案》。中国应对气候变化的政策的重点在于节约资源、环境保护和促进技术研发。

(二)地方政府层面

地方政府提出了构想并制定了各地的行动计划与地方方案。吉林省提出强化防灾减灾工作，大连等城市均提出了建设绿色城市的愿景，广东省拟增进气象相关工作，青海省出台《青海省应对气候变化地方方案》。

(三)部门层面

各部门均开始研究应对气候变化的思考及举措。林业部门开始关注气候变化中林业的基本定位和重大作用[17~19]、林业应对气候变化尤其是森林固碳的特殊作用[20~21]以及措施成效与前景、发展碳汇林业[22]、加强防治荒漠化和干旱的工作力度以及林业绿色就业的问题。2009 年 11 月中国林业产权交易所在北京成立；2009 年国家林业局发布了《应对气候变化林业行动计划》，从机构建设、政策措施、技术标准、碳汇交易和参与国际气候谈判等方面开展了以应对气候变化为主要目标的林业碳管理工作，初步建立了从宏观到微观的中国林业碳管理体系，有力地推动了中国林业应对气候变化工作；2011 年 10 月，国家发改委批准北京、天津、上海、重庆和湖北、广东、深圳共 7 个省市开展碳排放权交易试点工作。

(四)国际合作层面

中国除了积极参与国际减缓气候变化的相关公约之外，还与美欧进行了一些合作获得资金，并从世界银行获得贷款。根据欧盟与中国签署的中国气候变化框架贷款(CCCFL)协议，欧洲投资银行向中方提供总额达 2.2 亿欧元贷款来减轻气候变化的影响。2009 年世界银行贷款林业综合发展项目在中国的 5 个省正式实施，实施期为 6 年，总投资约 2 亿美元，通过新造多功能人工林及改造现有人工林提高项目区森林覆盖率。

三、欧美应对气候变化的林业战略的学术研究及实践

(一)欧美应对气候变化与林业相关的学术研究

1. 气候变化对森林生态体系的主要影响

Lucier 等人和 Finshlin 等人 2009 年对森林的脆弱性，气候变化对森林的影响的预测进行了评估，发现各大洲不同的森林类型受到气候变化的影响有差别，有些类型在气候条件改变后更加脆弱。这些影响包括：林火、虫害和疾病的频率和密集度在提高，极端天气事件增多。森林保护、管理等人类活动与气候变化之间的作用是相互的，毁林等行为也会起到恶化气候的作用，如 Nepstad 等人对亚马孙地区雨林的研究。以下简要回顾气候变化对森林构成、结构、多样性和主要森林类型的影响[23]。

(1)林地面积。林地面积非常可能受到气候变化的影响，由于气温和降水区域的改变，森林类型将发生变化，而在某些区域，森林面积可能会扩大(比如在温带)。在冰川时期，随着温度和降水的变化能出现森林面积的自然变迁。但是现在很难把气候变化和其他引起变化的因素对森林面积的影响区分开来。另外，气候变化会提高森林火灾频发的风险，特别是气候变化伴随着北方地带更少的降水或干旱期延长的情况，而火灾直接导致林地面积的减

少。随着林地功能的转变，林地的经济和社会效应可能发生改变，尤其是年轻林地更容易转为农村和牧场[23]。

(2)森林健康。气候变化对世界森林的健康有着深远的影响。在大多数案例当中，温度的逐渐升高对病虫数量的增加非常有利，直接威胁森林健康。在热带地区，持续变暖减短了许多病虫害的生命周期，但同时也增加了该区域火灾对森林的威胁。

(3)生物多样性。气候对森林生态系统的构成及多样性的重要性可以通过全球以及区域的植物分类来说明。在很多高纬度地区可以观测到更多、更明显的森林物候变化。气候变化可能会改变花期和出芽时间，影响生产力和固碳能力。通过改变物候周期，物种之间的相互作用可能更加复杂，涉及到的品种不止一个，而且季节性也不再明显。

(4)森林生态系统服务及相关流程。根据《新千年生态系统评估报告》(2005)，森林生态体系服务被定义为人们从生态系统中可以获得的所有益处。许多生态系统服务可以识别，并且经常被非为4大类型[24]。而这些活动均可能收到气候变化的干扰和影响[23]。

(5)森林生产率。气候变化对生产力的影响受到地理面积、物种、树龄、土壤(特别是保水能力)，二氧化碳的影响以及氮肥沃度等因素的制约，也包括上述因素之间的互动。总体来说，在大多数森林区域温度的提高也伴随着生产力的提高。与温带相比，热带森林的生产力提高将是暂时的，一旦达到二氧化碳饱和后，生产力就会转而下降。一些研究也说明了热带森林生产率增长率下降的情况[23]。长时期水缺乏也会导致生产力下降。

(6)碳贮存与碳封存。气候变化导致的降水和温度变化会影响森林碳储存和封存的能力。一方面，更多的碳会存储在森林中，少量的存在大气中。这可以抑制气候变化。另一方面，温度的升高，干燥季节的延长以及二氧化碳长期在大气中的聚集，都将降低森林储存和封存碳的能力，可能将森林碳汇转变成碳源。

(7)水土保护。长久以来，很多国家都认为森林有利于水土保持。而森林对水土的影响仍在讨论之中。在气候变化条件下水土保持问题更加重要，但气候变化会影响森林水土保持的能力。当年度总降雨量很低而且大量被森林蒸发和吸收时，雨季减少流量和旱季增加流量的意义就不大了。在频繁有雾的地区，树木从云当中吸收的水对降雨总量有着极大的影响。

(8)多种社会经济效益。在某些地区，气候变化会提高经济增长，而其他国家则经济增长下降。虽然预期全球木材生产增加可能会降低价格，但更低的价格和区域差异对生产率的共同作用将导致木材采伐相关收入的差异化。非木材林产品(NWFP)的生产率将受到气候变化的影响，而非木材林产品的消费者将受到极大影响，因为寻求紧急供应或转向寻求其他收入来源的供给商面临的压力将越来越大。在极度贫困的地区，对非木材林产品高度依赖，以及密集发生极端天气状况及其他其他自然事件(如虫害、疾病和火灾)的地区，第二种情况就可能出现。气候变化对这些产品的供给以及后续社会经济效应的影响仍需要更多研究。

2. 气候变化的适应

2007年IPCC在其第四次评估报告中指出“气候系统变暖是毫不含糊的，全球平均温度和海温升高、大范围雪和冰融化、海平面上升的观测证据支持这一观点……人类活动很可能是最近50年气候变化的主要原因”[25]。

意识到气候变化是不可避免的问题，适应性的研究在欧美重新振兴，而减缓方面的研究相对较弱。Stern[26]，karl等人[27]，Costello等人[28]，Garnaut[29]论证了是气候适应性的机遇是存在的，而且是可行的，并可以细化到现有的政策当中去。Stern指出所有的国家均需要适应，要将适应问题纳入一国的国家发展计划[30]。Kob等人提出解决气候变化问题必须在不同的产业部门采用不同的政策，并论证了通过加强气候变化政策与相关的领域(林业、农业、灾难管理、能源安全等)之间的互动性将气候变化政策拓宽[31]。目前学者探讨的核心的几个涉及到林业的适应性问题包括：增强生物的多样性和增进生态系统的功能，管理土地使用，对林业的适应性和减缓气候变化进行融资，尤其强调了发展中国家和地区由于人口快速增长、城市化进程以及环境恶化导致的快速工业化给林业资源和管理带来的压力越来越大[32]。

就林业适应气候变化方面的挑战的研究包括以下方面：

自然环境方面的挑战。①帮助各物种和生态系统适应气候变化的同时，维持森林生态系统的正常运转，而森林需要适应的各种变化必须进一步明确。

②降低气候变化在干燥地区以及森林树种单一导致的虫害、疾病和火灾的风险，是主要的环境挑战。

社会经济环境的挑战。①森林区域迁移的风险。气候变化可能改变特定物种的分布纬度，导致干旱、火灾、洪水等问题，将更多的人驱逐出所在的土地。生物燃料可能导致迁移，往往是投资者对生物燃料生产感兴趣而购买土地，来自生物燃料的高收入可能促使土地所有者将森林转换为能源作物，而且通常采取一种不可持续的方式[23]。②当地人对森林生态系统功能的更高需求。人类尚未很好的认识气候变化对森林生态体系功能的影响，这是由于物种差别、环境差别以及地理差异还有不同的经济社会条件都会影响森林生态体系功能对气候变化的响应。③土地使用权以及其他林权问题。森林砍伐和退化有一系列的直接和根本原因，如果土地和林权不明确或不执行，这些问题都无法解决

政策环境的挑战。REDD + 的预期效果。尽管对通过 REDD + 大规模进行减排活动已经许诺给予大量资金，但是目前为止，没有任何国际协议已达到发展中经济体的减排目标。而且，在很多项目当中，可测量性的效果还不错而财务效益却很有限。另外，还需实施一个监控体系，但就该问题还尚未达成任何细节上的一致意见。这表明当前的政策环境(国内和国际)在开展项目运作时必须满足上述这些挑战。对于森林经理人来说，更多的挑战在于调整经营措施，使其有利于碳积聚，同时保持生物多样性，对本地经济发展做出贡献。

立法方面的挑战。在某些国家，森林立法要经过对森林部门的全盘分析之后才能进行，而另一些国家往往需要受到不同团体的压力的影响，或者是根据邻国的一些变化进行立法调整。在某些国家，新的立法相对成功，能够达到森林保护的目标，这是因为气候变化会提高设计和实施新法案的难度，新法案必须考虑到新的国际协议、森林部门利益冲突以及与其他部门协调的需要等等。另外，森林立法可能涉及到对土地和林地所有权、原住民权、燃料生产和土地使用规划的立法。在修改森林立法时，要考虑到所有相关立法，这构成一个挑战。

3. 气候变化的减缓

IPCC 第 4 次评估报告在论述林业增汇固碳功能时指出林业具有多种效益，兼具减缓和适应气候变化双重功能，是未来 30 ~ 50 年增加碳汇、减少排放成本、经济可行的重要措施；同时指出“增加林业碳汇的主要途径是保持或扩大森林面积，保持或增加林地层面的碳密度、保持或增加景观层面的碳密度、提高林产品的异地碳储量和促进产品和燃料的替代”。西方学者认为林业可从以下几个方面实现气候变化减缓的目标。

林业管理。Duinker 在 1990 就曾提出林业管理在减缓气候变化影响方面的重大潜力，他认为森林管理、森林环境和林业部门对气候变化均非常的敏感[33]。Kraxner 等林业方面学者提出了一些具体想法和建议：减少由于森林砍伐造成的非能源排放，而且，由于减少森林砍伐在减排方面的成本效益很好，因此他建议将减少森林砍伐行动纳入未来的国际框架之中。通过对半自然温带森林资源进行可持续森林管理可进行生物质的生产，从而可实现生物能源的负排放、碳捕获和碳封存[34]。2010 年 Shanin 等人使用 EFIMOD 模型模拟了不同气候变化情境和森林管理体制下的俄罗斯中部森林生态系统的碳和氮的动态，提出森林管理，尤其是森林采伐对森林生态系统具有更大的动态影响[35]。

森林减缓气候变化战略的设计。森林部门减缓的政策组合的设计要考虑到森林生态体系碳存储量的提高与为满足人类需要可持续的采伐率提高之间的此消彼长。森林部门缓战略选择应使森林部门和其他受到减缓行动影响的部门的温室气体的净排放量达到最小。而且森林减缓战略应在可持续的森林管理的框架下进行，同时考虑到气候变化对其他的一些进程的影响，例如水循环等[36]。

减缓的具体措施与政策选择。①维持或增加森林面积：减少毁林和森林退化，具体政策包括：商业性以及小规模农业生产者根据不同的市场信号留出新的空地，打击非法采法，通过设立保护区——原住地保护，非木材森林保护以及社区保护地合法保护森林。森林政策进程，比如说联合国森林论坛、国际热带木材组织等为各国森林保护计划提供支持，世界银行修改贷款政策以降低对森林的直接负面影响等。植树造林或再造林，相关政策包括：政府与社区进行联合管理，双方共同负担种植成本共享收益。给予种植补贴，对运输和道路铺设进行投资，能源补贴，森林投资税收减免等方式。②增强森林管理，提高林分水平和景观水平的碳密度。提高场外木制品的碳储量和加强产品和燃料的替代。相关政策包括：改善传统砍伐技术，对林业技术和体制能力方面进行投资，鼓励林产品贸易，增强竞争力，

进而提高森林管理，增加林火防控和扑救能力，通过提高市场准入或价格溢价等激励措施的提供奖励达标的生产者进而改善森林管理。进行立法或采取其他政府政策促进可持续的木材替代燃料的使用，将大大减少净排放。

清洁发展机制和其他碳相关提案。Stern 等人认为可以通过发展碳市场促进减排，而且低碳能源技术和其它低碳商品和服务方面将形成新的市场，并提出"应对气候变化是有利增长的长期战略"。

(二)欧美发达经济体林业应对气候变化的战略措施

美国、英国、加拿大等主要欧美国家均从2000年左右开始酝酿或提出林业应对气候变化方面的战略并逐步调整相应的国内和国际政策。

(1)美国应对气候变化的林业战略。美国农业部林务局2007年发布了2007～2012年战略计划，强调了林务局工作的核心原则，并阐述了与自然资源管理密切相关的主要问题，确定了该部门2007～2012年的7大战略目标和工作重点[37]。战略中提出"气候变化通过潜在的改变生态系统提供生命所需的货物和服务的能力，影响林业和人类生存。自然资源管理必须灵活，管理战略应该有助于减缓气候变化"，美国应在"国际范围内认识气候变化"，"追踪海外发生的气候变化，进而为美国开辟新的减缓战略的市场，比如说碳封存"。美国林务局制定了林业应对气候变化的战略框架，提出优先发展领域，将通过造林、护林帮助改善人居环境作为目标。美国林业在适应气候变化方面的措施主要有：加强森林和草原管理以促进生态系统健康发展，增强适应气候变化的能力，完善监测和模拟气候变化对生物及水影响的能力，预防和减少气候变化对物种迁移的影响，生态系统恢复，种植方法的调整等。另外，积极建立伙伴关系，加强森林碳补偿如鼓励森林私有者积极管护森林，提高森林储碳，通过森林碳汇交易市场进行碳补偿，推广扩大城市，碳吸收的树木培育措施等。

(2)英国应对气候变化的林业战略。英国林业战略《英国林地发展新关注》中提出，政府将从公共支持的角度，鼓励全社会对气候变化进行积极的思考，并将联合多方力量共同努力，在国家、区域、地方层面提升林地的价值。林地对于政府的自然保护、实现生物多样性以及气候变化目标方面具有重要作用。为实现气候变化的目标，英国将对林业采取更广泛的激励措施[38]。2008年，英国林业委员会将林业减缓和适应气候变化作为林业战略的重要部分，制定了各共和国林业应对气候变化的草案。《可再生能源战略草案》提出在2020年前，生物能源具有满足可再生能源发展目标33%的潜力，其中重要的一个部分就是木质资源。《森林和气候变化指南资讯草案》明确了林业应对气候变化的6个关键行动计划。

(3)加拿大应对气候变化的林业战略。加拿大提出"森林发展新战略"。其中减缓措施包括：通过加强森林火、虫灾的防治，减少森林砍伐等减少碳排放，同时加强森林管理和促进使用林产品增加储碳量。适应措施包括：计划提供2500万美元，用5年时间帮助社区适应气候变化，为全国11个以社区为基础的合伙企业提供资助，推进社区应对气候变化的信息共享和能力建设。

(4)西班牙应对气候变化的林业战略。西班牙林业战略的目标是建立一个充分考虑到经济、社会以及生态运行的一般需求的组织框架。而德国的林业战略则强调了森林在全球碳循环方面的重要角色，提出要保护森林区域并促进森林面积扩大，采取造林措施提高森林的碳储存能力，更多实用木材作为原材料和能源，对森林进行研究和监控等具体措施[39]。

四、中国林业应对气候变化理论研究与实践面临的挑战

可以看到，应对气候变化已经得到中央及地方各级政府、各个领域学者与研究人员的广泛关注，中国进行的部分林业科学方面的理论研究已经较为高端。但是面对气候变化提出的新问题，从战略高度制定一个完整的林业应对气候变化的方案对中国的相关理论研究和实践提出了更多要求。从欧美主要国家的理论研究和实践活动相对比，中国的理论和实践仍面临很多挑战。

(1)研究广度具备，深度不足。从现有研究来看，应对气候变化问题越来越受到政府、学界多方的关注，研究的视角越来越广泛，但是就某些问题来看还存在着深度不足、体系不清的问题。林业应对气候变化的问题，不仅仅涉及到林业本身，更涉及到很多的经济、社会、技术方面的问题。理论研究现状表明，中国林业科学方面的研究，包括适应

性的研究，目前相对充分，研究方法也比较先进。但是林业软科学方面，尤其是林业应对气候变化对经济社会产生的影响方面的分析目前并不充分。此外，涉及到碳汇方面的体制和框架搭建比较完备，但仍有一些技术难题没有新的突破等等。这些缺失使得政府在实际制定相关政策时，理论基础薄弱，对某些问题要重新论证。比较来看，欧美相关研究具有较为清晰的脉络，理论基础扎实，研究分类明晰，研究方法多样且针对性强。

(2)应对气候变化具体措施尚未落实，各个省份步调不一。从全国范围来看，虽然已经出台应对气候变化的大方针，但每个产业部门的战略尚未落实，各个省市均有应对气候变化的愿望、举措和倡议，但是有很多省市尚未出台具体的地方应对方案。林业方面，我国已经开始意识到应对林业战略的重要性，但是具体的战略规划、战略重点、战略举措和实际操作各个层面的研究仍然需要跟进。在各省市和地区已经有部分林业应对气候变化的实践活动，但目前集中在碳汇和绿色城市兴建上，更多的是对林业应对气候变化的理论探讨。以若干地区建设碳汇林业的项目为例，除了利用各地的禀赋特征外，目前需要在国家范围内整体进行统筹规划，并且在整个链条上完善每一个关键的环节——测量、检验和市场化等。

(3)应对气候变化缺乏理论支撑，对其经济意义与影响没有系统的分析和阐释。中国目前的所有应对气候变化的经济学和法理方面的理论论证均直接照搬于西方，而且现有文献并未从经济学、法理学的意义出发说明气候变化到底如何影响了中国经济的发展，对各个经济部门会产生怎样的影响，进一步导致各项措施出台的依据并没有理论的支撑，更多是通过实践中获得的先验经验加以指导。

(4)缺乏系统的国际战略与政策分析，借鉴和比较的意义不突出。在国际比较的方面，目前的科研文献对战略产生的背景与符合国内现实的适用的政策没有进行系统的梳理与比较，因此对中国的借鉴意义并不突出；而且，尚未从现实的基础之上提炼出适用于中国的、应对国内和国际两种发展态势的战略布局、实施计划及具体的微观操作措施。

在主要欧美国家，林业在应对气候变化方面不可替代的优势已经得到广泛认识与关注，并且已经对该问题运用模型展开充分的研究，并在实践中就林业适应气候变化以及林业减缓气候变化分别采用了不同的政策，如海外碳市场扩展、林业财政激励措施等。中国在应对气候变化的林业战略方面已经形成了认识上的突破，大林业战略正在向应对气候变化方面做出转变与调整。

五、中国应对气候变化的林业战略转变与调整

当气候变化成为摆在全人类面前的严峻课题，林业作为一种工业不可替代的战略部门以新的姿态出现。中国林业的发展战略经历了传统木材生产与使用阶段、探索阶段、转向生态发展阶段的调整和转变，在这个转变过程中，我们可以看到中国对林业功能认识的加深和对环境保护的强化，以及对林业可持续性发展和应对气候变化方面的理解的深化。

(一)强调生产功能的传统森林发展与经营战略

中国林业发展战略曾经进行了几次重要的调整[40]。建国后相当长的一个时期，森林的功能在整个经济发展中主要是以木材等物质的生产功能为主，林业发展战略较为单一，多年以木材采伐为主，由此林业经营的战略，即是如何速生丰产，提供更多的木材，为国民经济建设提供物质支持。

(二)强调林业经济与生态功能的现代林业发展战略

改革开放以来的近二三十年，中国逐步认识到森林除了最基本的木材物质功能之外，还有强大的生态环境服务功能，森林与环境、经济可持续发展之间具有密不可分的关系，社会对林业的主导需求、消费层次和资源配置方式都有了深刻变化。

21世纪90年代，“一切林业工作紧紧围绕提高经济效益这个中心，把城市绿化和山区、沙区的开发治理作为重点，全面提高林业的综合生产力和努力提高林业职工和林农群众的生活水平”指导思想的提出，为建立一个比较完备的林业生态体系和比较发达的林业产业体系奠定了基础。它使中国林业比较彻底地从“以木材生产为中心”或“以林为主”中解脱出来，林业开始被赋予更高的地位，其发展的主要任务开始专向多元，即更好地完成木材生产的同时，更多地发挥生态环境的改善功能，支持人类社会和经济的可持续发展。这也标志着我国林业开始了从传统林业向现代林业的转变。

(三)“三生态”林业发展战略

2003年，中国林业发展的总体战略思想得以确立，即确立以生态建设为主的林业可持续发展道路；建立以森林植被为主体的国土生态安全体系；建设

山川秀美的生态文明社会，即“三生态”林业战略思想。这一战略思想体现了对传统林业发展观和森林价值观的深刻变革。明确了“到本世纪中叶，基本建成资源丰富、功能完善、效益显著、生态良好的现代林业，最大限度地满足国民经济与社会发展对林业的生态、经济和社会需求，实现中国林业的可持续发展”的发展目标，并通过六大林业工程为载体，推动中国林业的可持续发展。

（四）应对气候变化作为重要职能纳入林业战略

中国政府2007年6月发布实施的《中国应对气候变化国家方案》中，把林业纳入中国减缓和适应气候变化的重点领域。2008年，国务院办公厅印发《国家林业局主要职责内设机构和人员编制规定的通知》，明确赋予国家林业局“承担林业应对气候变化的相关工作”职能。2009年，首次中央林业工作会议明确提出：“在应对气候变化中林业具有特殊地位”，并强调“应对气候变化，必须把发展林业作为战略选择”。

2009年11月26日，中国政府正式宣布了到2020年控制温室气体的行动目标，其中提出了“双增目标”：2020年森林面积比2005年增加4000万公顷，二是林业蓄积量比2005年增加13亿立方米。2011年，国务院制定了《“十二五”控制温室气体排放工作方案》，提出新增森林面积1250万公顷，森林覆盖率提高到21.66%，森林蓄积量增加6亿立方米，努力增加森林碳汇。林业已成为中国促进经济社会可持续发展和应对气候变化国家战略的重要组成。尽管中国在森林资源生物量的增长方面，在碳汇能力的发挥方面潜力巨大，有很大增长空间，但是从整体来看，想要实现应对气候变化的林业行动的总体目标，中国林业依然任重道远。

2009年11月，国家林业局发布了《应对气候变化林业行动计划》。《林业行动计划》提出的五项基本原则包括：坚持林业发展目标和国家应对气候变化战略相结合，坚持扩大森林面积和提高森林质量相结合，坚持增加碳汇和控制排放相结合，坚持政府主导和社会参与相结合，坚持减缓与适应相结合。这是中国首次阐述了林业发挥自身在气候变化中不可替代的重要作用，肯定其对于中国发展低碳经济的关键地位，特别指出了“林业措施是促进国家经济可持续发展、维护国家生态安全，保障人类福祉真正的低碳的选择”[41]。

2011年，国家林业局印发《林业发展“十二五”规划》，提出林业的“三大体系”、四大地位、四大使命和五大功能，进一步确立林业是应对气候变化的战略选择。同年12月31日，国家林业局印发《林业应对气候变化“十二五”行动要点》，主要目标为：“十二五”期间，全国完成造林任务3000万公顷、森林抚育经营任务3500万公顷，到2015年森林覆盖率达21.66%，森林蓄积量达143亿立方米以上，森林植被总碳储量达到84亿吨。新增沙化土地治理面积1000万公顷以上。湿地面积达到4248万公顷，自然湿地保护率达到55%以上。林业自然保护区面积占国土面积比例稳定在13%左右，90%以上国家重点保护野生动物和80%以上极小种群野生植物种类得到有效保护。森林火灾受害率稳定控制在1‰以下。林业有害生物成灾率控制在4.5‰以下。初步建成全国林业碳汇计量监测体系。另外，国际林业局从积极促进造林、加强碳汇林业建设与管理以及积极参与国际谈判方面，进一步加强林业应对气候变化功能的实现（表1）。

表1　林业应对气候变化方面的国家及主管部门的相关文件及具体实施情况表

Tab. 1　National & Authorities´documents on forestry against Climate change and relative practices

时间	相关内容
国家层面	
2007	《中国应对气候变化国家方案》： 将林业纳入中国减缓气候变化的6个重点领域和适应气候变化的四个重点领域
2008	《中国应对气候变化的政策与行动》： 指出林业是中国适应和减缓气候变化的重要内容

（续）

时间	相关内容
2009	中央1号文件： 建设现代林业，发展碳汇林业。赋予国家林业局开展林业应对气候变化工作职责。
	国家林业局
2003	成立碳汇办，2007年改为气候办
2007	提案亚太森林恢复与可持续管理网络，纳入《悉尼宣言》
2008	编制《中国绿色碳基金造林项目碳汇计量与监测指南》
2009	率先完成全球第一个CDM造林再造林碳汇项目优先发展区域选择与评价专项研究
	发布《应对气候变化林业行动计划》，确定林业发展规划的3个阶段目标和22项主要行动
	积极参加《气候公约》和《京都议定书》林业议题谈判
2010	发布《碳汇造林技术规定(试行)》与《碳汇造林检查验收办法(试行)》
	成立中国绿色碳汇基金会
2011	《全国造林绿化规划纲要(2011－2020年)》 《林业应对气候变化"十二五"行动要点》，强调林业是应对气候变化的战略选择，对林业应对气候变化多个方面的举措提出明确目标。
2012	推广碳汇造林，完成广西地区首个碳汇造林项目，获得首批碳减排信用额度签发

面对应对气候变化这一重任，中国林业可以从下列方面发挥更大的作用：加强森林的资源培育和管理，包括加强天然林保护与管理和大力发展人工林；加强森林病虫害防治；加强森林火灾的预防和防治；加强森林与气候方面的科学研究；建立多元化投资机制，增加林业投入；认真审视与进行林权制度改革，促进全球气候变化背景下的中国森林恢复；保护碳贮存与适宜促进碳替代，发展林业的碳经营；制定和实施与林业适应气候变化相关的法律法规；加强中国林业应对气候变化的能力建设。

六、结　论

目前，应对气候变化的中国林业发展战略的理论研究较为缺乏。紧跟国际研究发展前沿，系统、全面研究森林生态系统与气候相互作用的机理、机制，研究欧美地区尤其是美国、英国、加拿大等国应对气候变化的林业相关发展战略，对中国自身林业战略的制定与完善以及准备积极应对其他国家采用的政策可能对我国林业和林产品贸易的消极影响来说是非常必要的。

无论是学术方面还是政府角度，林业在应对气候方面能够起到的重要作用已经得到了高度重视，从战略高度和进一步行动目标来看，已经较为全备。从减缓气候变化和适应气候变化来看，中国应投入更多资金以及科研力量，引导林业适应气候变化的研究。而林业在减缓气候变化方面的功能，则要从体制和机制上做出更深层次的探讨。中国林业已经成为应对气候变化国家战略中的重要一环。但林业自身如何针对应对气候变化来进行战略布局，将关系到中国可持续发展的长远未来。目前，相关的基础研究以及国际比较尚缺乏，而且，尽管中国已经公布林业发展"十二五"规划以及行动要点，林业应对气候变化的总体目标、布局和举措仍需要进一步的设计与协调；欧美主要国家已经提出了林业应对气候变化方面的战略以及相关政策，在政策实施过程当中遇到的问题值得我们进一步学习与借鉴。总体来说，中国应对气候变化的林业战略的建立，有助于实现中国林业自身的可持续发展，使中国更好地参与国际碳交易与博弈，并为中国充分参与国际气候变化相关协议的制定提供更多的准备。

参考文献：

[1]刘普幸，等．酒泉绿洲天然胡杨林主要生长季对全球气候变化的响应[J]．干旱区研究，2013(1)：101－108.

[2]乌力吉，等．气候变化对呼伦贝尔克氏针茅草原植被的影响[J]．草地学报，2013(2)：230－235.

[3]赵玉柱，等．气候变化对漠河地区森林和湿地生态系统的影响

[J]. 科技信息，2012(2)：449－450.

[4]刘菲，金森．气候变化对东北温带次生落叶阔叶混交林的影响[J]．东北林业大学学报，2005(3)：16－17.

[5]徐金梅，等．祁连山青海云杉木材密度对气候变化的响应[J]．北京林业大学学报，2011(5)：115－121.

[6]张艺，等．北京山区刺槐林净初级生产力对气候变化的响应[J]．水土保持研究，2012(3)：151－155.

[7]张雷，等．气候变化对物种分布影响模拟中的不确定性组分分割与制图——以油松为例[J]．生态学报，2011(9)：5749－5761.

[8]吕佳佳，吴建国．气候变化对植物及植被分布的影响研究进展[J]．环境科学与技术，2009(6)：85－95.

[9]赵凤君，等．气候变暖背景下内蒙古大兴安岭林区森林火灾发生日期的变化[J]．林业科学，2009(6)：166－172.

[10]杨峰．气候变化对林木病虫害发生和危害的影响[J]．科技创业家，2012(17)：202－203.

[11]王树明，等．云南河口1953年植胶以来气候变化与橡胶树寒害初步分析[J]．热带农业科学，2011(10)：87－91.

[12]柯水发，等．中国应对气候变化的造林行动及绿色就业潜力测算[J]．林业经济，2012(7)：24－40.

[13]胡海清，等．气候变化、火干扰与生态系统碳循环[J]．干旱区地理，2013(1)：57－74.

[14]李怒云，等．中国林业应对气候变化碳管理之路[J]．世界林业研究，2013(2)：1－5。

[15]汪淅锋，等．毛竹碳汇造林经营模式及其效益分析[J]．浙江农林大学学报，2011(6)：943－948.

[16]黄小荣，等．气候变化下的社区森林经营探讨[J]．林业经济，2012(9)：55－60.

[17]高均凯．我国林业应对气候变化问题的基本定位及政策建议[J]．吉林林业科技，2005(3)：1－5.

[18]贾治邦．积极发挥森林在应对气候变化中的重大作用[J]．求是，2008(4)：50－51.

[19]贾治邦．发展林业：应对气候变化的战略选择[J]．求是，2010(7)：54－56.

[20]韦荣华．应对气候变化林业作用特殊[J]．中国林业，2007(15)：14－17.

[21]程鹏．关于林业项目应对气候变化途径的探讨[J]．中国林业，2009(20)：8－9.

[22]李怒云，等．发展碳汇林业应对气候变化——中国碳汇林业的实践与管理[J]．中国水土保持科学，2010(1)：13－16.

[23]FAO. Forest Management and Climate Change: a literature review, ROME, 2012

[24]赵士洞．千年生态系统评估报告集．北京：中国环境科学出版社，2007－4－1.

[25]IPCC. IPCC Fourth Assessment Report (AR4): Climate Change [R]. 2007, Cambridge University Press: Cambridge, UK.

[26]Stern N. Stern Review on the Economics of Climate Change [R]. HMTresury. 2006, London, UK.

[27]Karl T R M J. Global Climate Change Impacts in the United States [M]. 2009, Cambridge University Press.

[28]Costello A A M A. Managing the health effects of climate change[R]. 2009.

[29]Garnaut R. The Garnaut climate change review[M]. 2008, Cambridge.

[30]N S. Key Elements of a Global Deal on Climate Change [R]. 2008, The London School of Economics and Political Science (LSE).

[31]Kok M T J, H C de Coninck. Widening the scope of policies to address climate change: directions for mainstreaming. Environmental Science & Policy[J], Volume 10, Issues 7 - 82007. 587－599.

[32]Bank W. World development report 2010: Development and Climate Change[R]. 2010, The World Bank.

[33]Duinker P N. Climate change and forest management, policy and land use[J]. 1990: 124－137.

[34]Kraxner F, S Nilsson, M Obersteiner. Negative emissions from BioEnergy use, carbon capture and sequestration (BECS)-the case of biomass production by sustainable forest management from semi-natural temperate forests. Biomass and Bioenergy[J], Volume 24, Number 4. 2003: 285－296.

[35]Shanin V N, et al. Modelling carbon and nitrogen dynamics in forest ecosystems of Central Russia under different climate change scenarios and forest management regimes. Ecological Modelling[J]. Volume 222, Issue 14. 2010: 2262 - 2275.

[36]Nabuurs G J, O Masera, K Andrasko, P Benitez-Ponce, R Boer, M Dutschke, E. Elsiddig, J Ford-Robertson, P Frumhoff, T Karjalainen, O Krankina, W A Kurz, M Matsumoto, W Oyhantcabal, N H Ravindranath, M J Sanz Sanchez, X Zhang. 2007: Forestry. In Climate Change 2007: Mitigation. Contribution of Working Group III to the Fourth Assessment Report of the Intergovernmental Panel on Climate Change [B Metz, O R Davidson, P R Bosch, R Dave, L A Meyer (eds)], Cambridge University Press, Cambridge, United Kingdom and New York, USA.

[37]USDA. Forestry Service Strategic plan FY 2007 - 2012[EB/OL], [2013－05－10], http://www.fs.fed.us/publications/strategic/fs-sp-fy07－12.pdf.

[38]A New Focus for England's Woodlands: Strategic Priorities and Programs[EB/OL]. [2013－05－10]. http://www.forestry.gov.uk/pdf/fcefs.pdf/$file/fcefs.pdf.

[39]BMELV. Forest Strategy 2020 [EB/OL]. [2013－05－10]. http://www.bmelv.de/SharedDocs/Downloads/EN/Publications/ForestStrategy2020.pdf? _ _ blob = publicationFile

[40]尹伟伦．中国林业发展战略调整与绿色GDP[J]．风景园林，2006(1)：9－11.

[41]吴锋.《应对气候变化林业行动计划》发布[J]．中国林业，2009(22)：20－21.

Influential Factors of Bioenergy Industry's Development: Based on Content Analysis Method

Li Huajing[1], Wang Xiufeng[2], Chen Kai[1]
(1. School of Economics and Management, Beijing Forestry University, Beijing, 100083;
2. School of Business, Nankai University, Tianjin, 300071)

Abstract: Bioenergy is a kind of emerging sustainable energy. Developing Bioenergy industry has great potential for resolving the energy crisis confronted by China and ensuring energy-security in the future. Based on Content Analysis Method (CAM), this paper reviewed the existing literatures concerning influential factors on the development of the bioenergy industry. After all influential factors were identified and analyzed, some beneficial suggestions were provided in the conclusion.

Keywords: Bioenergy; Industry; Influential factor; Content Analysis Method

生物质能源产业发展影响因素研究

李华晶[1] 王秀峰[2] 陈凯[1]
（1. 北京林业大学经济管理学院，北京，100083；2. 南开大学商学院，天津，300071）

摘要：生物质能源产业对解决我国能源短缺危机、保障国家能源安全具有重要意义。本文基于内容分析法，通过对当前文献的研究梳理，总结了影响我国生物质能源产业发展的关键影响因素，提出促进生物质能源产业健康快速发展的对策建议。

关键词：生物质能源；产业；影响因素；内容分析法

1 Introduction

Fossilenergy was consumed in great volume since Industry Revolution, resulting in the fossil energy reserve decreased steeply and change of global climate. The international price of crude oil has surged in recent years, which poses a great challenge to many countries' energy safety. The value of China's energy-per-head is only half of the global level. Especially the demand for energy grows sharply as China's economy develops fast in the past decades. The amount of imported crude oil increases 6.7% annually and dependence level on imported oil has exceeded 40% since 2004, therefore, developing bioenergy is significant for China. A developed bioenergy industry can supply enough sustainable energy for China and alleviate dependence on foreign crude oil. It can not only ease the tense confronted now but also ensure energy safety in the future, which is important for China's economy to grow sustainably. But there is still a large gap between bioenergy industry in China and in developed countries, including scale, technology, R&D and so on. The aim of this paper is to identify the main factors that influence the development of China's bioenergy industry through reviewing related researches. Based on the outcomes of research, some suggestions for boosting the development of bioenergy industry are provided in the conclusion.

2 Research Method

2.1 Content Analysis Method

The research method employed in this paper isContent Analysis Method (CAM). Content Analysis Method is a type of research method used to analyze the comparative importance of content from texts or documents. Put it specifically, Content Analysis Method consists of following steps: collecting a lot of representative samples; dividing the content from the sample into a series of analysis units which are clearly defined; recording frequency of each analysis unit; conducting further statistics based on outcomes from previous steps. Holsti (1969) reckoned that Content Analysis Method was fit for researches of following types: (1) Data for research is hard to obtain. (2) Representations of content are important for

基金项目：中央高校基本科研业务费专项资金（TD2012－07）；教育部人文社科青年基金项目（10YJC630112）。
作者简介：李华晶，女，副教授，硕士生导师，管理学博士，研究方向：创业管理、绿色管理等，Email：lhjbjfu@126.com。

research. (3) To produce an objective and systemic conclusion is beyond single researcher's capacity. Taken the nature of this research in mind, Content Analysis Method is a suitable research method for this research.

2.2 ResearchPlan and Procedures

This research plan for this research is comprised of following procedures:

2.2.1 Literatures collecting

The sources of literatures in this research are CNKI and WanFang database. After searching in the database with biomass as keywords, 422 and 231 results were found respectively. After removing repeated and redundant results, 219 results are left. After preliminary screening, only 30 literatures which are highly related to the influential factors of development of bioenergy industry are left.

2.2.2 Analysis units coding

Read the literatures obtained from previous steps to identify all influential factors of development of bioenergy industry in the literatures sample. An influential factor is an analysis unit of this research. Record the name of each influential factor and assign it a unique order number. These influential factors are named Second-degree influential factors. Cluster all factors based on their relationships in nature. The outcome is several small clusters. These small clusters are named First-degree influential factors. Each First-degree factor includes couples of Second-degree influential factors.

2.2.3 Frequencies recording

Read the literatures in the literature sample to record the times of being referred in the literature sample for each Second-degree influential factor. Specifically, if one given Second-degree influential factors is referred in the first literature, record 1, else 0, then proceed to the second literature to do the same. Count the times of being referred after all literatures in the literature sample have been processed in this way. The outcome is the frequency referred in the literature sample for the given Second-degree influential factor.

2.2.4 Outcome analyzing

Inthis step, statistical tools will be used to assist the analysis of outcomes from previous steps. The statistical tool used is excel 2010.

3 Conclusions

Following table provides an overview of influential factors impacting development of China's bioenergy industry referred in the literature sample.

Tab. 1 Names and frequencies of influential factors

order	name of FDF	order	name of SDF	frequency of SDF	frequency ofFDF
1	Technology	1	technology is lagging	10	31
		2	level of technology is low	5	
		3	efficiency of technology is low	3	
		4	costof technology is high	6	
		5	technology lacks innovation	4	
		6	core technology is missing	3	
2	Research	7	infrastructure is weak	1	13
		8	research level is lagging	3	
		9	research capacity is inadequate	5	
		10	research funds are inadequate	4	
3	Raw material	11	supplyis insufficient	11	22
		12	transporting is difficult	6	
		13	source is unstable	3	
		14	cost is high	2	
4	Product	15	cost of product is high	4	6
		16	types of product are too few	2	

（续）

order	name of FDF	order	name ofSDF	frequency of SDF	frequency ofFDF
5	Policy	17	long-term developmentplanning is missing	6	21
		18	incentive mechanism is missing	5	
		19	supportive policy is missing	7	
		20	policy is lowly operational	3	
6	Firm	21	scale of production is small	6	9
		22	performance of operation is poor	1	
		23	economic benefits are poor	2	
7	Industry	24	cognition for implication of developing biomass energy industry is weak	13	21
		25	development funds are insufficient	5	
		26	mutual-supportive system in the industry is missing	3	
8	Market	27	market barriers are present	2	7
		28	marketmechanism is incomplete	3	
		29	diversified invest is missing	1	
		30	financing source is not smooth	1	

Note: FDF represents first-degree influential factor, SDF represents second-degree influential factor.

The outcomes are analyzed in two steps: (1) Preliminary analysis. In this step, outstanding factors in FDF and SDF will be identified and analyzed. (2) In-depth analysis. In this step, every FDF will be analyzed in depth.

3.1 Preliminary analysis

From graph 1 and table 2, it can be seen clearly that most outstanding factors among FDFs are Technology (31), Raw material (22), Policy (21), Industry (21), percentages are: 23.85%, 16.92%, 16.15%, and 16.15% respectively. This indicates that most outstanding influential factors in FDFs come from the fields of technology, raw material, policy and industry. The development of bioenergy industry is mainly influenced by factors from fields of technology, raw material, policy and industry. The figurers inside ( ) represent frequencies of corresponding factors referred in the literature sample.

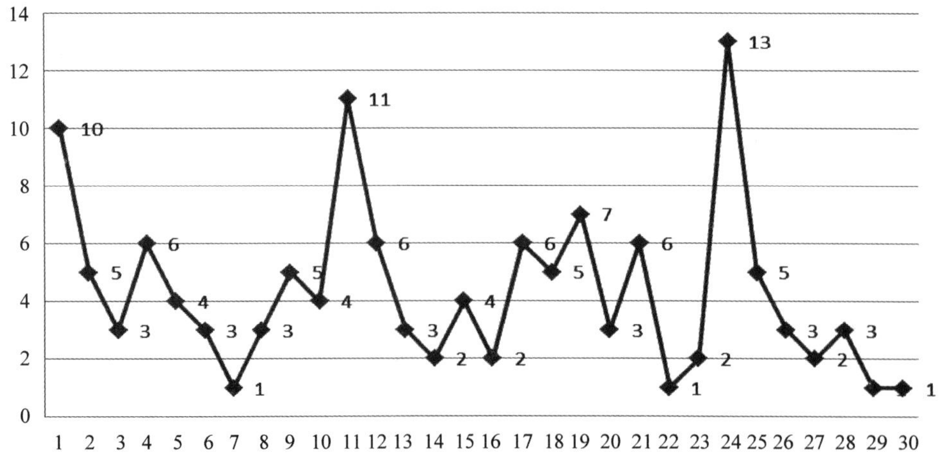

Gra. 2 Frequency of each SDF

Above graph demonstrates that most outstanding influential factors among SDFs are: cognition for implication of developing bioenergy industry is weak (13), supply is insufficient (11), and technology is lagging (10). These factors are the most outstanding influential factors constraining the development of bioenergy industry. Especially, weak cognition from the public impacts the development of bioenergy industry most.

3.2 In-depth analysis

Among the FDFs, Technology, Raw material, Research, Product are more closely linked to the internal production of manufacturing firms, so these are named Internal Factors. Correspondingly, Policy, Industry, Market, Firm are named External Factors.

3.2.1 Internal Factors

3.2.1.1 Technology

The mostoutstanding factors in Technology are: technology is lagging (10), level of technology is low (5), and cost of technology is high (6), reflecting the production technology is still in a lagging state. Missing of advanced technology is the root of high production cost. Compared with foreign advanced technology, same amount of raw material can produce fewer products, or same amount of product consumes more raw materials.

3.2.1.2 Raw material

The most outstanding factors in Raw material are: supply is insufficient (11), and transporting is difficult (6), which highlights the problem of unstable supply of raw material. Access to adequate and stable raw material is critical to bioenergy industry's survival and growth. Otherwise, any manufacturing firm cannot maintain its regular operations, not to mention growing and expanding further.

3.2.1.3 Research

The most outstanding factors inraw material are: research capacity is inadequate (5), and research funds are inadequate (4). It illustrates that the research on bioenergy is lagging and inputs in bioenergy industry are still scarce. There are several reasons behind this: attention paid on researches related to bioenergy is not enough; resources used on researching related to bioenergy is inadequate; funds invested in bioenergy researches are in short. All these explain the lack of innovations and slow advances in research.

3.2.1.4 Product

The most outstanding factor inProduct is: cost of product is high (4). It is a combined effect of lagging technology, high-cost raw material and inadequate subsidies, etc. To lower the cost of product, following measures are necessary: advancing the production technology, lowering the cost of raw material, increasing subsidies to firms in bioenergy industry.

3.2.2 External Factors

3.2.2.1 Policy

The most outstanding factors in Policy are: supportive policy is missing (7), long-term development planning is missing (6), and incentive mechanism is missing (5). It reflects that current policy is still poor in supporting, leading and encouraging bioenergy industry's development. A clear and explicit long-term planning is critical for any emerging industry to develop fast and healthily. Supportive policies and incentive mechanisms could provide powerful driving forces for bioenergy industry. More attention should be paid on these aspects in future.

3.2.2.2 Industry

The most outstanding factors in Industry are: cognition for implication of developing biomass industry is weak (13), and development funds are insufficient (5). It reflects that the weak cognition for developing biomass industry and low interests investing in bioenergy industry from the public. On one hand, the public is still unfamiliar with bioenergy products. On the other hand, investing in biomass industry is not profitable for the current time.

3.2.2.3 Market

The most outstanding factors in Market are: market mechanism is incomplete (3); market barrier is present (2). It reflects that the degree of acceptance for biomass product is still low. One reason is that biomass product is a new kind of product. It needs a process for bioenergy products to be accepted by the society. During this process, the society will get more familiar with bioenergy products. The high cost of bioenergy product is another reason. Compared with the conventional energy products such as crude oil, natural gas and coal, bioenergy products are still more expensive than conventional energy products. It leads to the weak competitiveness of bioenergy products.

3. 2. 2. 4 Firm

The most outstanding factors in Firm are: scale of production is small (6), economic benefits are low (2). It reflects slow development and low economic benefits of firms in bioenergy industry. Industry is made up of firms. Without powerful firms, an industry will never become a powerful industry.

4 Suggestions

Based onconclusions from existing researches and analysis of this paper, some useful suggestions for healthier development of bioenergy industry could be provided as follows:

(1) Strengthen related researches in bioenergy field, promote innovations and enhance level of technology

EUcountries realized the importance of developing bioenergy industry early. Sweden set an annual 36 million budget to subsidy the R&D of burning technology and transforming technology related to bioenergy products. Denmark has begun to subsidy firms in bioenergy industry by providing subsidy worth 4 million annually since 1981. Britain inputs 900 thousand £ to support R&D of bioenergy technology. With enormous inputs, technology of bioenergy in EU has made great advances.

At present, China's R&D on bioenergy technology is still lagging, which lead to level of technology is comparatively lower. To change this situation, China's R&D on bioenergy technology should be given higher priority in future. Enormous funds ought to be raised to subsidy its R&D. Combining the R&D in industry and in universities will produce more and faster fruits from the R&D than if the two are separated. It is helpful to advance the resolution of current problems and bring future breakthroughs. The result is a more advanced and fast-developing technology, so to provide powerful technological driving forces for the industry.

(2) Make clear and explicit long-term planning and more supportive policies

Brazil set up planning for bioenergy industry since 1979 to promote the production of fuel ethanol. To date, Brazil has made great achievements. In US, National Biofuels Action Plan (NBAP) is passed to provide planning and supports for bioenergy industry.

China should launch clear and explicit long-term planning for bioenergy industry and pass more supportive policies to promote the development of bioenergy industry. Specifically, the policies could be used to cut tax, reducing the burden of firms in biomass industry. Government should set exclusive funds to subsidy firms' invests and R&D. The aim is to guarantee firms are profitable and stimulate their further expanding. Cultivate some large-scaled and powerful firms to lead the development of whole industry.

(3) Raise the cognition of developing bioenergy industry and build a complete industrial system

In US, National Biodiesel Board, NBB was founded in 1992. Its members included raw material-suppliers, technology-suppliers, and distributors from each state. Its aim is promoting the links between each part of NBB and transforming bioenergy industry into a fast-growing emerging industry.

The current public cognition for developingbioenergy industry is still weak in China. It is necessary to propaganda the significance of developing bioenergy industry. Meanwhile more supportive policies should be made to enhance the confidence of society. Build a complete industrial system to bind together all parts in an industry: R&D institutions, raw material suppliers, financiers, manufacturers, distributors and consumers. Promote the construction of smooth industrial chain consisting of technology supply, financing channels, raw material supply, production, distribution, consume.

(4) Provide manufacturing firms with subsidy and tax-cutting

USbegan to subsidy the production of bio-ethanol since 1979, the amount of subsidy is 54cens per-gallon. Manufactures with annual production larger than 90kt can receive an additional 10 cents per-gallon. Besides, manufacturing firms are entitled a 10 ~ 20 cents cut of tax for per-gallon in each state. France has also passed supportive policies to encourage development of biomass industry. In France, manufacturing firms can receive incentive of tax-reduction. The amount of tax-reduction is equivalent of 320 million invested in the bioenergy industry.

Based on the practices in other countries, China ought to launch more generous policies and plans to subsidy manufacturing firms in China and reduce their burden of taxing. Exclusive funds and loans should be set to support the R&D in bioenergy industry. At the same time, government could encourage social capital and foreign capital to invest in this emerging industry.

References:

[1] Wang Zhao-cai, Liu Jin-ke. Thinking on Fiscal and Tax Policies about Promoting biomass energy industry's development[J]. Review of Economic Research, 2010(37): 10-17.

[2] Ma Hao. Studies on Fiscal and Tax Policies about Promoting the Development of Rural Biomass Energy [J]. Ecological economy, 2010(5): 59-67.

[3] Du Ling, Chen Jian-cheng. Thinking on Speeding up the Forest Biomass Energy Development of China [J]. Forum on Science and Technology in China, 2010(1): 138-141.

[4] Chen Juan, Wang Ya-peng. Study on Problems in Industrialization Development of Biodiesel from Woody Oil Plants [J]. Journal of Huazhong Agricultural University (Social Sciences Edition) 2010(4): 27-31.

[5] Gong De-yong. Current Situation and Development Countermeasures of Biomass Energy Industry in Guizhou Province [J]. Guizhou Agricultural Sciences, 2010(8): 222-224.

[6] Wang Ou. Studies on current situation, development policies and future trend of China's biomass energy industry's development and utilization [J]. Chinese Rural Economy 2007(7): 10-15.

[7] Xu Xiang-yang. Comparative Study Biomass Utilization in China and India from the Perspective of Energy Supply Security [J]. Journal of natural resources, 2010(10): 1806-1812.

[8] Qin Wei-zhong, Li Qiang, Zhu Bing, Chen Bing-zhen. Integration of biorefinery and oil refinery: an effective way of promoting development of biomass energy in China [J]. CIESC Journal, 2010(7): 1653-1658.

[9] Mi Quan-ling, Wang Rui-ting, Zhang Xue-jing. Exploitation and Utilization of Bio-energy [J]. China Forest Products Industry, 2010(4): 51-53.

[10] Sun Feng-lian; Wang Ya-peng. Analysis on market environment cultivation for development of biomass energy——a case study of Hubei province [J]. Resources and Environment in the Yangtze Basin, 2009(7): 641-645.

[11] Li Jian-ping, Tang Yuan-qi. Thoughts and countermeasures towards development of biomass energy industry in Sichuan. [J]. China Economic & Trade Herald, 2010(10): 66.

[12] Cao Xiang-hong. Thoughts on the countermeasures towards the healthy development of Chinese bio-energy industry [J]. Chemical industry and engineering progress, 2007(7): 905-913.

[13] Pan Zhe-jiang, Pan Ming-hong. Restrictive factors and countermeasures towards the development of Chinese bio-energy industry [J]. Journal of Anhui Agricultural Sciences, 2006(10): 2228-2229.

[14] Han Jiang-wei, Meng qi. The Study on the Development of Bio-energy Industry in China [J]. Ecological economy, 2009(11): 125-127.

[15] Ye Ying. Study on the Development of Bioenergy Industry in China [J]. Journal of Anhui Agricultural Sciences, 2009(23): 11221-11223.

[16] Chang Xiang-zhen, Shi Hai, Qin Yong-sheng, Qiao Ni, Dai Xue. Thoughts on problems of developing bioenergy in Beijing [J]. The Journal of Hebei Forestry Science and Technology, 2009(5): 45-49.

[17] Jiang Shu, Song Wei-ming, Li Nu-yun. On the Industrialization of Forest Biomass Energy [J]. Forestry economics, 2007(1): 16-22.

[18] Guo YanBqing. Discussion on the Develop Potential and Prospects of Biomass Energy Forest in Guangdong Province [J]. Guangdong Forestry Science and Technology, 2010(1): 113-119.

[19] Zhang Hui-qin. Existing Problems and Counter measures of Developing the Bio-energy Forest Base in Henan Province [J]. Central South Forest Inventory and Planning, 2008(1): 11-12.

[20] Suo Yan-xing, Wang Hua-geng, Liu Zi-lei, Liu Yao. Discussion on development of forestry bioenergy in Henan Province [J]. Journal of Henan Forestry Science and Technology, 2008(2): 29-30.

[21] Wang Xiao-guang, Lei Xiao-hua, Song Fei. Investigation on resources of oil-bearing forest in Hubei Province [J]. Biomass Chemical Engineering, 2006(s1): 348-352.

[22] Gao Lan, Li Wei. Development of Woody Biomass Energy and Establishment of Energy Forest in China [J]. Biomass Chemical Engineering, 2006(s1): 265-275.

[23] Wu De-jun, Wang Kai-fang, Hu Ding-meng, Wang Xi-nan, Zhang Zhen-rong. Research progress and development trend of Forestry bioenergy [J]. Journal of Shandong Forestry Science and Technology, 2008(1): 79-81.

[24] Chen You-de, Chen Yuan-zhen. Exploration on current situation and utilization method of Agricultural bioenergy [J]. 浙江农村机电, 2008(6): 26-27.

[25] Lv Wen, Wang Chun-feng, Wang Guo-sheng, Yu Guo-sheng, Zhang Cai-hong, Zhang Da-hong, Liu Jin-liang. Preliminary Research of Wood Energy Development Potential in China [J]. Energy of China, 2005(12): 29-33.

[26] Zhang Bai-liang, Ding Yi. Research on problems in development of bioenergy in China. [J]. Scientific Chinese, 2007(4): 38-41.

[27] Peng Xiu, Liu Chun-sheng, Tan Ming-zhao, Tian Yan, He Bang-liang. Exploitation and Utilization of Tree Species as Bio-energy Resources in Chongqing City [J]. Nonwood Forest Research, 2008(1): 122-126.

[29] Guan Tian-qiu. Strategic thoughts on promoting better development of bioenergy industry in China [J]. Chinese University Technology Transfer, 2010(6): 26-27.

[30] Ge Cun-mei. Shanxi Forestry Development Strategy of biomass energy [J]. Forestry Economics, 2010(3): 64-66.

投入产出视角下造纸业的生态效率评价

杜 玲 张玉静
（北京林业大学经济管理学院，北京，100083）

摘要：生态效率作为度量循环经济发展的重要指标，正被广泛研究运用到经济活动各个领域。论文基于投入产出视角，运用 DEA 方法对我国造纸业 1996～2010 年间生态效率进行评价，进而研究造纸业生态效率演进的差异性。结果表明 1996～2010 年间我国造纸业生态效率呈现不断上升之势，发展总体经历了传统经济发展模式向循环经济发展模式迈进的转变，但对高速发展的中国造纸业来说生态效率仍需不断提高。

关键词：造纸业；生态效率；评价

Assessment for Eco-efficiency of China's Paper Industry from input-output

Du Ling, Zhang Yujing
(College of Economics and Management, Beijing Forestry University, Beijing, 100083)

Abstract: Eco-efficiency, as an effective tool, has been put to use into different levels of economic activities. Based on input-output, by the use of DEA model, the paper makes assessment on eco-efficiency of China's paper industry from 1996-2010. The differences between Eco-efficiency of China's Paper Industry are analyzed. The result indicates that its eco-efficiency has increased rapidly in 1996 - 2010。The trend of eco-efficiency of paper industry also showed that the industry went through traditional development model, and now it began to change into circular economic model, but its eco-efficiencies need keep on improving.

Keywords: Paper industry; Eco-efficiency; Assessment

"生态效率"最初是由世界区域可持续发展协会（WBCSD）提出，其核心思想是"在提供有价格竞争优势的产品或服务以满足人的基本需求和提升生活质量的同时，逐步降低对生态的影响和资源消耗强度，使之与地球的承载能力相一致。"[1]生态效率的概念及其相关的评价方法已经成为一种将可持续发展目标和要求具体化和可操作化的有效工具。

生态效率通过表征经济活动中资源使用效率以及对环境造成的影响，反映经济与环境资源关系的状况，在最优的经济目标和最优的环境目标之间建立一种最佳链接，成为连接经济与环境的节点指标。[2]因此生态效率能综合衡量资源、环境各领域的协调度，总体上反映循环经济所追求的经济发展和环境保护的多元目标，目前成为一种全新的思想在国内外开展研究和推广。

从目前的研究来看，最初在企业层面展开，而后向更微观和宏观层面应用，由于研究的对象层次的差别和研究目的不同，计算和评价也各有差异。Grant 计算了区域景观设计的规划的生态效率，探讨了能源效率和废物产生环境效率[3]。国内学者张妍等从物质代谢的角度对城市的生态效率提出了评价体系[4]。有一些学者从区域层面对生态效率进行评价探索[5][6][7]。作为基础原材料性工业造纸业，在快速发展中它的生态效率改进程度如何，成为本文实证研究的内容。

一、我国造纸业的发展概况

目前在美国、加拿大、日本、芬兰、瑞典等经济发达国家，造纸工业已成为其国民经济十大支柱制造业之一。对于我国来说，造纸业是经济发展中为数不多的需求不断增长、缺口较大、增长潜力较大的产业之一。目前我国纸产品的生产量、消费量居世界第一位，造纸业正处于高速发展阶段，据有关统计，全球造纸行业生产与消费每年以 2%～3%

第一作者：杜玲，博士，北京林业大学经济管理学院，研究方向：林业经济管理，Email：dulingphd1969@sina.com，通讯地址：北京市海淀区清华东路 35 号，邮编：100083。

的速度增长，中国造纸行业10年来以20%的增幅位居首位。根据初步预测，2020年我国纸品市场需求量将达10000万~12000万吨。

造纸业在快速发展的同时，又面临着资源、能源和环境问题。造纸业是一个污染密集型产业，表现在"三废"的排放量大。造纸业2010年废水排放量占全国工业废水总排放量的18.58%。造纸业也是一个用水大的行业，2010年用水量占全国工业用水量的3.17%。2012年政府发布的《造纸工业发展"十二五"规划》明确提出"十二五"期间要积极推进我国造纸产业转型。考虑到各项数据的可获性和完整性，本文研究选取我国造纸业1996~2010数据来分析说明。

（一）造纸业资源消耗

能源是造纸业中最重要的消耗品。1996~2010期间由于行业结构调整，在"九五"期间行业能耗总体呈下降趋势，但2000年后呈快速上升之势，2010年总能耗接近2000年的2.38倍，支持着造纸业总产值年均18.8%的高速增长；造纸工业也是我国工业用水大户，1996~2010年造纸业用水量呈明显增长趋势，2010年用水总量比1996年增长了2.82倍（表1）。面对能源消耗、用水量的持续增长，造纸业节能、节水仍是管理控制的重点。

（二）造纸业废物排放

造纸业近十几年的高速发展，出现了经济运行中产值增幅高于产量增幅，产品结构逐步优化和行业集中度不断提高的亮点，"林浆纸一体化"以及逐渐减少、淘汰落后的草浆等非木纤维原料，造纸业结构正在转型。1996~2010年我国造纸业废弃物排放呈现增长的趋势，2010年比1996年废水排放增长了1.85倍，SO_2排放增长了1.83倍，固废产生量增长了4.16倍，说明对废弃物排放的控制仍是造纸业发展的关注点（表1）。

表1　1996~2010年造纸业经济发展、资源消耗以及环境污染排放变化指标

Tab. 1　indicators of economic development, resource use and pollutants discharge of paper industry

指　标	1996	1997	1998	1999	2000	2001	2002	2003
工业总产值（亿元）	1215	1244	1243	1327	1590.4	1804	2081.5	2526
能源消耗总量（万t）	2200	1943.4	1916	1741.1	1826.8	1937.3	2180.5	2371.5
用水量（万 m^3）	437423	445610	445261	441648	530927	573679	602054	610900
废水排放量（万t）	212462	274601	314795	299847	352876	309804	319303	318336
SO_2排放量（万t）	27.8	36.8	35.9	30.8	33.5	42.6	35	36.3
烟尘排放量（万t）	20.1	28.4	26	25.9	20.9	27.8	22.6	22.3
固废产生量（万t）	557	640	620	831	763	906	941	1003
指　标	2004	2005	2006	2007	2008	2009	2010	
工业总产值（亿元）	3971.3	4161.3	5034.9	6325	7873.87	8264.36	10434.06	
能源消耗（万t）	3081.4	3274.1	3443.7	3342	3998.65	4101	4342	
用水量（万 m^3）	687566	766593	892355	1003747	1094347	1084418	1233873	
废水排放量（万t）	318705	367422	374407	424597	407675	392604	393699	
SO_2排放量（万t）	39.1	43.1	42.8	49.2	46.3	45.74	50.82	
烟尘排放量（万t）	22.8	24.1	20.9	23.6	23.99	19.18	19.57	
固废产生量（万t）	1177	1243	1596	1796.7	1800	1938.7	2321.3	

数据资料来源于《中国统计年鉴》、《中国环境年鉴》、《中国环境统计年报》

二、造纸业生态效率测度

（一）研究方法

根据OECD对生态效率的界定，生态效率是一个复杂系统的投入产出过程，生态效率值表征了投入要素的减量化或产出要素的最大化；但本身又是一个相对概念。而DEA数据包络分析法（Date Envelopment Analysis Method）在"相对效率评价"基础上发展起来的一种新的分析方法，根据选取数据本身的特点得到投入和产出指标权重，由此也成为效率评价领域应用较普遍的方法之一。

本文采用DEA法中的CCR模型来评价纸业的

生态效率。该模型假设是在固定规模报酬下提出的一种效率测度法，将效率最高的被考察单元的效率定为1，其他被考察单元的效率定在0～1之间。DEA模型又可以分为投入导向型和产出导向型。前者是指在产出水平既定的前提下，使投入最小化；后者是指在投入水平既定的情况下，使产出最大化。由于生态效率指标中投入量比产出量更容易控制，因此本研究采用基于投入导向的DEA模型。

假设有n个决策单元(DMU)，每个DMU均有m个投入指标(表示对“资源”的消耗)s个产出指标(资源消耗的成果)，X_{ij}和Y_{rj}分别表示第j个决策单元(DMU_j)的第i种投入和第r种产出，λj为n个DMU和的投入产出指标权重，$\sum_{j=1}^{n} X_j\lambda j$和$\sum_{j=1}^{n} Y_j\lambda_j$为加权处理后的DMU的投入产出量。具体模型如式(1)所示。

$$\min\theta - \varepsilon(\hat{e}^T S^- + e^T S^+)$$

$$\text{s.t.}\begin{cases}\sum_{j=1}^{n} X_j\lambda j + S^- = \theta X_0 \\ \sum_{j=1}^{n} Y_j\lambda j - S^+ = Y_0 \\ \lambda_j \geqslant 0,\ S^-,\ S^+ \geqslant 0\end{cases} \quad (1)$$

式中：θ表示相对效率，S^-和S^+表示松弛变量，ε代表无穷小。这里的θ即为DMU_j总效率。

(二)研究指标及数据选取

生态效率的基本思想是在最大化价值的同时，最小化资源消耗与环境污染，意味着以最少的资源投入和最少的环境代价(损失)获得最大的经济价值，这与DEA方法对投入与产出指标的要求一致。在具体的DEA应用中，一般将收益型的指标视为产出指标体系，此类指标的特点是指标值越大越好；将成本型指标作为投入指标体系来处理，此类指标的特点是越小越好。因此，本文将资源消耗与环境污染等作为投入指标，而将经济价值作为产出指标，同时，在兼顾样本数据的可比性、可得性及科学性的基础上构建了造纸业生态效率评价的指标体系[8](表2)。

1. 投入指标

投入指标分为环境污染和资源消耗两大类。其中，环境污染指“三废”排放，具体选取了废水排放、二氧化硫排放、烟尘排放、固废产生量等主要污染物的排放总量作为环境投入指标；资源消耗则包括能源消耗、水资源消耗三类，具体选择了能源消费总量、用水总量作为资源投入指标。

2. 产出指标

生态效率的产出指标主要反映一定时期造纸产业所提供产品或服务的经济价值，因此指标选用造纸业工业总产值作为效率评价的产出指标。

表2 生态效率评价指标体系

Tab. 2 The evaluation index system of eco－ efficiency

	类别	具体指标构成	
投入指标	资源消耗	能源消耗	能源消费总量
		水资源消耗	用水总量
	环境污染	废水排放	废水排放量
		废气排放	二氧化硫排放量、烟尘排放量
产出指标	经济价值	固废排放	工业总产值固废产生量

(三)实证结果分析

生态效率分析评价，运用DEAP 2.1软件，将表1投入产出指标的相关数据带入求解，经过计算分析得到1996～2010年我国造纸产业生态效率评价结果(表3)。

由表3可知，1996～2010年间，伴随造纸行业的快速发展，造纸业的生态效率总体呈现良好的增长态势，尤其近几年，呈现跨越式发展，反映了我国造纸业通过结构调整，以及节能降耗工作的开展，循环经济工作取得了显著的成效。“九五”时期、“十五时期”、“十一五”时期的生态效率均值分别为0.501、0.795和0.855，用秩和Kruskal-Wallis Test检验也证实三个不同时期差异显著，“九五”时期生态效率与“十五”、“十一五”时期差异明显(表4)。说明我国造纸业在近10年的发展中，总体经历了传统经济发展模式逐步向循环经济发展模式的转变。

表3 1996～2010年我国造纸业生态效率评价结果

Tab. 3 The evaluation results of Resource eco-efficiency of paper industry

时期		生态效率	时期		生态效率	时期		生态效率
"九五"期间	1996	0.391	"十五"期间	2001	0.682	"十一五"期间	2006	0.875
	1997	0.453		2002	0.716		2007	0.831
	1998	0.456		2003	0.782		2008	0.755
	1999	0.533		2004	1.000		2009	0.816
	2000	0.670		2005	0.793		2010	1.000
平均值		0.501	平均值		0.795	平均值		0.855

表4 不同时期生态效率差异性检验

Tab. 4 The test of difference of periods

Kruskal - Wallis Test	"九五"—"十五"	"十五"—"十一五"	"九五"—"十一五"	"九五"-"十五"-"十一五"
Chi - Square	6.901**	1.580	6.818**	10.113**
. Sig	0.008	0.209	0.009	0.006

三、造纸业生态效率演进差异比较

对造纸业生态效率的差异分析采用价值——影响比值法来具体反映，这里以1996年作为基期年，第i种投入要素第t期的效率表达为(E_{it})：

$$E_{it}=(S_{it}/S_{io})/(I_{it}/I_{io})$$

其中S_{it}反映第t期该投入创造的经济效益产品或服务的价值；I_{it}反映第t期该投入的环境影响，指能源的使用、用水和废弃物的排放，第O期为基期。

表5 投入要素效率差异对比

Tab. 5 Comparison of input efficiency

指数	1996	1997	1998	1999	2000	2001	2002	2003	2004	2005	2006	2007	2008	2009	2010
能源效率	1.00	1.16	1.17	1.38	1.58	1.69	1.73	1.93	2.33	2.30	2.65	3.43	3.56	3.65	4.35
用水效率	1.00	1.01	1.01	1.08	1.08	1.13	1.24	1.49	2.08	1.95	2.03	2.27	2.59	2.74	3.04
废水效率	1.00	0.79	0.69	0.77	0.79	1.02	1.14	1.39	2.18	1.98	2.35	2.60	3.38	3.68	4.63
SO_2效率	1.00	0.77	0.79	0.99	1.09	0.97	1.36	1.59	2.32	2.21	2.69	2.94	3.89	4.13	4.70
烟尘效率	1.00	0.72	0.79	0.85	1.06	1.07	1.52	1.87	2.88	2.86	3.99	4.43	5.43	7.13	8.82
固废效率	1.00	0.89	0.92	0.73	0.96	0.91	1.01	1.15	1.55	1.53	1.45	1.61	2.00	1.95	2.06

投入要素效率的提高状况能表明生态效率的改进方向。从表5来看，能源效率、用水效率总体呈现增长趋势，"九五"时期用水效率提高不太明显。值得关注的是废弃物的排放效率呈U型的变化，"九五"期间废水效率、SO_2效率、烟尘效率、固废效率总体上小于1，表明"九五"时期造纸业的增长是以环境为代价。"十五"以来随着我国对环境污染控制的加强，废水效率、SO_2效率、烟尘效率、固废效率稳步增长，效率增长明显，产生的环境污染物量并没有随着经济的增长呈现快速增长。在资源效率和环境效率共同作用下，生态效率总体呈现良好的增长态势，尤其近几年，呈现末端治理与源头消减并进的跨越式发展，反映了我国造纸业通过结构调整，以及节能降耗工作的开展，生态效率不断

提高，逐步趋于和谐。

但是随着造纸行业的进一步扩张，污染物的排放总量还会持续增加，减排工作仍需全方位展开，环境效率有大幅提高。造纸行业作为我国工业用水量的大户，必须把节约用水、提高用水效率、减少废水排放放在首要位置。

四、结　论

(1)本文通过运用 DEA 模型，评价了 1996～2010 年我国造纸业生态效率的变化状况。研究结果表明，我国造纸业生态效率总体呈现良好的增长态势，尤其是进入“十五”、“十一五”以来生态效率水平比“九五”时期显著提高。

(2)通过运用价值——影响比值法来对我国造纸业不同时期生态效率差异分析，结论显示投入要素效率在不同时期呈现不同的变化特点，能源效率、用水效率总体呈现增长趋势，但废弃物的排放效率在“九五”时期在下降，“十五”、“十一五”在不断上升，表明“九五”时期我国造纸业的增长是以环境为代价的传统发展模式，“十五”、“十一五”呈现末端治理与源头消减并进，实现着向循环经济发展模式转变。

(3)虽然我国造纸行业的生态效率在不断提高，但是对于高速发展的中国造纸业来说，随着工业总产值的增加，污染物排放尤其是废水排放仍处于高位，增产节能减排仍是今后工作的重点，生态效率仍需不断提高。

参考文献：

[1] World Business Council for Sustainable Development. Measuring Eco-efficiency: A Guide to Reporting Company Performance [R]. WBCSD, 2000.

[2] 任勇，吴玉萍．中国循环经济内涵及有关理论问题探讨[J]．中国人口·资源与环境，2005(4)：131－136.

[3] Jill Grant. Planning and Designing Industrial Landscapes for Eco-efficiency [J]. Journal of Cleaner Production, 1997, 5 (122): 75－78.

[4] 张妍，杨志峰．城市物质代谢的生态效率[J]．生态学报，2007，27(8)：3124－3131.

[5] 陈傲．中国区域生态效率评价及影响因素实证分析[J]．中国管理科学，2008(10)：566－570.

[6] 邓波，张学军．基于三阶段 DEA 模型的区域生态效率研究[J]．中国软科学，2011(1)：92－99.

[7] 杨斌．2000～2006 年中国区域生态效率研究——基于 DEA 方法的实证分析[J]．经济地理，2009(7)：1197－1202.

[8] Vogtlander J G, Bijma A, Brezet H C. Communicating the Eco-efficiency of Products and Services by Means of the Eco-cost/value Model [J]. Journal of Cleaner Production, 2002, 10(1): 57－67.

第 3 卷
2013 年 7 月

林業經濟評論
Forestry Economic Review

Vol. 3
July 2013

我国造纸产业 FDI 技术溢出对本土企业创新能力影响的实证研究

吴　垠　王雪梅
（北京林业大学经济管理学院，北京，100083）

摘要：技术溢出效应是外商直接投资（FDI）推动东道国经济发展的重要途径，也是东道国引进外商直接投资的重要意图之一。本文截取了 1999 年至 2008 年的我国造纸产业引进 FDI 的数据，运用计量软件和模型就 FDI 对我国造纸产业的技术溢出效应进行实证分析，以验证 FDI 对我国造纸产业是否存在技术溢出效应；之后，通过协整分析和格兰杰检验证明了技术创新能力与 FDI 技术溢出效应之间的因果关系。

关键词：造纸产业；FDI；技术溢出

Empirical Study onTechnology Spillover Effect of FDI in China's Paper Industry

Wu Yin，Wang Xuemei
（College of Economic and Management，Beijing Forestry University，100083）

Abstract：As the main driving force to accelerate economic development of host countries，technology spillover effect of FDI also explains why FDI is warmly welcomed by host countries. This essay aims to make empirical study on whether FDI of China's Paper industry has technology spillover effect，by using relevant data from 1999 to 2008 and establishing model. After that，based on the method of factor analysis，it establishes an evaluation system with 17 indexes to evaluate technical innovation capability of China paper industry，and makes comparisons among the whole industry，state controlling enterprises and foreign-funded enterprises. Finally，the relevance between technical innovation capability and FDI is proven to be Granger caused through ADF test and Johansen test. Practical recommendations are made on the basis of positive results for China paper industry.

As the main driving force to accelerateeconomic development of host countries，technology spillover effect of FDI also explains why FDI is warmly welcomed by host countries. In recent years，China's Paper industry has undergone considerable developments by properly utilizing FDI. This essay tries to make empirical study on whether FDI of China's Paper industry has technology spillover effect，by using relevant data from 1999 to 2008 and establishing model to measure those factors，and make practical recommendations.

Key words：Paper Industry；FDI；Technology Spillover Effect

一、研究背景

造纸产业是现代社会不可或缺的基础原材料产业之一。我国造纸产业起步虽晚，但国民经济的高速发展极大地推动了产业进步。目前我国造纸产业的生产量居世界第 1 位，消费量居世界第 2 位。

造纸产业是资金密集型产业，规模经济效应也十分显著，随着造纸企业产能的提高，其单位生产成本会出现有明显的缩减，从而带来竞争优势。2008 年普华永道公布了全球林产，造纸和包装行业 100 强，其中美国的企业占了近 1/4，而中国的本土企业只有晨鸣，九龙，理文，华泰和太阳共 5 家[1]。总的来说，我国造纸工业大型集团少、强势企业少，绝大部分造纸企业资产规模小，生产装备水平与国

第一作者：吴垠（1987－），硕士。主要研究方向：国际贸易理论与政策。Email：violawu@yahoo.cn，地址：北京市海淀区清华东路 35 号，北京林业大学 974 信箱，100083。

责任作者：王雪梅（1968－），博士，北京林业大学经济管理学院国际经济与贸易系副教授。主要研究方向：国际贸易理论与政策。Email：bjwangxm0105@sohu.com。

外先进技术有差距，企业的规模效益无法获得，限制了造纸企业技术设备水平和产品质量的提高以及污染的有效防治。2007 年 10 月国家发展和改革委员会发布的《造纸产业发展政策》中明确指出：造纸产业发展要实现规模经济，突出起始规模[2]。国家积极地促进对于造纸产业产能的扩大，也引发了对大规模资金投入的需求，鼓励了国外直接投资进入我国造纸产业。我国巨大的纸制品市场对于国外直接投资充满着吸引力，国外纸业巨头大多数以并购控股国内优质企业或进行直接投资的方式进入我国造纸产业。2009 年我国造纸行业外商投资和三资企业总数为 1494 家，资产总计 3570.86 亿元，占我国造纸行业全部资产的 44.16%，在我国高档纸及纸板市场份额中，外资企业已占 50% 以上[3]。

通过跨国公司在受资国的经济活动，使受资国的技术进步率加快，这也正是东道国吸引 FDI 的主要意图之一。正确地认识外资在我国造纸产业发展过程中的作用，正确引导国外造纸企业到我国国内进行投资，改善优化外资利用结构，并更大限度地发挥国外直接投资对于我国本土造纸企业的积极作用，这对我国造纸产业有着十分深远的意义。

国内学者就我国引进 FDI 的技术溢出效应进行了很多研究，但结论不尽相同。陈斌等[4]对江苏省工业部门的相应数据进行了分析，证明存在正的外部效应，而且随着江苏外资工业部门投资的增加，外资工业部门对内资工业部门的溢出效应也在增加。刘贝、徐勇[5]采用广东省国有工业企业和外商投资工业企业的数据，发现外商直接投资对广东省国有企业的技术进步具有明显的溢出正效应。沈坤荣、耿强[6]采用中国 29 个省、直辖市及自治区的面板数据，考察了 FDI 溢出效应对中国经济增长及地区差距的影响，研究表明：在我国一个地区的 FDI 年流量相对于其当年经济规模的比例每增加 1% ，相应的人均 GDP 就将增加 0. 27% ，可见 FDI 的增长是经济增长率增加的一个重要因素。严兵[7]用 5 年的统计数据，对外商在华直接投资的溢出效应进行研究，认为内外资企业之间的相互竞争对二者的生产效率有着明显的促进作用，表明溢出效应的"正反馈"机制已在我国内外资企业之间成功建立。

同时，也有一些学者对于 FDI 的技术溢出效应抱着怀疑的态度。张盛林、吴海鹰[8]就 FDI 对西部地区经济增长的贡献进行了回归分析，发现西部地区 FDI 的外溢效应并未有效发挥。包群、赖明勇[9]通过对我国 1979 ~ 2000 年的时间序列数据进行协整分析得出结论，FDI 虽然促进了我国的技术进步，但外资企业对国内企业的技术外溢效果并不明显，并且外资企业的技术进步效应还存在较大的波动性。王志鹏等[10]对 5000 家企业的数据进行了研究，结果表明外资在行业内产生了正溢出效应，而在一省内部产生的溢出效应并不明显。孟亮、宣国良[11]分析了不同来源的 FDI 在我国工业部门产生的技术溢出效应差异，发现在经济发达地区，港澳台外资产生了明显的技术溢出效应，而其它外资没有表现出显著的技术溢出效应。

我国造纸产业也是外商直接投资的重点行业之一，外商直接投资是否给造纸产业带来了技术溢出效应、本土企业是否从外资企业的技术外溢中获益，本文将通过实证分析得出明确结论。

二、我国造纸产业利用 FDI 概况

(一)总体规模

中国造纸产业在改革开放以来利用外资取得了长足的发展，外商投资逐年递增。下表是根据商务部统计数据整理出的 2004 ~ 2009 年间我国造纸产业利用外资的情况。

表 1　2004 ~ 2009 年我国造纸产业利用外资情况

Tab. 1　Status of FDI in China's paper industry from 2004 to 2009

年份	利用外资项目个数	实际使用外资	
		总金额(亿美元)	比上年同期增长
2004	423	10. 18	-5. 23%
2005	353	10. 9	6. 82%
2006	318	10. 4	-4. 55%
2007	259	14. 41	38. 73%
2008	115	15. 74	9. 25%
2009	121	18. 50	17. 47%

根据商务部统计数据整理得出

(二)资金来源

投资我国造纸产业的外商所在国家和地区包括，印尼、新加坡、日本、泰国、韩国、加拿大、英国、美国，中国香港及台湾等，其中 80% 以上的资金来源于亚洲国家地区。根据商务部统计资料显示，2009 年我国造纸产业吸收外资来源地前四位是中国香港、日本、新加坡、英属维尔京群岛，分别占该行业实际使用外资总额的 35. 83%、17. 25%、

9.86%、8.26%，其总额占外资总额的71.2%。表2是根据2007年到2009年亚洲十国，欧盟和美国对我国造纸产业投资的数据整理得出的三大主要资金来源地的投资情况。

表2　2007～2009年我国造纸产业FDI主要来源地投资情况

Tab.2　Investors of FDI in China's paper industry from 2007 to 2009

年份	亚洲十国		欧盟		美国	
	对华投资新设企业个数	实际使用外资金额(万美元)	对华投资新设企业个数	实际使用外资金额(万美元)	对华投资新设企业个数	实际使用外资金额(万美元)
2007	196	68746	6	4105	15	2835
2008	89	90015	4	2156	7	554
2009	109	122306	1	2075	4	1475

根据商务部统计数据整理得出

(三)投向区域

从外资投向区域看，东部地区是造纸工业利用外资的主要区域。外商投资造纸企业比较集中的地区包括江苏、广东、山东、浙江、上海、福建、天津、辽宁、重庆和湖北等。表3是根据2007～2009年我国造纸产业吸收外资投向区域的数据整理得出的投资情况。

表3　2007～2009年我国造纸产业吸收外资投向区域情况

Tab.3　Invested Area of FDI in China's paper industry from 2007 to 2009

年份	东部		中部		西部	
	新设外资企业个数	实际使用外资金额(万美元)	对华投资新设企业个数	实际使用外资金额(万美元)	对华投资新设企业个数	实际使用外资金额(万美元)
2007	215	124774	35	2626	9	16701
2008	93	128925	14	9151	8	19357
2009	95	163789	19	5339	7	15812

根据商务部统计数据整理得出

(四)利用方式

我国造纸产业利用外资的主要方式有两种，包括借用外资和外商来华直接投资。我国造纸产业借用的外资的对象包括国际金融组织，外国政府和商业贷款机构，而世界主要造纸企业排名前十位中的企业大多数已经在我国投资生产[3]。

我国造纸产业重点将国际金融组织贷款、国外援助资金和外商直接投资投向以下几个方向：①已建成企业技术改造；②新建或扩建重点发展产品项目；③合资合营企业。从近几年的数据资料看来，中外合资是我国造纸产业利用外资的主要方式(表4)。

表4　2005～2009年我国造纸产业利用外资项目情况

Tab.4　Status of FDI utilized in China's paper industry from 2005 to 2009

年份	利用外资项目个数	实际使用外资	
		总金额(亿美元)	比上年同期增长
2004	423	10.18	-5.23%
2005	353	10.9	6.82%
2006	318	10.4	-4.55%
2007	259	14.41	38.73%
2008	115	15.74	9.25%
2009	121	18.50	17.47%

根据商务部统计数据整理得出

(五)外商投资技术含量

投资技术含量的高低通常采用一些间接指标加以计量，本文采用新产品的比重来反映外商投资技术含量的高低。表5中列出的是这个指标的比较数值，反映的是外商投资企业相对于本土工业企业的相对水平。数值大于1，说明外商投资企业的技术水平比本土企业的技术水平高，否则较低。

表5 2001~2009年我国造纸业外商投资技术含量

Tab. 5 Foreign Investment in Technology in China's Paper Industry from 2001 to 2009

年份	2001	2002	2003	2004	2005	2006	2007	2008	2009
相对劳动生产率	0.8409	0.6807	0.5976	1.1092	0.3397	0.3142	0.2441	0.5620	0.5975
相对人均占有固定资产	0.5392	0.5100	0.4690	/	0.6702	0.6286	0.6103	0.8531	0.5847
相对新产品比重	1.1506	1.4345	1.3366	1.5491	0.6476	1.2550	1.2247	1.4511	/

资料来源：本文根据历年中国统计年鉴，中国工业经济统计年鉴和中国科技统计年鉴的相关数据整理计算

从表5中可以看到，造纸业外商投资企业的新产品产值比重除2005年以外，其余年份均大于1，说明作为资金、技术密集型的造纸产业，外商投资在新产品开发方面发挥了积极作用，外商投资企业的技术水平比本土企业的技术水平高。

三、我国造纸产业 *FDI* 技术溢出效应的实证分析

FDI 进入我国造纸产业后，外资企业为了保住其在市场的领先地位，会从我国的实际情况出发，在我国设立了研究机构以加快研发本地化的进程，同时也促进了国外先进技术对我国的转让；外资企业与我国本土造纸企业之间的竞争会刺激我国本土企业更有效的利用现有资源，推动本土企业技术效率的提高，能带动我国造纸产业技术水平的提高。此外，外资企业实施的先进的管理体系，和对本地员工的培训也能提高我国造纸产业人力资源的总体水平。下文将采用计量方法和模型定量分析 *FDI* 对我国造纸产业的技术溢出效应。

(一)研究方法及模型

关于 *FDI* 技术溢出效应的实证研究以 Caves 和 Globerman 为始祖，虽然后来有学者不断将他们的实证模型细化和扩展，但基本方法是相似的：在一个由生产函数模型推导出的回归方程中，将当地企业的劳动生产率作为因变量，而将 FDI 与其他环境、产业以及企业特征变量作为解释变量，研究 *FDI* 是否对当地企业的劳动生产率产生影响。如果 *FDI* 变量的系数为正值，则认为发生了正面的技术溢出效应，同时根据其他特征变量系数的估计值，可以判断相关因素对技术溢出的影响。

于是，本文采用时间序列数据研究1999~2008年间 FDI 对我国造纸产业技术溢出的影响进行实证分析。在结合 Caves，Globerman 和 Blomstorm 的研究的基础之上，构建起本文的基础模型：

$$LP = \alpha_0 + \alpha_1 FDI + \alpha_2 K/L + \alpha_3 LQ + \mu$$

变量的计算方法和系数说明：

(1) *LP* 代表我国本土造纸企业的人均劳动生产率，用本土企业的工业总产值除以本土企业年末从业人数计算得出；

(2) *FDI* 表示造纸行业中外资企业的总资产在整个造纸行业所占的比例，通过造纸行业中三资企业的资产总计除以整个造纸行业的资产总计计算得出；

(3) *K/L* 表示造纸行业中本土企业的人均资本存量，通过本土企业的资产总计除以本土企业年末从业人数计算得出；

(4) *LQ* 表示造纸行业中本土企业的人力资本存量，通过造纸产业中本土企业科技人员数量除以本土企业年末从业人数计算得出。

(5) α_0 为常数项；α_1 表示国外直接投资对于我国本土造纸企业的直接带动效应，α_2 表示我国本土企业的资本投入对于行业技术进步的促进作用，α_3 表示我国本土造纸企业的科研人力资源对于技术进步的带动作用。μ 为随机扰动项。

作为技术溢出效应变量的替代指标，学术界常用的有全要素生产率，产出增长率，新产品销售增长率等相对值指标，也有总产出，产品销售额，工业增加值的绝对指标[4]。考虑到工业增加值的数据较为全面且较容易取得，笔者选取了本土造纸企业的人均劳动生产率作为因变量技术溢出效应的替代指标。每个自变量前的系数是实证分析的重点，其正负反映了各因素对技术溢出影响的程度和方向，也由此可以推断出三资企业对内资企业技术进步影响的作用。

需要说明的是，本文的统计口径为大中型造纸工业企业。外资企业是指中外合资、中外合作以及外商独资三类企业，本土造纸企业的数据由全行业的大中型造纸工业企业的数据减去外资企业数据得到。

本文中选取了1999～2008年的造纸行业相关数据。这些数据包括：造纸行业全部国有及规模以上非国有工业企业的工业总产值(当年价格)，造纸行业"三资"工业企业的工业总产值(当年价格)，造纸行业全部国有及规模以上非国有工业企业的资产总计，造纸行业"三资"工业企业的资产总计，数据来自于《中国统计年鉴》(2000～2009年)；造纸行业全部国有及规模以上非国有工业企业的年末从业人数，造纸行业"三资"工业企业的年末从业人数，造纸行业全部国有及规模以上非国有工业企业的科技人员数，造纸行业"三资"工业企业的科技人员数，数据来自于《中国科技统计年鉴》(2000～2009年)。

1. 采用以上模型与数据，运用 Stata10 软件进行估计

(1)步骤1：多元回归

由回归结果可以得出，该模型 $R^2=0.9667$，调整后的 $R^2=0.9501$ 可决系数很高，F 检验值为58.07，十分显著。本地企业的人均劳动生产率与FDI进入程度和本地企业的人均资本存量存在正向关联性，与本地企业的人力资本存量成反向关系。但是预期 *fdi*，*kl*，*lq* 的系数都为正，而回归得出的 *lq* 的系数为负，与预期不符。同时，*lq* 的统计显著性(sig)，即 $P>|t|$ 值大于0.05，这表明很可能存在严重的多重共线性。

(2)步骤2：计算各个解释变量的相关系数

由相关系数矩阵可以看出：各解释变量相互之间的相关系数较高，确实存在严重多重共线性，需要对数据进行进一步的处理，剔除有多重共线性的自变量，使模型的解释力更强。

(3)步骤3：剔除有共线性的自变量

在上面的回过分析过程中，首先将回归系数的 p－值最大且大于0、05的自变量删除，然后重复这一步骤，直到模型中剩下的所有自变量涵盖系数的 p－值都小于0.05。于是 *lq* 被剔除，得到最后消除多重共线性的结果。

(4)步骤4：进行 T 检验

fdi，*kl* 的 t 检验系数全部为零，通过 t 检验。

2. 得出回归方程

根据上面结果，得到回归方程为：

$$LP=0.0133221FDI+1.13877K/L-0057772$$

$$t=(4.88)\qquad(8.40)\qquad(-5.20)$$

$$R^2=0.9450\quad F(2,\ 7)=60.16$$

检验结果分析：

从 $F(2,\ 7)=60.16$ 通过 F 检验，说明整体方程是显著的。

(二)经济分析

根据以上研究可以得出结论：1999～2008年 *FDI* 对于我国本土造纸企业确实存在技术溢出效应。从模型中可以看出，我国本土造纸企业劳动生产率提高的两个影响因素为FDI进入程度和企业人均资本存量。造纸产业中三资企业的资本总量占全行业资本总量的比率每提高一个百分点，我国本土造纸企业的劳动生产率就会提高0.0133亿元/人；同时，本土企业的人均资本存量每增加1亿元/人，我国本土造纸企业的劳动生产率就会提高1.139亿元/人。

四、*FDI* 技术溢出效应对于本土企业创新能力的影响

FDI 作为技术创新源，会通过技术外溢示范、链接、培训及竞争等途径影响本土企业的创新能力，其中链接效应与示范效应直接导致了本土企业技术创新环境的变化，人员培训效应刺激了技术创新能力的变化，技术外溢途径的竞争效应与制造业市场结构的变化相对应。此前，作者已经采用因子分析法构建了测度我国造纸产业技术创新能力的模型，并得到了我国造纸行业整体、国有控股企业和三资企业的创新能力指数[12]。

表6 1999～2008年我国造纸产业创新能力指数对比

Tab. 6 Technical innovation capability in China paper industry, 1999－2008

年份	全行业	国有控股企业	三资企业
1999	9.71293	2.128191	3.448506
2000	14.27857	2.330486	7.343356
2001	11.61333	3.396998	2.568118
2002	11.45548	3.649037	4.233955
2003	21.93155	3.265381	4.599422
2004	42.34332	9.681873	8.775115
2005	29.20096	6.673045	6.182175
2006	32.23187	8.038839	5.516616
2007	54.54254	11.12825	10.41691
2008	158.4926	20.37297	56.76627

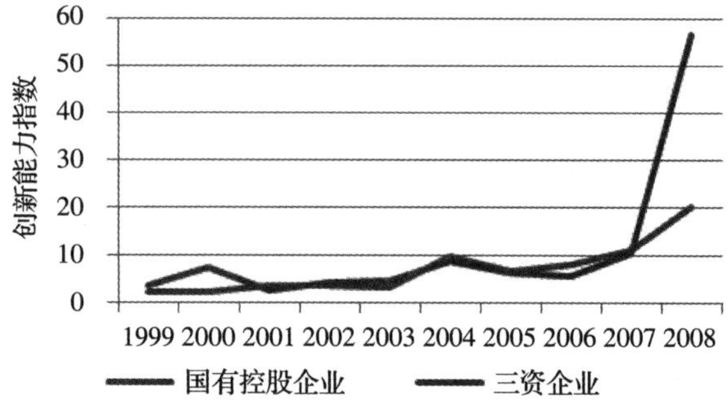

从上表中我们能更清楚地看出在1999～2008年间，三资企业的创新能力指数大于国有控股企业；自2001年开始至2007年，两者在技术创新方面的发展不相上下，齐头并进；2007～2008年，三资企业的技术创新能力指数增势迅猛，国有控股企业创新指数有所增大，但增幅不及三资企业。

在此基础上，我们对外商直接投资技术溢出和造纸业技术创新能力的关系进行检验。

(一)协整检验

协整理论创建于20世纪80年代，主要用于分析时间序列中变量之间的长期均衡关系，虽然变量在短期内体现出不同的变化规律，但能找到长期协调变化的趋势。此处协整分析的两个变量分别为*INV*和*FDI*，*INV*为内外资企业创新能力差距，用上文创新能力评价体系中1999～2008年内外资企业创新能力指数的比值表示；此模型中的*FDI*与本章开头生产函数模型中的*FDI*一样，通过造纸行业中三资企业的资产总计除以整个造纸行业的资产总计计算得出。

(二)平稳性检验

在协整分析开始之前，首先采用*ADF*单位根检验方法进行变量的平稳性检验，保证变量可以合成一个平稳序列。取*INV*和*FDI*的对数形式LOG*INV*和LOG*FDI*，运用Eviews6.0软件进行单位根检验，结果如下

表7 单位根检验结果1

Tab. 7 Result of unit root test part 1

		LOG*INV*	LOG*FDI*
Augmented Dickey-Fuller test statistic		－2.317331	－2.144477
Test critical values:	1% level	－4.420595	－4.420595
	5% level	－3.259808	－3.259808
	10% level	－2.771129	－2.771129
Prob. *		0.1863	0.2343

LOG*INV*和LOG*FDI*的*ADF*检验值均大于1%，5%和10%显著水平的临界值，两个变量都不平稳。对两个变量进行一阶差分，得出DLOG*INV*和DLOG*FDI*，进行单位根检验，结果如下。

表8 单位根检验结果2

Tab. 8 Result of unit root test part 2

		DLOG*INV*	DLOG*FDI*
Augmented Dickey-Fuller test statistic		－3.42357	－7.123045
Test critical values:	1% level	－4.582648	－4.803492
	5% level	－3.320969	－3.403313
	10% level	－2.801384	－2.841819
Prob. *		0.0437	0.0011

DLOG*INV*的*ADF*检验值大于1%的临界值，小于5%和10%显著水平的临界值，说明99%的置信

区间不平稳，但是95%和90%的置信区间是平稳的；DLOG*FDI*的*ADF*检验值小于1%，5%和10%显著水平的临界值，说明在99%，95%和90%的置信区间都是平稳的。

以上的结果表明，样本期间内*INV*和*FDI*都是非平稳序列，在一阶差分之后变为平稳一阶单整时间序列，滞后期为一年。

(三)Johansen检验

在上文平稳时间序列的基础上，对变量进行协整分析。进行协整检验有两种方法，一为Engle和Granger提出的基于协整回归残差的*ADF*检验，二为Johansen和Juselius提出的基于*VAR*的协整系统检验[13]。

Johansen协整检验与*EG*协整检验的主要区别如下：Johansen协整检验不必划分内生、外生变量，而基于单一方程的EG协整检验则须进行内生、外生变量的划分；Johansen协整检验可给出全部协整关系，而*EG*则不能；Johansen协整检验的功效更稳定。于是本文选择Johansen的协整系统检验来证明变量间的协整关系。

Johanson协整似然比(LR)检验

H_0：有0个协整关系；

H_1：有M个协整关系。

检验迹统计量：

$$LR_m = -n\sum_{i=m-1}^{N}\log(1-\lambda_i) \quad (1)$$

式中，*M*为协整向量的个数；λ_i是按大小排列的第i个特征值；n样本容量。

Johansen检验结果如下：

表9　Johansen检验结果

Tab. 9　Result of Johansen test

	Hypothesized No. of CE(s)	Eigenvalue	Trace Statistic	0.05 Critical Value	Prob. **
Unrestricted Cointegration Rank Test (Trace)	None *	0.971346	28.01361	15.49471	0.0004
	At most 1	0.362051	3.146473	3.841466	0.0761
	Trace test indicates 1 cointegrating eqn(s) at the 0.05 level				
	* denotes rejection of the hypothesis at the 0.05 level				
	** MacKinnon-Haug-Michelis (1999) p-values				
Unrestricted Cointegration Rank Test (Maximum Eigenvalue)	None *	0.971346	24.86714	14.2646	0.0008
	At most 1	0.362051	3.146473	3.841466	0.0761
	Max-eigenvalue test indicates 1 cointegrating eqn(s) at the 0.05 level				
	* denotes rejection of the hypothesis at the 0.05 level				
	** MacKinnon-Haug-Michelis (1999) p-values				

迹检验和最大值检验均表明在5%的显著水平下存在1个协整关系。标准化协整系数结果如下：

表10　标准化协整系数结果

Tab. 10　Normalized cointegrating coefficients

Normalized cointegrating coefficients (standard error in parentheses)	
DLOG*FDI*	DLOG*INV*
1	-0.257802
	-0.09553
1 Cointegrating Equation(s):	Log likelihood 8.533982

将协整关系写成数学表达式，并令其为V_1。

$$V_1 = \mathrm{DLOG}FDI - 0.257802 * \mathrm{DLOG}INV \quad (2)$$

然后对表达式V_1进行单位根检验，发现它已经是平稳序列，*ADF*检验值大于1%显著水平的临界值，小于5%和10%显著水平的临界值，说明99%的置信区间不平稳，但是95%和90%的置信区间是平稳的，因此验证了协整关系是正确的。

表11　ADF检验结果

Tab. 11　Augmented Dickey-Fuller test statistic

V_1		t-Statistic
Augmented Dickey-Fuller test statistic		-3.811457
Test critical values:	1% level	-4.582648
	5% level	-3.320969
	10% level	-2.801384
Prob. *		0.0264

(四)格兰杰因果检验

上文的协整检验证明了我国造纸产业内外资企业创新能力差距和 *FDI* 存在着长期的均衡关系，但还不能由此得出两者之间存在因果关系的结论，即内外资企业创新能力差距是否会吸引 *FDI*，*FDI* 的增加能不能通过溢出效应缩减内外资企业的创新能力差距。接下来，本文采用格兰杰因果检验来进行分析。格兰杰因果检验是一种比较常见的用来确定一个变量的变化是否是另一个变量变化的原因的检验方法。在动态计量经济学理论基础上，首先要对变量进行平稳性检验，以防止出现“伪回归”现象。

虽然 *INV* 和 *FDI* 不是平稳时间序列，但由于上文已证明两者之间存在一个协整关系，可以直接对其进行格兰杰检验，不需要采用一阶差分形式，结果见表12。

表12 格兰杰检验结果

Tab. 12 Granger test statistic

Null Hypothesis:	F-Statistic	Prob.	Result
INV does not Granger Cause *FDI*	39.3066	0.007	*INV* Granger Cause *FDI*
FDI does not Granger Cause *INV*	0.43804	0.6809	*FDI* does not Granger Cause *INV*

INV 和 *FDI* 之间只存在单方面的因果关系，我国造纸产业内外资企业的创新能力差距是 *FDI* 技术溢出的格兰杰原因；而 *FDI* 的技术溢出效应对缩小我国造纸产业内外资创新能力差距的影响不很明显。

(五)检验结论

上文得出的实证结果表明，我国造纸产业内外资企业的创新能力差距和 *FDI* 技术溢出效应在样本期间存在着一个协整关系，虽然在短期表现为非平稳性，但从长期而言，创新能力差距和 *FDI* 构成了稳定的均衡关系，表现出一致的协同变化趋势，存在较强的相关关系。格兰杰检验结果表明我国造纸产业内外资企业的创新能力差距是 *FDI* 技术溢出的格兰杰原因，与外资企业相比，本土企业的技术创新水平趋于弱势，两者的创新能力差距能引导 *FDI* 流向，以更好的实现 *FDI* 的技术溢出效应；而 *FDI* 的技术溢出效应对缩小我国造纸产业内外资创新能力差距的影响不很明显，也就表明技术溢出效应会受到外资企业技术先进程度，投资方式，人才当地化程度以及东道国市场结构，技术能力和产业关联度等方面因素的影响，有效溢出的程度被削减，也意味着，我国本土造纸企业应该更好的提高自身对于 *FDI* 技术溢出效应的吸收能力，才能实现更好的发展。

四、研究结论

第一，*FDI* 对我国造纸产业确实存在有技术溢出效应，对我国本土造纸企业的生产率提高起到了促进的作用。近十多年来，我国造纸产业积极合理有效地利用外资并取得了很好的进步，外商投资带来的先进技术和装备填补了我国造纸产业在某些产品和技术上的空白，提高了我国本土企业生产技术水平和竞争力，促进了产品结构调整和企业产能规模升级。因此，对于有意愿到我国进行投资的国外造纸企业应该给予鼓励和引导，以帮助我国造纸产业改善和优化外资利用结构，促进产业发展模式的转变，提高产业的国际竞争力。

第二，我国造纸产业内外资企业的创新能力差距和 *FDI* 技术溢出效应有着协整关系，通过格兰杰检验，得出结果，我国造纸产业内外资企业的创新能力差距是 *FDI* 技术溢出的格兰杰原因，与外资企业相比，本土企业的技术创新水平趋于弱势，两者的创新能力差距能引导 *FDI* 流向，以更好的实现 *FDI* 的技术溢出效应；而 *FDI* 的技术溢出效应对缩小我国造纸产业内外资创新能力差距的影响不很明显，也就表明技术溢出效应会受到外资企业技术先进程度，投资方式，人才当地化程度以及东道国市场结构，技术能力和产业关联度等方面因素的影响，有效溢出的程度被削减，也意味着，我国本土造纸企业应该更好的提高自身对于 *FDI* 技术溢出效应的吸收能力，才能实现更好的发展。

参考文献

[1]邝仕均．浅议全球纸业中之我国造纸工业[J]．造纸信息，2010(3)：16-24.

[2]国家发展和改革委员会．造纸产业发展政策[EB/OL]．http://www.miit.gov.cn/n11293472/n11295176/n11298883/n11611343.files/n11611337.doc，2007，10.

[3]中国造纸协会．关于中国造纸工业“十一五”发展的意见[EB/OL]．http://www.chinappi.org/contentinfo.asp? id = 502,

2007，8.
[4]陈斌，等．江苏外商直接投资外溢效应的实证研究[J]．江苏统计，2000（9）：23－25.
[5]刘贝，徐勇．FD I对广东省国有工业企业技术溢出效应的实证分析——基于宏观数据的联立方程模型分析[J]．现代管理科学，2007（1）：15－17.
[6]沈坤荣，耿强．外国直接投资、技术外溢与内生经济增长[J]．中国社会科学，2001（5）.
[7]严兵．"以竞争换技术"战略与外资溢出效应—基于我国工业部门相关数据的分析[J]．财贸经济，2005（1）：82－93.
[8]张盛林，吴海鹰．外商直接投资对西部地区经济增长影响的实证分析[J]．宁夏社会科学，2005（1）：42－45.
[9]包群，赖明勇．中国外商直接投资与技术进步的实证研究[J]．经济评论，2002（6）：63－71.
[10]王志鹏，等．外资对中国工业企业生产效率的影响研究[J]．管理世界，2003（4）：17－24.
[11]孟亮，宣国良．不同来源FDI在华技术溢出效应实证研究[J]．科研管理，2005（5）：115－120.
[12]吴垠，王雪梅．我国造纸产业技术创新能力评价的实证研究[J]．林业经济评论，2011(1).
[13]张立光，郭妍．我国贸易开放度与经济增长关系的实证研究 财经研究 2004(3)：113－121.

林业投资与生态建设

我国政府林业投资的历程演变、存在问题及对策

李月梅　周　莉
（北京林业大学经济管理学院，北京，100083）

摘　要：资金是推动林业建设的物质力量，公共财政投入是林业可持续发展的资金保障，近些年来，我国政府在生态环境改善与建设等方面已经做出了很大的努力，投入了巨大的人力、物力和财力，取得了显著的成效，但是政府对林业的投入尚存很多问题，特别是林业投入不足已经影响了林业的可持续发展。本文在分析我国政府林业投入现状和存在的问题基础上，重点探讨改进和加强政府林业投资的对策和建议。

关键词：公共财政；林业；林业可持续发展

The Government Investment Process Evolution, Problems and Countermeasures of Forestry in China

Li Yuemei, Zhou Li
(College of Economics and Management, Beijing Forestry University, Beijing, 100083)

Abstract: Funds are the material force that drives the development of forestry and guarantees its sustainability. Recent years, our government has despited considerable effort in ecological improvement and construction. . Our government has input a lot of human material and financial resources and has achived : tremendous effect. However, there still exists many problems in forestry input , especially insufficient investment in forestry has affected the sustainable development of forestry in china. This paper, on the basis of analyzing the government forestry input situation and the problems , will focus on strengthening and improvement suggestions on forestry input in our country.

Keywords: public finance; forestry; sustainable development in forestry

林业投入泛指投入到林业各个生产领域的资金的总称，是由政府、企事业单位、社会团体和公民为达到一定的目的而为林业生产经营活动提供资金的过程。而政府林业投入是指政府财政用于支持和发展林业的资金，是财政用于支持林业的一种资金投放方式。

林业是一个特殊的行业，生产周期长、见效慢，不但具有公共物品属性，同时还具有外溢性，在市场竞争中明显处于弱势。在市场经济条件下，林业的公益性和基础性特点决定了林业必将是公共财政重点支持的领域，林业的良性发展必须也离不开公共财政的大力扶持。政府资金的长期稳定投入，不仅将支撑着公益林建设的可持续发展，同时也将会对信贷资金、社会资金的投入产生巨大的带动和引导作用。就国家经济发展的长期稳定和公平而言，林业应该得到国家财政的扶持。林业作为“向社会提供森林生态服务为主”的行业，其很多方面可以直接纳入公共财政范畴，林业财政投入政策是公共财政政策的重要组成部分。为此，学者对政府的林业投入问题进行了广泛的研究。

国外学者的研究观点包括：①主张财政扶持是林业健康发展的必然要求，该观点认为，财政扶持对林业发展至关重要。Sinko 认为，“公共资金来源不稳定，造林和更新的速度不足以使林业具有竞争

第一作者：李月梅，博士，副教授。主要研究方向：林业财政与金融。Email：qrzh@ sohu. com，地址：100083，北京市海淀区清华东路35号。

责任作者：周莉，博士，副教授。主要研究方向：林业经济与政策。Email：qrzh@ sohu. com，地址：100083，北京市海淀区清华东路35号。

性，也不足以弥补损失，因此，增加政府对私有林的扶持是长期趋势”。[1]②主张将林业生态环境建设纳入公共财政支持范围内，国外学者们认为，林业是天生的弱质产业，特别是生态林的生产，具有公共产品的性质，公共产品的特征导致市场失灵，因此，必须由公共财政加以修正。例如爱沙尼亚农业大学 Kaimre 提出“林业中关系到社会共同利益的，需要政府出面解决，即主要是由各种基金通过政府预算的形式得以实现”；[2]③强调财政政策在生态建设中的引导作用，主张对林业进行补贴。例如，美国莱斯特·R·布朗在《生态经济》一书中提出：“财政政策是建设生态经济的理想政策手段，如果我们利用财政政策来鼓励对环境建设有意义的活动，阻止对环境有破坏性的活动，那就能把经济引向可持续发展的道路”；[3]④主张以林业财政投入带动其他资金投入等，国外对公益林投融资渠道目前主要还集中在国家财政投入和向生态效益受益者收取补偿费等形式，但近年来，一些国家还探索了一些其他的市场化和社会化渠道，认为林业发展不能单纯依赖财政资金，财政政策应该为其它资金进入林业领域起到示范和引导作用，如 Gerald 探讨了碳税的问题并分析了碳汇市场的发展趋势，认为政府应该向 CO_2 排放单位收取排放税。[4]

国内学者的研究观点包括：刘晓光对林业在公共财政体制中的定位进行了研究，构建了公共财政以及其它多种渠道对林业投入保障的基本框架；[5]刘国成、刘晓光分析了林业与公共财政的关系，构建了林业与公共财政收入、林业与公共财政支出的框架关系；[6]周生贤认为，我国应该创建生态体系建设的新机制并将其纳入到公共财政体系；[7]成邦分析了林业与公共财政收入关系的基本内容及林业与财政支出关系的基本内容。其中林业与公共财政支出关系的基本内容包括行政机构与事业机构支出、林业基础性支出及生态建设支出、林业科技文教卫生、支农生产及综合开发支出、转移支付支出以及财政专项资金等。[8]

本文从我国政府财政对林业资金投入的历程分析入手，阐述我国政府对林业投入的取得的成就和存在的问题，探讨政府对林业资源配置的新思路和完善政府林业投资的对策。因此，本文的研究对于调整和完善我国公共财政体制下的林业财政政策，建立长期稳定的国家支持和保护林业发展的资金保障体系，建设生态文明、发展现代林业、确保社会和谐目标的实现具有很强的现实意义。

一、我国政府林业投资方式和历程

(一)我国政府林业投资方式

随着经济体制改革的进行，我国的林业投入体制也随之发生变化，多元投资主体并存，投资渠道也向多方面扩展，目前我国林业投资以政府投资、社会公益性投资为主，市场引导的产业投资为辅。(见表1)。目前，国家支持林业的资金政策渠道主要有：

(1)预算内基本建设投资拨款。林业基本建设投资主要用于营林基本建设和森工基本建设。其中，营林基本建设投资主要用于防护林建设、森林保护工程建设、林业教育、科技建设以及林业基础设施建设等；森工基本建设主要投资于森工管理局和森工企业的非经营性项目建设。

(2)国债资金。国债投入始于 1998 年东南亚金融危机，主要用于林业重点工程建设资金的投入，前期资金量比较大，2009 年取消了国债投入。

(3)财政专项基金。包括工程类专项财政资金、事业类财政专项资金及其他类财政资金。其中工程类财政专项资金主要是针对天然林保护、退耕还林、京津风沙源治理三大林业重点工程设立的财政专项资金；事业类专项资金主要指为林业管理部门开展林业事业设立的财政专项资金，包括森林培育、林业技术推广等。

(4)农业综合开发资金。林业事务与农业、水利事业有着密切的联系，因此，在农业和水利财政政策中会涉及到林业事业，属于小数额补助资金，主要用于营造农田防护林、水土保持林、水源涵养林等促进林农增收的项目。

(5)信贷资金。指在国家财政给予财政贴息的政策引导下银行信贷资金在林业领域的使用。2001 年以前主要包括林业贴息贷款、治沙贴息贷款、山区综合开发贴息贷款及国家开发银行提供的林业基本建设项目贷款等，2001 年后，四项重要贷款合并为林业治沙贷款。

表1 不同时期国家林业投资资金来源构成表(单位:%)

Tab. 1 Breakdown of national investment in forestry in some periods(unit:%)

	“九五”期间	“十五”期间	“十一五”期间
预算内基本建设资金	10.60	2.29	8.34
国债资金	27.89	18.34	3.25
财政资金	39.95	66.71	69.5
农业综合开发发资金	1.14	0.39	0.31
信贷资金	20.42	12.27	18.60

数据来源：根据1991~2010《中国林业年鉴》及国家统计局数据库整理

(二)我国政府林业投资历程

建国以来，我国政府的林业投入政策是随着经济发展水平和经济体制而逐步演变的，随着林业定位的改变，政府不断加大对林业的投入力度并改变了对林业的支持方式，政府投入促进了林业发展方式的转变，也加快了林业发展的进程。整个投资历程经历了三个阶段：

1. 新中国成产初期到1978年：政府投资高度集中统一

由于森林工业的定位，决定了这一时期林业财政政策表现为“重取”的特点，林业财政投入高度集中、统一。主要采用无偿拨款方式进行林业基本建设投资，由各级财政按预算关系负担林业事业单位的经费，并在林业事业费中安排了造林补助费。

这一时期高度集中的统收统支政策的执行对林业建设发挥了一定的积极作用，为建立比较完整的森工企业、造林和营林体系了至关重要的作用；同时林业基本建设投资为林业发展提供了资金保障。

2. 1978年到1992年：政府投资逐渐加大

这一时期，我国开始大规模的经济体制改革，林业财政政策具有明显的转折性，随着中央对林业的高度重视，林业得到全面快速发展，林业财政政策内涵丰富。其中预算内投入政策包括基本建设投资政策、经费类政策、补助类政策、周转金类政策和贴息类政策。林业基本建设投资是政府扶持林业的主要渠道。

这一时期是有计划的商品经济时期，林业财政政策是改革性的，也是扶持性的。林业财政政策适应了林业改革与发展的要求，林业财政投入逐渐加大，重点林业生态建设工程启动并深入开展、林业事业体系建设逐步完善，同时推进了森工企业改革，林业财政投入政策对促进林业快速发展发挥了重要的作用。

3. 1992年以后至今：以林业重点工程投入为主

随着社会主义市场经济体制的逐步确立和生态问题的加剧，党和国家对林业的认识程度逐步提高，林业在国民经济的地位被摆在了前所未有的高度，各级政府对林业的重视程度也在不断地加强。这一时期的财政投入政策主要体现在强化财政对林业的扶持性方面，确立了建设林业生态体系和林业产业体系两大目标，1998年国家对林业工程进行了整合，开始实施林业六大重点工程建设，为此，林业财政投入政策也发生了一系列变化，林业进入前所未有的高速发展时期。其中在预算内投入政策中，首先改革了林业基本建设投资制度，把林业基本建设项目按性质划分为建设类项目和保护类项目两类，然后实行分别管理。同时，为支持林业重点工程建设，国家加大了对林业投入，将国债资金转入基本建设投资(其中有一少部分转为基建贷款)。同时也逐步加大了推动林业事业单位强化功能的资金投入，调整并出台了一些新的补助类政策和贴息类政策。

这一时期的财政政策主要体现在强化财政对林业的扶持性方面，这种扶持性体现在政府加大了对林业的投入，使得林业生态建设体系得到加强、林业基础设施得到一定程度的改善、森林资源保护能力空前加强、林业产业体系更趋完善、林业事业发展能力大大增强等方面。[9]

二、1998年以来政府对林业投资的新变化

1998年以来随着六大林业重点工程的整合重组，带来了林业资金的集中使用，林业建设开始进入以大工程带动大发展的新阶段。该阶段政府对林业投资发生了以下新的变化：

(一)财政投资总量加大

以大工程带动林业大发展，是我国新时期发展林业事业的的基本思路。我国林业六大工程的实施，对保护和发展森林资源、改善生态环境、实现林业可持续发展发挥决定性作用。1998年来，国家加大了对林业重点工程的投入，国家通过各种渠道投入林业的资金在“九五”至“十一五”期间均有大幅度增加。“十五”期间，中央累计投入林业的资金是“九五”期间的4.26倍，达1888.5亿元；“十一五”期间的投资规模又大大超过的“十五 期间的总规模。由此可见，随着公共财政体制的逐步建立，林业已

经逐渐成为公共财政的倾斜领域之一，国家财政资金极大的支持了林业事业的发展，国家对林业的大力投入极大地促进了林业的可持续发展(见表2)。

表2　不同时期我国政府林业财政投入总规模(含信贷资金)(单位：亿元)

Tab 2　National investment in forestry secter in some periods(including loan funds)(unit：100 million)

	"九五"期间	"十五期间"	"十一五"期间
预算内基本建设资金	46.94	43.15	479.21
国债资金	123.53	346.34	88.18
财政专项资金	176.96	1259.76	2500.76
农业综合开发资金	5.06	7.45	8.39
信贷资金	90.50	231.77	588.67
合计	442.99	1888.47	3265.21

数据来源：根据1996～2010《中国林业年鉴》及国家统计局数据库整理

(二)财政投资侧重生态公益建设

随着生态环境日益突出，林业定位逐渐清晰，林业生态建设得到高度重视，1998年国家启动了林业六大工程，林业投资结构也随之发生了根本性变化，生态建设投资比重大幅度增加。林业六大重点工程投资中几乎全部用于林业生态建设，速生丰产林工程建设建设国家财政几乎没有投入，仅仅在2009年投入了1500万元。预算内基本建设投资结构也发生了巨大变化，营林基本建设投资比重逐渐加大并超过森工基本建设投资，政府投资重点由森林工业转向营造林事业，中国政府林业投资彻底转向以生态建设为主的投资，而以木材生产为主的工业逐步转向市场化发展。

(三)财政投资采用工程方式

在中国，大工程带动林业大发展，能够较好体现国家治理与改善全国生态状况的意志。由于采用了大工程带动林业大发展的建设模式，政府的投资形式也主要采用工程方式。1998年以来，政府林业资金基本以4/5的比例投向了六大林业重点工程(见表3)。

表3　不同时期政府林业六大工程资金投入情况表(单位：亿元)

Tab. 3　National investment in Six Forestry Projects in some periods(unit：100 million yuan)

	"九五"期间	"十五期间"	"十一五"期间
天然林资源保护工程	182.83	363.30	517.87
退耕还林工程	34.33	930.07	1577.77
京津风沙源治理工程	3.55	94.63	80.98
野生动植物及自然保护区建设工程	2.10	14.22	22.50
三北及长江流域重点防护林工程	25.74	46.71	112.23
速生丰产林建设工程	0	0	0.15
合计	248.55	1448.93	2311.5

数据来源：根据1996～2010《中国林业年鉴》及国家统计局数据库整理

(四)财政投资倾斜西部地区

西部地区自然条件差，水土流失面积占全国80%、荒漠化土地面积占全国95%，生态环境脆弱，而且有进一步恶化的趋势，经济基础相对薄弱。生态环境建设需要相当大的投入。新世纪以来，半数以上的政府林业投资投向西部地区，使得西部地区的林业生态状况得到明显改善，呈现了前所未有的良好发展态势。据统计，2000年至2010年10年间，国家累计安排西部地区生态保护与建设中央投资2172.2亿元，占同期全国投资的57.1%

(五)国家林业投入资金来源结构方式变化

自"九五"以来，国家林业投入的资金构成也发生了重大变化，这种变化反映了公共财政政策的重大调整。在国家林业投入的资金构成中，国债资金的比例下降较大，并于2009年取消了国债投入；同时国家大幅度提高了财政资金的比重，这说明随着公共财政体制的逐步建立，政府对公共服务领域的投资正在逐步加大，国家对林业发展的重视程度越来越高(见表4)。

表4 不同时期国家林业投资资金来源构成表(单位:%)

Tab. 4 Breakdown of national investment in forestry in some periods(unit:%)

	"九五"期间	"十五"期间	"十一五"期间
预算内基本建设资金	10.60	2.29	8.35
国债资金	27.89	18.34	3.24
财政资金	39.95	66.71	69.55
农业综合开发发资金	1.14	0.39	0.31
信贷资金	20.42	12.27	18.55

数据来源:根据1991~2010《中国林业年鉴》及国家统计局数据库整理

三、当前我国政府林业投资存在的问题

近年来,随着公共财政体制的逐步建立,政府对林业生态建设的投资力度不断加大,取得了较好的投资预期,同时也发挥了乘数效应,带动社会资金涌向林业。尤其是经过"十一五"时期的不懈努力,我国林业已经站在新的历史起点上,呈现出良好的发展态势,具备了大发展、新跨越的坚实基础。[10]政府投资不仅改善了我国林业基础薄弱的状况,促进了林业的可持续发展、支撑了林业生态体系建设,也使得林业事业发展能力不断增强,生态文化体系建设全面展开,政府投资改变了林业生产方式,有利支持了林业产业的发展。但是政府对林业的投入尚存在很多问题,这些问题如果不能从根本得以解决,将会进一步制约我国林业的可持续发展。

(一)林业投资力度不足

随着林业六大工程的启动,国家大幅度增加了对林业的投入来改善生态环境,但与实际需要相比,其倾斜程度依然不够,与林业客观需要相比,林业实际投资仍然存在较大差距,远不能完全满足林业生态建设的客观需要。林业财政投入不足主要体现在以下方面:

1. 林业重点工程实际投入与规划任务相差甚远

尽管政府对林业重点工程非常重视,也投入了大量资金,但实际投入与规划任务相差较远。如以三北防护林工程为例,一期工程规划需要国家投资9.8亿元,国家实际投入3亿元,为规划投资的30%;二期工程基本到位,三期工程规划投资78.57亿元,实际投入50.44亿元,占规划投资的64.2%;四期建设后,实际投资水平只占需要量的35%左右,投资不足严重影响了工程进度和质量,全国野生动植物保护及自然保护区建设工程投资甚至达不到规划的10%。2010年12月29日,国务院审议通过了天然林保护工程二期实施方案,仅此一项今后10年的中央投资就高达2195.2亿元,为一期投入的2.4倍。目前国家投入的资金数量显然赶不上林业建设扩张的需求。

2. 森林保护及林业基础设施建设缺乏稳定的资金来源

从中央财政对林业事业费的投资情况来看,由于资金有限,财政资金多数用于森林防火及病虫害防治、植树造林等领域,对森林防护体系建设、中幼林抚育、野生动植物资源保护等方面的投资很少,国有林场、木材检查站、林业工作站等基层机构也缺乏稳定的资金来源。由于森林防护方面的投入不足,每年都会发生大面积的森林病虫害,防治森林火灾的能力差,全国每年平均发生火灾1.5万次,造成巨大的经济损失,林业投入不足削弱了林业抗灾的能力。

3. 林业科技教育投入不足

改革开放以来,我国政府对林业科技的投资数量不断增加,但从总量看仍然不足,我国政府对林业科技的投入水平远远低于林业发达国家,这方面的实际投入不及需要量的20%。最终导致林业研究开发及应用水平低、林业整体科技含量不高、林业科技创新能力差,这些问题的出现最终造成林业科技发展水平严重滞后,林业科技创新产出效率低下。

4. 林业财政投入增长幅度较小

尽管国家对林业投入的绝对量在逐年增长,但国家财政林业扶持资金总量占国家财政收入的比重没有随财政收入和GDP的增长而保持同步增长,国家对林业投入的年均增长低于国家财政收入年均增加幅度,也低于GDP平均增幅水平。这就造成国家对林业投入与国民经济总量和政府财力变化不协调、不利于林业的稳定和持续发展。

(二)中央与地方政府在林业投资领域存在不协调问题

在政府林业投资结构中,中央政府在林业投资中所占比重大,而地方政府过分依赖中央政府,所占比重明显偏低。近年来,国家预算内资金一直是林业基本建设资金的主要来源,都在50%以上。特别是对国家重点生态工程的投资比重则更大,其中天保工程投资中除了少量地方配套资金外,几乎全

部是中央投资，而退耕还林则百分之百由中央政府出资。这种对中央政府的高度依赖，表明我国现有的财政体制存在缺陷，在林业建设没有完全纳入公共财政体系下，完全依靠中央财政对林业的投入，显然无法满足生态林业建设的巨大需要，这也是造成林业投资长期不足、资金供需矛盾非常突出的重要原因，单单依靠中央财政的林业资金投入远远不能满足林业生产的需要(如图1)。

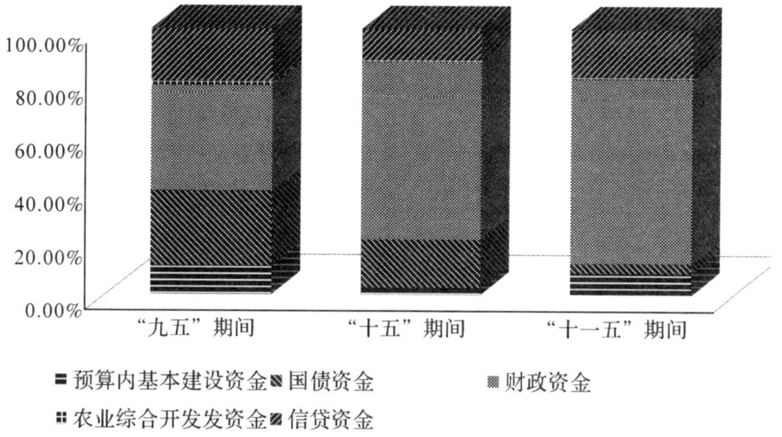

图1　不同时期政府林业投入结构图

Fig. 1　Structure of forest investment during different periods

(三)投资结构畸形，制约林业可持续发展

我国林业投资结构主要存在两个问题，一方面，林业发展以生态建设为主要目的，营造林的投入有了空前的增长，森林资源总量增长迅速，但是对于森林资源防护体系建设相对滞后，对于中幼林抚育、森林资源管护、病虫害防治等领域投资由于受资金总量的限制得不到足够的重视，造成森林病虫害和森林火灾频繁发生，森林安全受到威胁；客观上形成了建设与巩固、造林与保护不相协调，从而影响了资金的使用效率和林业建设成效的巩固。另一方面，在以生态建设为主的政策背景下，由于生态建设工程需要大量的资金投入，而在财政资金总量有限的情况下，由于资金来源渠道单一，政府没有太多的资来扶持林业产业建设，也就是政府林业投资忽视了对林业经济效益提高方面的投入，造成政府对林业产业体系的投入不足。

(四)林业投资主体单一，渠道狭窄

由于我国尚未建立森林生态效益市场，因此，目前还无法通过市场解决林业生产成本的弥补及资金的循环运作。林业金融体系还未建立，缺乏多元化的融资渠道，信贷资金供给不足、林业金融创新乏力，我国林业发展面临投融资渠道有限、信贷资金供给不足等问题，使得林业的发展缺乏长期稳定的资金投入保障。长期以来，林业投资的主体是国家、各级地方政府和国有林业企业，这种模式很难满足生态林业发展的巨大资金需求，也严重制约了林业产业的发展，特别是在国家财政能力有限、林业投入不足的情况下，会使林业可持续发展陷入严重的资金困境。

(五)政府投资对林业的扶持存在不公平的现象

随着集体林权制度改革的深入，政府对私有林权的保护力度逐步加强，私有林在我国得到快速发展，已经成为我国生态环境建设的重要力量。但是，目前政府对私有产权的保护措施也只是为私有林产品参与市场竞争提供了可能性。实际上，目前政府出台的大部分优惠扶持政策只是针对国有林区和林场等国有林业经营者，政府投资没有覆盖到集体、个体林业经营者，私有林在贷款、融资以及税费等方面依然没有享受到与国有林同等的待遇，其经济发展中的弱势地位依然没有得到实质性的改变，这不符合社会公平原则。

总之，林业投入不足已经严重阻碍了我国林业综合生产能力的进一步提高，导致生态环境恶化，出现了水土流失、土地沙漠化现象严重的问题；林业投入不足也使得林业建设缺乏资金保障，影响到林业生态建设这项长期性战略工程实施的稳定性；投资渠道不稳定使得林业建设缺乏保障；中长期投入机制的不完善，将会影响资源要素的合理组合，进而影响林业生态建设的的长期性和稳定性。随着林业事业的进一步发展，林业生态建设的资金需求也会随之增加，建设任务与可供资金的矛盾将会进一步加剧。

四、改进和加强政府林业投资的对策

为了尽快解决林业发展面临的诸多问题，实现林业可持续发展的目标，考虑到财政资金的有限性和林业发展对资金投入需求较大的矛盾，在单一的公共财政机制远远不能满足要求的情况下，必须针对前面分析的政府林业投入存在的问题，改进和加强政府林业投资。

(一)加大公共财政对林业的投资力度

公共财政的基本职能是满足社会公共需要，增加公共领域投入，优先保障和改善民生，重点加强生态建设方面的支出是公共财政的必然选择。资金是解决生态环境恶化、林产品供给不足的推动力和根本保证，为此，随着公共财政体制的逐步建立，政府应该加大对林业的投资力度。[11]

1. 增加财政对林业投资的相对比重

前面分析了我国政府林业投入存在的问题，其中投入不足是最主要的问题，已经影响到了林业的可持续发展。因此要增加国家的财政投入，否则很难满足林业对资金的整体需求，而从发达国家看，林业得到公共财政的支持 是所理当然的。加拿大联邦政府对环保和林业的支持比例大概为 3.4：1.0。德国联邦对林业的投入占政府财政预算管理总额的1%。因此，借鉴这些国家的经验，结合我国林业的实际需求和财政供给的可能性，增加财政对林业投资的相对比重，林业支出占财政支出的比重应在1% –3%之间。因此，在保证财政对林业生态建设资金供给的同时，应不断加大投入力度，建立长效的投资机制。

2. 扩大公共财政的支出面

为了更好地发挥林业的多种功能，林业将承担越来越多的责任与任务，为此，公共财政对林业支持的范围应该逐步扩大。

首先要保证生态建设。保护生态环境是林业可持续发展的直接目标。林业是生态建设的主体，对维护生态安全、促进经济与生态的协调发展发挥纽带和中枢的作用，因此，必需发挥公共财政的职能作用，在政策和资金方面支持作为社会公共事业的林业可持续发展，为林业发展和生态建设提供保障。在林业生态建设方面，资金来源主要依靠中央和地方各级政府，要逐步建立起政府对公益林的补偿机制。

其次要大力扶持林业产业发展。在林业产业领域，为了增加农民收入，保障和改善民生，扩大国内需求，必须依托林业资源优势，大力发展林业富民产业，着力提升林业传统产业，积极培育林业战略性新兴产业。为此国家要完善公共财政扶持体系，进行必要的造林补贴，同时还要制定稳定的信贷政策，提高中央财政贴息比例。

第三在林业生态文化建设领域，要加强生态文化建设，提升生态文明水平，为此需要建立国家支持，全社会公共参与的发展机制，加强生态文化建设，提升生态文明水平。

3. 切实加大对重点生态工程的投入

根据“十二五”规划，林业发展要以重点生态工程为依托，以防范和减轻风沙、山洪、泥石流等灾害为重点，加快构建十大生态屏障。这十大生态屏障，建设范围覆盖了全国主要的生态重点地区和生态脆弱地区，建设内容包括森林、湿地、荒漠、城市等主要生态系统，构成了国家生态安全体系的基本框架，是全国生态建设的主要抓手和战略重点。着力建设好这十大生态屏障，就能有效维护国家生态安全，为经济社会可持续发展奠定坚实的生态基础。[12]

因此，国家应进一步扩大林业投资规模，提高国家重点生态工程的投入标准，并作为扩大内需、培育新的经济增长点的重要措施，作为保障和改善民生的有效途径，进一步发挥林业在促进就业增收、拉动内需方面的重要作用。

4. 加大林区基础设施建设投入

一方面，为改善林业生产和生活的外部环境，要加大对林区基础设施建设的投入力度，包括林区电网、通讯、道路等；同时为改善林区落后的状况，应该将林区的教育、卫生、社会保障等关系民生的事项纳入公共财政体系，通过财政支出予以安排。

5. 加大林业科技投入力度

加大林业科技的投入是实现林业科技创新的重要条件，也是实现我国林业可持续发展的关键。为此，一是需要持续、稳定地增加财政对林业的科研投入，建立以公益性科研机构和高等院校为主体的基础研究和应用研究基地，支持林业科学研究；二是要支持林业创新成果的转化，在优良品种培育、困难立地造林、生物资源开放等领域给予大力支持；三是鼓励改善林业装备水平，落实林业机具补贴政策；四是要实现林业科研投入主体的多元化，各级政府部门还应尽快制定出台吸引民间资本参与林业科技创新的优惠政策，拓展科技经费渠道，以动员和鼓励全社会踊跃参与林业科技创新活动的积极性，提高林业科技的贡献率。

(二)建立林业差别扶持制度

目前，我国已经初步建立了公共财政体制，财政工作的重点就是构建公共财政支出体制。制定出一套科学的指标体系，对林业财政投入进行差别制度设计，可以提高林业财政资金的使用效益。由于不同的林业工程和项目其基础条件差别很大，设计财政投入差别制度的基本原理就是依据工程和项目的不同条件和贡献在财政补贴和扶持上区别对待，力求公正和公平。林业财政投入差别制度主要是针对目前我国林业财政领域存在的问题而设计的。通过制度的设计，希望能够解决目前林业财政投入领域的盲目和不公平问题，使得林业财政投入更加科学合理，提高林业投入绩效，进而调动社会各界林业投入的积极性。

1. *林业差别补贴制度设计*

林业补贴的目的在于发展林业产品，林业补贴划分为造林成本补贴、抚育补贴、林木良种补贴等。我国目前存在森林资源短缺和林分质量不高的问题，财政补贴能够发挥经济杠杆的作用，调动社会各界培育和保护森林的积极性。可见林业补贴制度的设计对我国林业发展至关重要，也是我国目前林业可持续发展研究的重点。我国必须建立一套完善的林业补贴管理体制，既要制定符合国情林情的造林补贴方式、补贴标准，又要建立完善的造林补贴体系，这样才能使林业补贴政策真正成为推动我国造林绿化事业的催化剂。根据林业项目的效益评价结论，可以进行财政滑动补贴模型与制度设计。

鉴于林业工程和项目效益的动态性，财政补贴也必须具备动态性，所以拟设计财政滑动补贴模型。林业财政补贴主要是对林业项目的生态和社会效益进行补偿，该模型主要是基于林业项目的生态和社会效益具有动态性，借鉴国际贸易理论中滑动关税原理而设计的。滑动关税亦称“滑准关税”或“伸缩关税”，滑动关税是根据进出口商品价格或数量的变动而升降税率的一种关税，目的是使关税对国内产业的保护程度不随进出口价格和数量的变化而变化。财政滑动补贴模型与制度的设计正是借鉴这个原理，使得补贴数额依据林业项目生态与社会效益指数(I_{ES})的变动而变动，以使补贴更加公平合理。

具体模型和制度设计要求将补贴划分成两部分，次补和年补相结合，次补是对林业工程和项目的一次性补贴，称为初始补贴，该补贴是建立在初始预测的基础之上，各级政府应该根据辖区内需要补贴的林业项目情况，考虑可以补贴的资金量，在预测各项目在生态和社会方面的目前和未来贡献度的基础上给予的一次性补贴。而年补是在移动预测的基础上，根据林业工程或项目每年生态与社会效益指数 I_{ES}的测算结果大小，给予各个项目的每年都进行调整的补贴，由于其调整随林业工程或项目每年生态与社会效益指数 I_{ES}的变动而变动，所以称之为滑动补贴。具体模型如下：

$$\text{总补贴} = \text{初始补贴} + \text{滑动补贴} = \alpha_0 + \sum_{i=1}^{N} \alpha_i I_{PES_i}$$

α_0——初始补贴金额(各级政府根据所辖区内情况进行确定)；

I_{PESi}——预测未来第 i 年生态和社会效益指数；

α_i——第 i 年每单位系数的补贴金额(αi 可变可不变)；

滑动补贴主要依据生态和社会效益指数的变化进行变化，形象的描述如图 2 所示，反映的是第 i 年的滑动补贴状况。

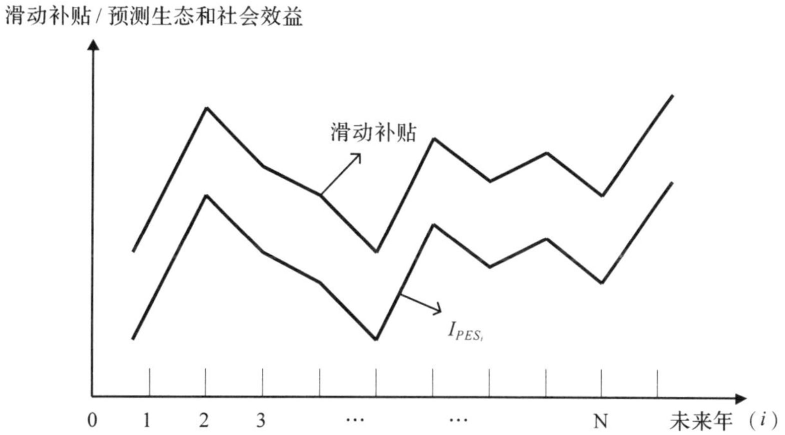

图 2　滑动补贴和生态和社会效益指数的关系示意图

Fig. 2　Sketch of relationship between sliding subsidy and the indexes of ecological and social benefits

2. 林业差别信贷和贴息制度设计

财政政策手段很多，除了直接的财政补贴之外，利用税收、信贷和财政贴息等手段也可以达到达到财政扶持的目的。采用这些手段进行补贴时，同样可以参照生态和社会效益综合评价指数 I_{ES} 和生态效益综合评价指数 I_E 的大小决定扶持的力度。

(1)林业信贷支持政策。目前我国的林业信贷支持体系包括：财政性融资、政策性融资和商业性融资，它们面向林业和林业企业，通过提供信贷金融以及各种金融服务方式实现对林业发展的支持效应。随着林业产业化水平的不断提高，建立和健全林业金融支持体系及高效率的金融制度，日益成为我国林业产业化发展的关键所在。

(2)林业财政贴息政策。对纳入市场竞争领域的林业产业，中央和地方运用财政贴息政策，吸引银行信贷资金促进林业产业发展，是目前林业财政政策的重要内容。我国的林业财政贴息政策，在我国的林业发展和环境保护的过程中发挥了重大作用，产生了巨大的经济效益、生态效益和社会效益，林业财政贴息既能够实现对林种结构的调整，又能调整产业结构，维护地区稳定，还能够促进局部生态环境的改善和经济发展。

政府在实施上述林业信贷与贴息政策时，必须综合考虑林业项目的经济效益、生态效益和社会效益，同时林业、财政和金融等部门应密切配合，共同协商，以更好地指导资金在林业项目上的使用。对于林业贷款项目，既要考虑其市场化运作，又要考虑其公益性，只有这样才能充分发挥林业财政贴息政策的作用，以促进林业的可持续发展。

在制定林业信贷和财政贴息政策时，同样可以参照生态和社会效益综合评价指数(I_{ES})和生态效益综合评价指数(I_E)的大小决定扶持的力度。具体模型和财政补贴模型大同小异，不再详细分析。

(三)协调中央与地方的林业投资关系

为从根本上解决中央与地方政府在林业投资领域的不协调问题，首先要加大地方财政对林业的投资力度，其次是要建立一套规范的财政转移支付制度，在中央对地方转移支付过程中，要做到公平与公正，保障中央对地方的转移支付资金中，能够有足够的份额投入林业，同时将区域性的生态建设投资应纳入地方预算。

(四)调整林业投资结构

鉴于我国财政状况与林业发展的实际需求，投资总量不足仍将是制约林业可持续发展的主要因素。为此，应该提高林业投资效果，加强林业资金管理，必须调整林业投资结构。

(1)林业重点工程与一般工程的调整。林业投资在侧重重点工程的同时，也不能忽视林业生态安全基础保障体系的建设。在森林总量增长的基础上，要建立完备的林业生态及管理体系。由于投资结构不合理，对于森林病虫害防治、森林防火为主要内容的森林保护与防御体系的投资严重不足，与林业重点工程投资相差很远，造成各种森林病虫害和森林火灾频繁发生，森林安全受到一定威胁。因此，在林业生态体系的逐步完善的基础上，林业投资的重点之一将会转向森林资源保护体系建设。

(2)林业生态与产业投资的调整。由于林业生态建设具有公益性，对于林业生态领域的投资，应该主要由国家和地方财政承担，社会其他资本起到辅助作用。由于现在地方财政投资较少，今后必须建立国家和地方两级财政投入机制。

林业产业投融资渠道将主要依靠信贷资金以及外资等方面。但在调整林业产业结构，促进林业可持续发展方面，政府却负有不可推卸的责任。为此，政府在财政投入中，也要加大对林业产业的扶持力度。

(五)协调相关部门，加快落实信贷扶持林业的政策

林业金融支持和服务是实施林业可持续发展战略的非常重要的措施，对林业可持续发展至关重要。国家信贷优惠政策主要是针对一些经济效益不明显的行业的发展需要而进行的支持。目前我国林业信贷政策主要包括政策性贷款、商业性贷款和世界银行贷款三种类型。近年来，我国对林业信贷的支持力度不断增大，信贷资金整体投入稳步增长，但整体来看，从林业建设资金来源结构看，利用银行贷款的比重小，林业政策性贷款与目前林业的实际发展需要相比，还有很大差距。因此，需要调整信贷政策，进一步突出林业的特殊性，从而促进林业的可持续发展。为此，要建立中长期低息商品林贷款体系、加大林业治沙政策性贷款的投入力度，同时还要稳定林业信贷资金的财政贴息扶持政策。

(六)完善集体林权改革配套措施，实现社会公平

林权制度的改革，使林地使用权、林木所有权和经营权得到明晰，也激发了农民群众从事林业经

营的热情，调动了社会力量对林业的投入，这些力量将是公共财政扶持的对象。基于集体林权制度改革带来的新变化，我国政府应该加大对私有林的扶持力度，建议从以下几方面考虑：

(1)健全造林补贴制度，加大造林补贴力度。随着集体林权制度改革的进一步深入，为鼓励私有林的发展，我国应该在2010年造林补贴试点的基础上，进一步完善造林补贴政策措施，在充分尊重林农意愿的基础上，对按要求完成造林任务的造林主体，兑现中央财政造林补贴资金。在实施补贴的过程中，一要坚持实行普惠制，补贴对象不分个人、集体或是国有单位，只要造林验收合格，就应给予补贴；二是补贴标准要具有动态性，要综合考虑造林成本、造林带来的效益等因素，实行有差别的补贴。另外，对火烧迹地造林、采伐迹地造林、幼龄林抚育、低产林改造也要给予必要的补助。

(2)实行贷款优惠的金融扶持政策。为鼓励私有林的发展，许多国家政府对私有林的经营活动都实行金融扶持政策，在贷款方面给予不同形式和不同程度的优惠。我国为扶持私有林的发展，在贷款政策上要与公有制投资主体一视同仁，应逐步完善林权抵押贷款制度，支持金融机构办理以林木、林地等森林资源为抵押的贷款，并对贷款给予贴息，为私有林发展拓宽资金渠道。

综述所述，从目前来看，林业巨大的生态和社会效益决定了林业投资建设主体在相当长一段时间内仍是以政府为主，投资主体多元化的目标并不能否认政府的主要职责，其它资金来源方式短期内不能代替政府投资，它们只能是一些辅助性的融资方式。所以我国公共财政体制下林业可持续发展的政策取向就是建立以公共财政为主的长效投入机制，并针对我国目前政府林业投入存在的问题，加强和改进政府林业投资，加大公共财政对林业的投资力度、调节林业投资结构；同时拓展市场化融资渠道，扩大林业投入资金来源以补充和辅助财政投资；并不断完善集体林权改革配套措施及完善生态效益补偿机制，这样才能为林业的可持续发展提供可靠的物质保障。

参考文献：

[1]Sinko M, Ottich A. Transitional financing of forest-the case of Slowenia, Financial Instrumentsof forest . Proceedings of an International Conferrence, Rovaniemi, Finland, 2001

[2] Kaimre P, Riera P. Allocation of public funds in Estoni forestry. Financial instrement of an International Conferrence, Rovaniemi, Finland, 2001.

[3]莱斯特·布朗. 生态经济——有利于地球的经济构想[M]北京：东方出版社，2002.

[4]Leigh R, Gerald S. Market-based approaches to Co2 Emissions Reductions, Choices 2008

[5]刘晓光. 公共财政体制下的林业投入保障研究[C]. 哈尔滨：东北林业大学论文，2003.

[6]刘晓光，刘国成，施捷. 论林业与公共财政的关系及基本框架的构建[J]. 林业科技，2005(6).

[7]周生贤. 充满希望的十年——新时期中国林业跨越式发展规划[M]. 北京：中国林业出版社，2002：1－50.

[8]成邦. 浅谈林业与公共财政的关系[J]. 内蒙古林业，2009(12)：20.

[9]苏宗海. 改革开放以来林业财政政策与评述[J]. 林业经济，2009(6)：13－20.

[10]国家林业局. 中国林业发展报告[M]. 北京：中国林业出版社，2000－2009.

[11]刘克勇. 中国林业财政政策研究[C]. 哈尔滨：东北林业大学博士学位论文，2005.

[12]贾治邦. 抓住战略机遇　转变发展方式全面开创现代林业科学发展新局面. 中国网，2011－1－25.

中国西部林业生态建设政策的归类研究

——基于590条政策内容的质性分析

宋洪峰　曹　楠　陈建成
（北京林业大学经济管理学院，北京，100083）

摘要：基于对590条中国西部林业生态建设政策的内容分析，遵循政策搜集、政策编码、关键词提取以及政策归类分析的研究过程，构建我国西部林业生态建设政策归类的框架体系。西部林业生态建设政策呈现清晰的三层结构，包括西部大开发的基本国策、林业生态环境建设的总体设计以及支撑战略实现的具体政策措施，主要涵盖退耕还林、天然林保护、野生动植物保护、重点地区防护林建设、风沙治理和自然保护区建设等六大生态工程，涉及计划、投资、补偿、管理、税费、科技以及与保护和扶贫等七类政策内容。

关键词：中国西部；林业；生态建设；政策归类

The classified analysis of the policy of forestry ecological construction in western China

——A qualitative research based on the contents of 590 policies

SongHongfeng, Cao Nan, Chen Jiancheng
(College of Economic Management, Beijing Forestry University, Beijing, 100083)

Abstract: As the country attaches great importance to the western forestry ecological construction gradually, a large number of relevant policies introduced gradually. How to classify and analyze the existing western policy of the forestry ecological construction reasonably and correctly has become the important point of the academia. This article classifies and analyzes on the basis of the 590 policies collected by the research group through the way of coding and extracting the keywords. It comes out the framework and classification path of the policies of our country's western forestry ecological construction . And the specific way of classification of our country's western forestry ecological construction can be divided into three types: classification according to the six engineering, classification according to the issued subject, and according to the content of the policy.

Keywords: western China; forestry ecological construction; the classified analysis of policy; coding

西部地区是我国重要的生态屏障，特指陕西、甘肃、宁夏、青海、新疆、四川、重庆、云南、贵州、西藏、广西、内蒙古等12个省、自治区和直辖市。西部地区疆域辽阔，人口稀少，自然资源特别丰富，但是同时西部地区的生态环境恶劣更是不容忽视的难题，在近些年有更加恶化的趋势[1]。这些生态环境问题严重制约着我国全体居民的生存和经济的发展。

随着《中华人民共和国森林法》《中华人民共和国野生动物保护法》《关于保护森林、发展林业若干问题的决定》和一系列林业法规的颁布和实施，标志着我国林业政策开始向着“林业经济效益与生态效益并重”的政策理念演变。随着2001年西部大开发政策的正式实施，我国政府更加重视西部地区的生态环境建设和林业发展，大量林业生态、西部开发政策相继出台。其中多项政策多年来在国家的大力支持和全体人民的共同治理过程中取得了一定效果，有效地改善和促进了西部生态环境和经济发展。但也存在许多与人民生存和社会经济发展不相适应的政策，在一定程度上制约和妨碍了西部地区生态和林业的发展。基于这一认识，对已出台的大量的西部林业生态政策进行合理的梳理、分类和归纳，

基金项目：国家社科基金重大项目：我国西部林业生态建设政策评价与体系完善研究（编号：11&ZD042）

第一作者：宋洪峰，博士，北京林业大学经济管理学院人力资源管理系讲师，研究方向为劳动经济学、人力资源管理，Email：shf7866@bjfu.edu.cn。

进而得出目前我国的西部林业生态建设政策的框架体系、分类路径以及具体分类方式等，对于我国西部的林业生态建设来说是十分必要的。

一、研究综述

(一)林业生态政策界定

学界目前对于林业生态建设的概念没有统一的界定，李育才认为林业生态环境建设是指从国土整治的全局和国家可持续发展的需要出发，维护和再造良性生态环境以及维护生物多样性和具代表性的自然景观为目的，一个地域或跨越一个地域范围内，建设有重大意义的防护林体系、自然保护区野生动植物保护等项目[2]。任恒祺等认为林业生态建设就是采取各种措施，减少或消除生态环境中不利于人类生存和发展的因素，其中重要措施包括植被恢复与保护、土地退化整治、自然灾害防治等[3]。姚昌恬认为林业生态建设是以森林及其相关的动植物、微生物等所组成的森林生态系统为建设对象，并以森林的外部功能促进整个陆地生态系统的良性循环和动态平衡，包括恢复原有的森林植被、森林生态系统及重建新的森林环境，以实现改善森林生态系统的功能，大幅度提高森林生态系统的生产力和稳定性，使森林生态系统进入正向的良性循环[4]。

结合林业政策与生态政策的相关概念，本研究将西部林业生态建设政策界定为一系列涉及到林业生态建设内容的法律法规、行政法规、部门规章、法规性文件、政策文件、规范性文件、发展规划、公约条约、司法解释、名录、部委规章、地方规章等的总和。

(二)林业生态政策归类

按照不同的标准和依据，林业生态政策可以归为若干种类。多类别的政策划分，在政策研究上各有其意义，便于从不同的角度来研究林业生态问题。政策分类的不同标准和依据，往往与学术上的不同观点有一定联系。目前除了常见的按照林业重点工程分类以外，学界也提出了多样化的归类标准。李兰英等将林业政策按制定层次和效力范围可分为国家政策和地方政策。国家政策是地方政策的出发点和制定依据，地方政策往往根据国家政策和地方的实际需要来制定[5]。冯洁按业务性质将林业政策分为森林永续经营政策、森林权属政策、造林政策、森林保护政策、木材利用政策、木材及其他林产品供需政策、林业劳动政策、林业产业政策、林业科学研究及林业教育政策等；按经营过程可分为造林政策、森林管护政策、森林采伐政策、木材及其他林产品的价格和流通政策、林业财政及税收政策等[6]。樊宝敏将林业政策按照内容不同分为林业教育与科技政策、林业经济政策、林业法律法规[7]。张力指出根据政策的层次，可以把林业政策分为目标性政策、决策性政策和业务性政策；根据所调整的社会关系的重要性程度及地位划分，可以把林业政策划分为林业总政策、林业基本政策和林业具体政策[8]。王建南认为按照政策所调整的林业社会关系所处的领域及需求，可以把林业政策分为产权政策、采伐限额政策、税费政策、财政补贴政策、信贷扶持政策、科技政策等[9]。张雪梅[10]在林业生态环境建设政策支持系统研究中把国家在西部林业生态环境建设的政策分为法律法规、财政、税收、信贷、产权、就业和扶贫等。综上所述，我国目前的西部林业生态环境政策体系总体可以划分为：西部大开发政策、林业生态环境建设政策、西部林业生态环境建设具体政策措施三部分（任恒祺，2006）。

二、政策搜集与编码

(一)政策搜集

在林业政策的制定过程中，国家需根据本国的自然经济条件、森林资源状况、国民经济发展状况而制定政策，同时与其他政策，如土地政策、水利政策、农业政策、矿业政策以及科研教育、轻工等政策相辅相成[11]。因此在本次研究中对西部林业生态政策的范围界定，除了参考国家林业局的政策范围界定方法以外，还参考了国家发展和改革委员会、工业和信息化部、农业部、铁道部、水利部、文化部、中国人民银行、海关、工商行政管理总局等相关部门对于政策的界定方法。本研究共搜集到涉及西部林业生态的相关政策590条，其中在中央层面出台的相关政策有223条，共涉及中央层面二十多个个部门机关；地方层面西部地区十二省出台的政策有367条，分布情况如下图所示。

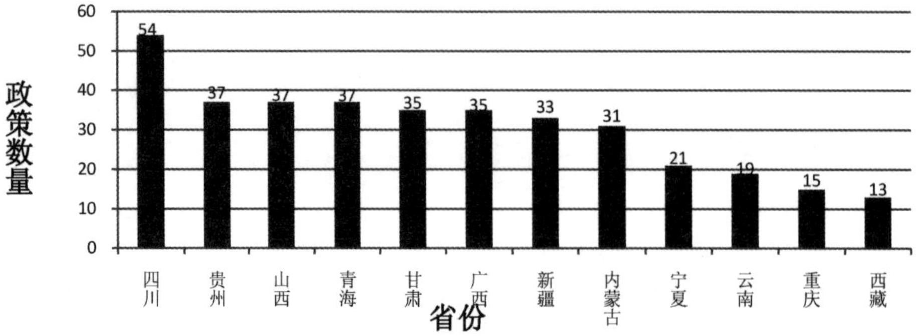

图1　西部地区各省颁布政策数量

Fig. 1　the number of policy issued by the western provinces

就政策颁布主体及时间序列而言，早在1963年国务院就颁布了《国务院关于黄河中游地区水土保持工作的决定》，但自此后至20世纪80年代初，无论中央还是地方层面的政策颁布基本趋于空白。自1981～2010年的三十年间，林业生态建设相关的政策大量出台，在中央和地方两个层面均呈现明显的快速上升势头。

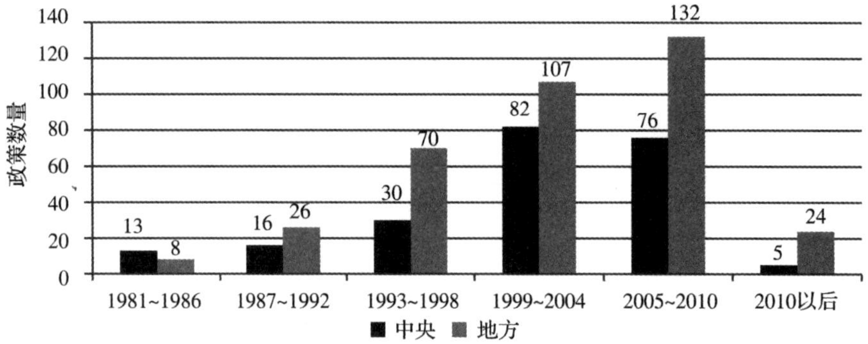

图2　各年份中央、地方颁布政策的数量

Fig. 2　the number of policy of different years

(二)政策编码

1. 编码工具

本研究借助质性分析软件NVivo对大量的政策文本进行文本编码、提取关键词，在此基础上实现对具体政策的归类和梳理。NVivo是一款功能强大的质性分析软件，结合了有效管理非数字、无结构资料，实现搜查、索引与理论化的质性分析功能，能够有效分析多种不同类型的质性数据。借助此软件可以使定性资料的分析过程，如分类、排序、整理等繁杂的工作更为高效，且可追朔。

2. 编码过程

本研究利用Nvivo软件对政策内容进行编码，采用关键字提取的方式对所搜集到的590条与西部林业生态建设相关的政策进行分析和梳理。整个分析过程为在获得一级关键字的前提下，以一级关键字作为编码进而分析依次得到二级关键字、三级关键字、以及四级关键字的过程。

3. 编码结果

通过利用NVivo软件对590条政策的编码，课题组提取到了在本次政策搜集的基础上关于西部林业生态建设政策的四级关键字。具体如下：

一级关键字：生态工程、政策类型、政策功能、制定部门。

二级关键字：野生动植物保护工程、天然林保护工程、重点地区防护林建设、退耕还林工程、风沙治理工程、自然保护区工程、条例、意见、批复、决定、(紧急)通知、规定、规则、提纲、实施细则、公告、协定、制度、文件、标准、安排、公约、命令、司法解释(术语说明)、办法、法律、决议、条款、修正案、管理、税费、补偿、投资、计划、科技、保护、扶贫、评价评估、全国人大法律、国务院行政法规、部委行业规章、地方人大法规、司法解释、国际条约与惯例。

三级关键字：濒危野生动植物进出口、养殖业、捕捞业、自然保护区、禁猎区、路滑、草原（草山）、森林、天然林（区）、义务植树、公益林、林木所有权、林场、科学技术（科技成果）、生态环境、防洪防汛、防沙治沙、环境保护、噪声污染、出境动植物检疫、水污染、乡镇企业、动物、植物、森林防火、三北工程、森林管理、沙化土地、森林覆盖率、生态环境、全球气候变化、森林碳汇、防沙治沙、水土保持、林草植被、天然荒植被、防护林体系建设、重点区域治理、湿地保护、生态补偿机制等100个关键字。

四级关键字：城市园林绿化、城市绿化、南北两山绿化、动物防疫、野生动物（保护）、有害生物防治、植物检疫、植物保护、植物新品种、木材运输、人工造林、飞机播种造林、封山育林、低产与低效林改造、封山育林、统计报告、发证、举报、培训、成果巩固、案件查处、政策执行、工程建设。

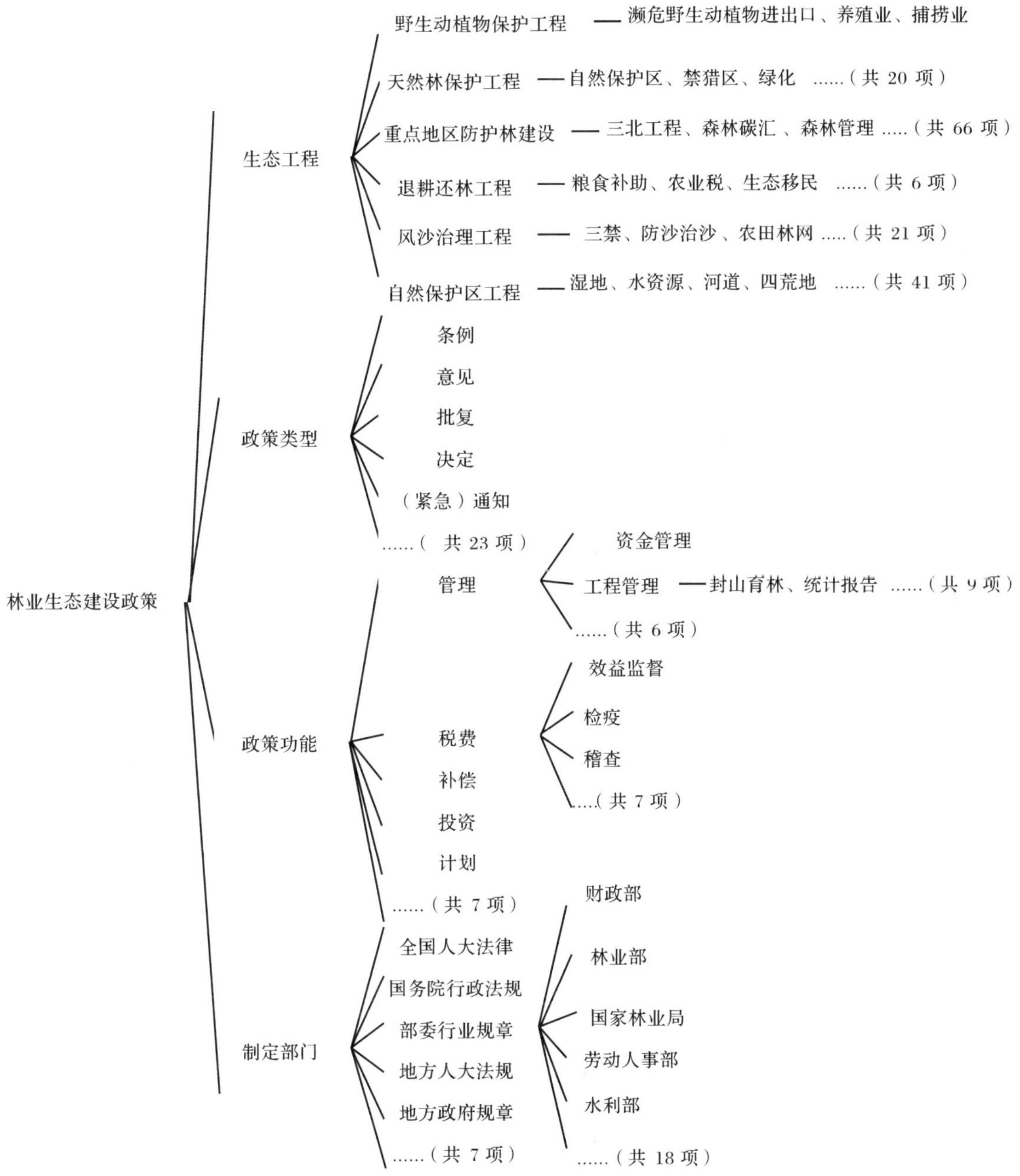

图3　政策关键字的逻辑关系图

Fig. 3　the logical relationship of the keywords

在完成对西部林业生态政策的关键字提取和初始编码后，为保证编码的精确性，课题组对前文所提取的四级关键词之间的逻辑关系进行了进一步的分析和梳理。首先将不符合学术逻辑和与本次收集的政策无关的关键词剔除或升级、降级。如二级关键词“重点地区防护林建设”所对应的三级关键词中，“得到基本遏制”、“得到有效控制”是描述政策实施效果的词汇，并不属于直接描述政策特征和内容的关键词，所以剔除等。进一步再对各级关键词间是否符合分类逻辑关系进行检验，构建四级关键字之间的逻辑结构如图3表示。

三、政策归类

遵循政策搜集、政策编码、关键词提取以及政策归类分析的研究过程，得到我国西部林业生态建设政策归类的框架体系。就西部林业生态建设的政策层次而言，清晰呈现西部大开发的方针政策、林业生态环境建设的总体政策以及支撑总体政策实现的具体政策措施的三层结构。就具体政策内容而言，聚焦重点生态工程主要涵盖退耕还林、天然林保护、野生动植物保护、重点地区防护林建设、风沙治理和自然保护区建设等六大工程；聚焦关键内容领域则主要涉及计划、投资、补偿、管理、税费、科技以及与保护和扶贫相关的政策内容。

(一)西部大开发政策

西部大开发是我国的一项重要国策，目的在于“把东部沿海地区的剩余经济发展能力，用以提高西部地区的经济和社会发展水平、巩固国防。”自西部大开发政策实施以来，生态建设和可持续发展就一直是政策关注的焦点之一。2012年2月，西部大开发“十二·五”规划进一步明确了相关的战略部署的基本思路，特别强调要依据西部生态环境效应跨区域特点，在重大生态环境治理、流域水土保持、资源能源开发等方面加强分工、协作与规划，加强地区优势互补，避免生态工程建设趋同化，整体推进西部生态环境建设取得突破性进展；提出要加快建立生态补偿机制，并规划了一系列生态类建设项目；同时还要求各类项目的建设必须要与生态环境保护结合起来，以增强对生态环境保护与修复力度等。

(二)林业生态环境建设政策

林业是生态环境建设的主题，是农业乃至整个国民经济发展的生态屏障，肩负着优化环境和促进发展的双重使命，具有调节气候、保持水土、防风固沙、减少污染等多种功能。新中国成立以来尤其是改革开放近30年来，我国政府十分重视林业生态建设，自20世纪50年代的沙荒造林，70年代开始的防护林建设到80年代的林业重点生态工程建设，90年代的生物多样性保护、退耕还林(草)等政策。在政策发展过程中，1998年是林业政策发生实际性转变的关键时刻，这一年启动的天然林资源保护工程，标志着中国林业发展的总体政策目标从以林业资源的利用为主转向可持续的林业资源管理和生态环境保护。此后，《中华人民共和国森林法》进行了相应的修改，制定了《中华人民共和国森林法实施条例》、《中华人民共和国防沙治沙法》，为执行政策确立了法律依据。此外，在国家林业局设计并启动的林业重点工程中，天然林资源保护工程、退耕还林(草)工程主要集中在西部地区，进一步反映了我国西部林业建设的主要政策目标：林业生态环境体系的重建和现有林业生态环境和资源的保护。到目前为止，林业生态建设政策基本覆盖了中国生态环境脆弱的地区尤其是西部地区，林业生态体系建设的基本框架已初步形成。

(三)具体的政策措施

1. 按生态建设重点工程进行政策归类

为尽快实现秀美山川的宏伟目标，2001年初，国务院批准实施六大林业重点工程规划，并将其列入“十五”计划。这六大重点工程分别为天然林资源保护工程、“三北”和长江中下游地区等重点防护林建设工程、退耕还林工程、京津风沙源治理工程、野生动植物保护和自然保护区建设工程、重点地区速生丰产用材林基地建设工程。但在研究中课题组发现通过对政策的编码和关键字提取可以得到关键字为：野生动植物保护工程、天然林保护工程、重点地区防护林建设、退耕还林工程、风沙治理工程、自然保护区工程。表明重新生成的这六大工程可以充分解释现有的林业生态政策。于是本研究结合西部林业生态的发展现状以及目前所颁布政策的具体情况将政策重新定义的六大工程分别为：退耕还林工程，天然林保护工程，野生动植物保护工程，重点地区防护林建设，风沙治理工程和自然保护区建设工程。

(1)退耕还林工程。退耕还林工程是我国所有工程里面参与度最高的一个生态建设工程，西部退耕还林工程重点解决西部地区的水土流失问题，该工程最先于四川、山西和甘肃三个省份启动，目前西部12个省(自治区、直辖市)都已经展开。本次搜集的政策中关于退耕还林方面的政策共有118项，其中时间跨度为自1990年到2011年。西部大开发正式提出之后，自2000年开始退耕还林的相关政策开始逐步增多，其中中央层面发布的政策占据了此次搜集的退耕还林相关政策的一半左右。

(2)天然林资源保护工程。天然林保护工程是我国林业建设方面投资重大的一个工程，主要是通过禁伐天然林和大面积减少商品木材产量等措施来达到天然林的休养生息和恢复发展的目的。我国西部除广西以外的11个省(自治区、直辖市)和新疆生产建设兵团都有涉及到天然林保护工程。本次搜集的关于天然林保护的政策共有23条，时间跨度从1982年到2011年，其中政策主要分步在2001年到2011年这11年间，其中中央层面颁布的政策有11条。

(3)野生动植物保护工程。野生动植物保护主要解决自然保护、物种保护和湿地保护等问题，工程实施大熊猫、金丝猴、藏羚羊、兰科植物等15个野生动植物保护项目，其中西部地区覆盖了除了扬子鳄以外的14个项目，其中少数民族自治地区，西藏，云南和青海等地是野生动植物保护项目的重点实施点。在本次搜集的政策中，关于野生动植物保护的政策有90条，时间跨度在1981到2011年，主要的政策集中年份是在1999年至今，其中中央层面的政策有35条，1999年以前国家就野生动植物保护方面的政策出台有17条，西部大开发之后关于这方面的政策也是在陆续修订之中。

(4)重点地区防护林建设。西部地区涉及到重点防护林建设方面的地区主要是三北，长江和珠江防护林建设，其中三北防护林建设工程涉及到西部地区的青海、内蒙古、宁夏、甘肃、陕西、新疆(含建设兵团)6个省(自治区)；长江流域防护林建设体系涉及到西部的云南、贵州、四川和重庆4个省(直辖市)和西藏、陕西、青海、甘肃的部分地区；珠江流域防护林体系工程涉及西部地区的云南、贵州和广西3个省(自治区)，可见西部地区的工程造林任务在工程造林总规模中占据着重要位置本次政策搜集中，重点地区防护林建设方面的政策共10条，时间跨度从1991年到2012年，政策主要集中在1999年以后，其中中央层面的政策占据了大部分。

(5)风沙治理工程。风沙治理工程涉及范围主要包括北京、天津、河北、山西、内蒙古5个省(自治区、直辖市)的75个县，国家期望通过这个工程来遏制土地沙化拓展的趋势，改善京津地区的生态环境。工程主要涉及西部地区的内蒙古自治区，本次搜集的政策中关于风沙治理工程的政策共有18项。

(6)自然保护区建设工程。西部的自然保护区保护着我国30%的陆地生态系统种类、50%的野生动物种类和40%的高等植物种类，作为中国形象代表的动植物，其野生个体大多集中于西部自然保护区，如大熊猫、金丝猴、朱鹮、银杉等；同时，许多自然保护区还成为我国目前代表这一地理分布的原生态系统的仅存，部分关系国家生态安全的重要环境也被纳入自然保护区。本次政策搜集中，与自然保护区建设工程相关的政策有71条，时间跨度在1981年到2011年，这部分政策主要都是地方就自然保护区出台的相关政策，中央关于自然保护区的政策只有一个自然保护区条例。

2. *按关键调整内容进行政策归类*

本研究通过前文编码和提取关键字的形式将西部林业生态建设相关的政策按照内容分为以下几个方面：计划类政策，补偿类政策，税费类政策，投资类政策，管理类政策，科技类政策和与保护、扶贫政策关联的政策。

(1)计划类政策。计划类政策通常会清晰地指出年(季、月等)度计划指标安排，计划考核方式，计划工作依托体系等内容，在本次搜集的政策中可以归为这一计划类的政策有124项，主要的时间跨度是1982年到2012年。

(2)补偿类政策。补偿类政策是政策对于政策影响者切身利益的保护，在很大程度上可以帮助提升政策影响者的参与积极性。通常包含补偿的具体时间限制，方法，标准，种类，资金流动的方式等等方面的内容。在本次搜集的政策中，补偿类政策有6条，主要都是各地方自己结合自身特点制定的具体政策。

(3)税费类政策。税费政策是国家对一部分资金由单位和个体向国家转移的分配过程，国家借此手段来合理地处理国家、集体和个人之间的利益关系，通常包含国家和地方的税费政策和转移支付类的内容。在本次搜集的政策中包含2项，分别为国家于2010年关于湿地保护补助的政策和2012年关于编报市县级森林植被恢复费建设的政策。

(4)投资类政策。投资政策主要表现在国家对西部林业生态相关内容在经济方面的支持力度，通常包含投资的来源渠道，管理和法律保护等相关内容。在本次搜集的政策中，这类政策有20项，主要时间跨度为1989年至2011年，其中半数以上为西部各地区根据实际情况所制定，其他为国家制定。

(5)管理类政策。管理类政策指的是涉及西部生态林业的管护和管理问题，通常包含管护形式和管理行为，监督体系，资源供应等各方面的问题。在本次搜集的政策中，这部分包含378条政策内容，时间跨度为1963年至2012年，但大多集中于1981年至2012年且二十年间每年都有相关政策出台。其中西部各地方政策占据大多数约占70%的比例。

(6)科技类政策。科学技术是第一生产力，科技在西部林业生态发展中同样扮演着至关重要的角色。在本次研究中，这类政策通常包含科技的投入，研究与推广，培训和服务等内容，共计相关政策16条，时间跨度为1992年至2008年，多集中于2003－2008年间，如2003年3条、2004年2条、2008年4条。其中地方制定的政策占半数以上，中央层面的政策仅6条。

(7)与保护、扶贫政策关联的政策。与保护、扶贫关联的政策通常包含土地政策，水利政策，农业政策，畜牧业政策，沙石等其他矿业开采政策，促进农村人口就业政策和中国的扶贫政策。在西部，贫困和环境退化的相互关联总是很明显，所以扶贫政策的实施情况对于实现林业生态环境建设政策会产生较大的推动作用。本次搜集的政策中，这部分的政策内容共有44条，时间跨度为1983至2011年，其中大部分为中央出台的与保护、扶贫相关的政策，西部各省出台的地方政策占比仅为三分之一。

四、评述与后续研究

目前国内外关于生态建设和林业建设的研究较多，但对于我国西部地区林业生态建设的相关研究非常有限，针对政策的归类分析更是少之又少。但随着国家政策的不断颁布、西部大开发政策的不断推进学者已经注意到对大量政策进行合理的梳理、归纳和分类的重要性。本研究通过对590条西部林业生态建设政策的归类分析发现我国西部林业生态建设在发展过程中的几点优势：①各级政府日益重视西部林业生态的建设，无论中央还是地方各级政府近年来均颁布了大量相关政策从宏观上指导西部的林业生态建设；②政策的关注重点日益清晰，政策的关注重点趋向更为合理化、细致化。关注重点从早期的森林保护、林业管理、水土保持等宏观且局限的领域逐渐聚焦并扩展到以林业工程为主导的等关于生态环境、动植物保护、退耕还林、林业科技等诸多方面。并逐步呈现以可持续发展理论为指导、以重点工程建设为主要途径、以体制创新和科技创新为动力来制定西部林业生态政策的发展趋势。

同时本文认为：①对林业生态政策实施效果的关注不够。对政策实施效果的关注大多集中于退耕还林、天然林保护工程等方面，关于其他重点工程以及相关的林业生态政策实施效果的研究鲜少出现。尤其是针对我国西部的林业生态建设政策实施效果的评估和研究无论从整体而言还是聚焦到具体工程、具体领域来说都尚需补充和扩展。我国目前多数的西部林业生态建设政策颁布后仍多停留在颁布和实施阶段，对于政策的实施效果没有足够的关注和充分的反馈，因此导致许多政策并没有达到其制定的目标和效果。②对政策之间的协调性关注较少，这包括政策内容上的协调、颁布政策的层次上的协调、政策颁布部门间的协调等。使得不同政策之间的呼应较少，忽略了政策之间相辅相成的作用。

总体而言，西部林业生态建设政策的归类研究尚存有较大的研究空间，下一步的研究方向可以重点考虑以下几个方面：一是在政策初步归类基础上，加强从静态的政策归类分析拓展到动态的政策演进方面的研究，进一步分析中国西部林业生态建设的历史进程以及各个具体政策的历史演进及其特点；二是通过对归类分析中同类型政策的进行横向分析，运用比较分析的方法提炼同类政策在不同地区制定和实施过程中出现的问题；三是对典型区域或特定政策内容进行案例分析，从政策的完整性、一致性、关联性、稳定性、灵活性等多个角度进行系统分析，进一步聚焦在政策制定和实施过程中可能存在的问题。

参考文献

[1]宋先松．西部地区生态建设补偿机制和评价体系研究[D]．兰州：西北师范大学，2005：20－26.

[2]李育才．面向21世纪——林业发展战略[M]．北京：中国林业出版社，1996：15.

[3]任恒祺、邱俊齐等．西部大开发林业生态环境建设管理与政策研究[M]．北京：中国林业出版社，2006：15－16.

[4]姚昌恬．中国西部开发林业生态建设战略及政策设计[D]．北京：北京林业大学，2003：5-6.

[5]李兰英，刘德弟，程云行，蔡细平，邬慧君．林业政策系统运行问题探讨[J]．浙江林学院学报：2004，21(1)：84-88.

[6]冯洁．中国林业政策评价研究[D]．福州：福建农林大学，2007：7-21.

[7]樊宝敏．中国林业思想与政策史[M]．北京：科学出版社，2009：3-5.

[8]张力，王洪杰．林业政策法规[M]．北京：高等教育出版社，2003：5-7.

[9]王建南．浙江省非公有制林业政策研究[D]．杭州：浙江林学院，2007：15.

[10]张雪梅．西部大开发林业生态环境建设管理与政策研究[M]．北京：中国林业出版社，2003：129-150.

[11]王金南，庄国泰．生态补偿机制与政策设计[M]．北京：中国环境科学出版社，2006：32-35.

中国西部林业生态建设政策的基础理论研究评述

周　莉　王珍琦　陈建成　温亚利
(北京林业大学经济管理学院，北京，10083)

摘要：中国西部脆弱的生态环境阻碍了西部发展，威胁着全国生态安全，且对国民经济发展有重大影响。中国西部林业生态建设政策理论基础的研究，是中国西部林业生态建设政策制定的一般性规律，将为政策的应用性研究提供指导意义。本文以市场与政府在资源配置中的作用为主线，以经济学原理和公共政策学原理为基础，对中国西部林业生态建设的理论基础进行文献总结，并结合林业可持续发展的目标综述中国西部林业生态资源配置手段的选择。最后从文献的基本类型、文献内容和文献方法形成综评结论。

关键词：中国西部；林业生态建设政策；经济学理论；公共政策学理论

The Oretical Basis Summary of the Policy Research on Forestry Ecological Improvement in Western China

Zhou Li, Wang Zhenqi , Chen Jiancheng, Wen Yali
(School of Economic and Management, Beijing Forestry University, Beijing, 100083)

Abstract: Fragile ecological environment is not only hindering the development in the western region of China, but also is threatening to ecological security of the whole country, which has a significant impact on the national economy. The theory-based research is a general rule of making forestry ecological policies in the West China, and it will provide guidance with policies application. Based on different roles of the market and the government in the allocation of resources, the paper summarizes theory basis research on forestry ecological improvement of the Western China with the principles of Economics, Public Policy and Forestry. And combining with the sustainable development goal, the paper analyze on how to choose a right way to distribute western forestry ecological resources. Finally it makes a conclusion about the basic types, main contents, and methods of various literatures.

Keywords: Western China; Policy of forestry ecological improvement; Economic theory; Public policy theory

根据《关于西部大开发若干政策措施的实施意见》(国办发〔2001〕73号)，西部地区包括重庆市、四川省、贵州省、云南省、西藏自治区、陕西省、甘肃省、宁夏回族自治区、青海省、新疆维吾尔自治区(新疆生产建设兵团单列)和内蒙古自治区、广西壮族自治区等12个地区，前5省统称"西南地区"，中间5省统称"西北地区"，后2区称为"其他地区"。

中国西部地区资源丰富，地广人稀，属于中国经济欠发达地区，是生态环境脆弱地区。中国西部地区近全国30%的人口占据全国71%的土地。但经济发展相对落后，2011年，人均国内生产总值仅相当于全国平均水平的2/3，不到东部地区平均水平的40%。生态环境脆弱，全国80%的水土流失土地、90%的荒漠化土地和70%以上的15度以上坡耕地集中分布在西部。西北地区，占全国国土面积的1/3，而森林覆盖率只有3.34%，生态十分脆弱，水土流失严重，自然灾害频发。西北地区具有重要战略地位，而其环境安全直接影响着全国的环境安全改善[1-3]。因此，西部大开发的重要任务是营造西部生态环境，为全国社会经济的发展提供坚实的生态屏障。

中国西部林业生态建设政策主要依托林业生态工程的建立而得以实施。1998年，在各地区陆续实施了天然林资源保护工程、退耕还林工程、三北防护林工程、京津风沙源治理工程、野生动植物保护

基金项目：国家社科基金重大项目：我国西北林业生态建设政策评价与体系完善研究(编号：11&ZD042)

第一作者：周莉，博士，北京林业大学经济管理学院副教授，研究方向为林业财政与政策研究、林业投融资管理、企业财务管理与管理会计研究等，Email：vfvf@263.net。

及自然保护区建设工程、重点地区速生丰产用材林基地建设工程、湿地保护与恢复工程和石漠化综合治理工程等八大林业生态建设工程。工程实施政策对中国西部乃至整个中国的生态、经济和社会产生了巨大影响。市场经济下，中国西部生态建设政策的经济理论基础、政策实施的经济效果、以及市场与政府在西部林业生态建设中的作用，都成为诸多学者关注的问题。本文将以市场与政府在资源配置中的作用为主线，对中国西部林业生态建设的理论基础进行文献总结和评述。

一、文献总体情况

利用CNKI数据库对八大林业生态建设工程名称和中国31个省市自治区进行交叉检索，得到文献两千余篇，以政策为基础进一步筛选，得到研究西部地区相关工程的文献502篇，非西部地区文献267篇。其中，关于林业生态建设政策的研究，共有参考文献120篇，涉及天然林资源保护工程37篇，退耕还林工程53篇，相关三北、长江流域等重点防护林体系建设工程、京津风沙源治理工程、重点地区速生丰产用材林基地建设工程、野生动植物保护与自然保护区建设工程、湿地保护与恢复工程和石漠化综合治理工程的文献分别为4、9、5、6、12和6篇。(如图1所示)由此，学者们重点研究的是中国西部地区的天然林保护工程和退耕还林工程。

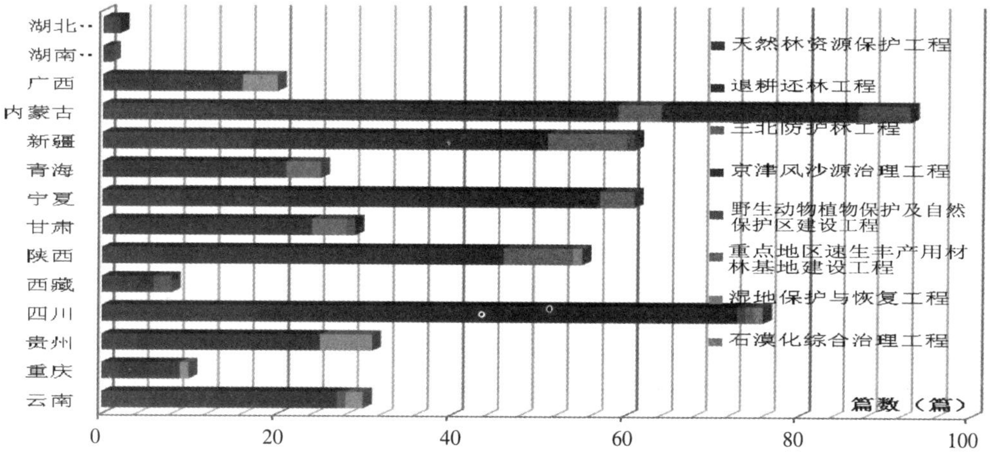

图1 文献分类汇总图

Fig. 1 summary of literature classification

从数量上可以看出，现有文献对退耕还林工程和天然林资源保护工程政策的研究较多，两项工程分别占文献总量的66.13%和16.93%。从区域来说，西部省份的文献总量占全国的65.28%。其中，内蒙古、四川、新疆、宁夏、陕西5省份对于林业生态工程的研究显著高于其他省份。从研究的内容看，一部分学者是从宏观层面研究政策整体的实施情况、存在问题以及今后政策改革建议。还有一部分学者通过定性与定量相结合的方法，研究具体工程区的政策实施效果。前者着重探讨现有政策的不足和新的配套政策应如何制定两方面内容，后者涉及范围较广，包括群众对工程及政策是认知情况、工程实施效果评价、政策施行效果评价以及政策或工程实施带来的相关利益者影响等等。

二、中国西部林业生态建设政策的理论研究

中国西部林业生态建设研究的角度是多方面的，其政策制定主要是为了实现西部重点林业生态工程的实施目标。包括改善西部地区的生态环境，促进林业产业发展，增加林区的经济收入。由于西部林业生态建设政策涉及到的领域和学科比较广泛，本文在关于政策的理论研究中主要从经济学和公共政策学两个角度对已有文献进行综评。如图2所示：

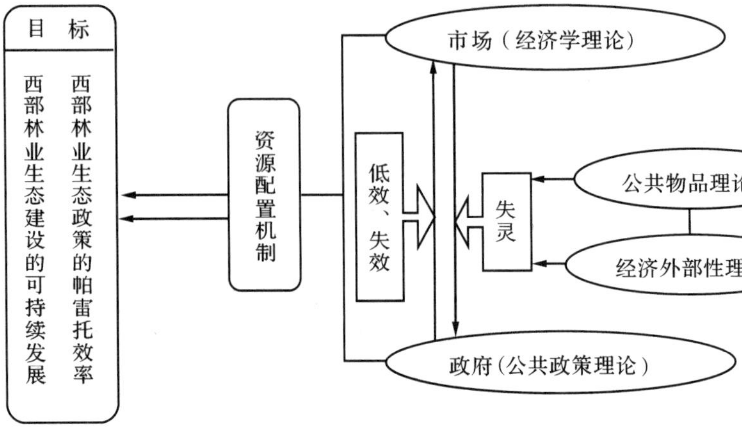

图2 中国西部林业生态建设资源配置机制的理论设计

Fig. 2 Resourcesallocation theory design on forestry ecological construction of Western China

根据西方经济学理论，国家主要通过市场手段对资源进行配置，但由于公共物品具有外部性，会导致市场失灵。根据公共政策学理论，在这种情况下，需要运用政府手段对公共物品的配置进行干预，而政府的低效甚至失效使得不能仅仅依靠政府来配置公共物品，必须同时运用市场手段和政府手段对资源进行配置。

(一)中国西部林业生态建设政策的经济学研究

目前学者对我国西部林业生态建设政策研究的经济学基础主要包括资源配置与市场失灵理论、经济外部性、公共物品理论、产权理论与生态效益补偿理论。

1. 资源配置与市场失灵理论

经济学是研究如何对资源进行合理配置的科学。任何社会上用来生产的资源，如土地、森林、劳动力、资本等，无论在质上还是在量上都是有限的[4]，而这些有限的资源要用来满足人类的需求是无限的、多样的，从而产生了资源优化配置的问题。资源配置优化是需要用有限的资源(生产要素)尽可能生产出更多符合人们偏好的产品和服务，一般衡量指标是帕累托效率，这需要满足两个条件，即产品总净社会收益非负，以及总社会受益与总社会成本的差异最大化。

当市场在资源配置方面出现低效率时，即发生了市场失灵。中国西部林业生态政策市场失灵的表现及原因主要体现在林业市场竞争失效、林业的公共物品属性和林业的外部经济性。

第一，西部林业生态政策导致的市场失效。1998年实施的退耕还林(草)工程、京津风沙源治理等生态工程各项政策的实施，导致市场失效。如天然林保护工程中，对划入生态公益林的森林实行严格管护，坚决停止采伐；对划入一般生态公益林的森林，大幅度调减采伐量的政策，导致天保工程区木材及林产品的产量小于在充分竞争市场中产品的产量，从理论上讲，无法达到最大限度地利用资源状态，因而产生森林资源配置失效，没有达到帕累托最优状态，导致社会福利的减损[2]。从而导致市场失效。

第二，林业产品的公共物品属性导致市场失灵。公共物品是导致市场失灵的因素之一。公共物品是那些不具有排他性和竞争性、无法由个人提供、只能由政府来提供的物品。林业同时具有经济、社会和生态三大效益[4]，属于公共物品。具体分为纯公共物品和准公共物品。如公益林具有非竞争性和高成本排他属性，属于纯公共物品；而商品林在采伐前的生态属性，具有极强的非排他性，但采伐和销售过程有具有竞争性，所以属于准公共物品；而自然保护区具有非竞争性和低成本排他性，可以成为拥挤的公共物品[5]。

我国经济处于高速增长时期，经济发展的背后是资源消耗。中国西部表现尤为明显。当出现经济发展与环境保护争夺森林资源状况后，市场失灵导致了生态环境建设处于弱化地位，而生态破坏的后果要求政府进行直接干预，要求政府根据其职能，集中财政资源用于生态环境建设这一公共物品的提供[6]。1998年后出现的退耕还林(草)工程、京津风沙源治理工程等体现了这一政府职能。

第三，林业的外部经济性导致市场失灵。外部性是指在实际经济活动中生产者或消费者对其他消费者和生产者产生超越活动主体范围的影响。它是一种成本或效益的外溢现象。生态具有公共物品的特征主要是因为其具有效益外部性。就公益林而言，几乎没有经济收益，但其生态效益也被社会无偿使用，这就是林业的正外部性；而林木在经济开发过程中，在产生经济、社会效益时，由于过度采伐或乱砍滥伐破坏了林业生态系统的服务功能从而产生负外部性问题。

长江上游地区保护天然林资源，积极营造生态公益林，保持水土、涵养水源、防灾减灾，使中下游地区受益，包括得到清洁的生产生活用水，减少自然灾害，这时社会效益大于私人效益，产生外部经济性。上游地区过度砍伐天然林，造成森林破坏和退化，使中下游地区自然灾害频繁，人们生产生活受到很大影响，这时社会成本大于私人成本，社会收益小于私人收益，产生外部不经济性。外部性造成私人成本或收益与社会成本或收益的不一致，导致实际价格不同于最优价格，导致资源配置的低效率，使"生态效益"这种物品供给不足，因而加剧天然林的破坏，生态环境日益恶化。而同样，中国中东部地区的经济发展以西部地区的资源掠夺和生态破坏为代价，也具有经济的外部性。纠正外部性问题，必须采取经济手段和政策手段使外部性内在化，使私人成本和社会成本一致、私人收益与社会收益一致[10]。

2. 产权理论与生态效益补偿理论解决市场失灵

资源得到优化合理配置的前提是资源的产权明确。现行生态林业政策市场失灵的案例绝大多数与未明确林地、林木产权制度相关。聂华林[7]提出要明确农村林地、林木所有权，使所有者的个人活动代价与收益间建立明确关系，从而形成长效的经济刺激机制。杨楠楠[8]、李婷[9]等在进行关于湿地保护利用政策研究时，发现目前我国湿地存在资源权属不明确的问题，指出政府应确定湿地产权和监管权。因此优化西部地区林业生态资源配置，有效发挥政策效应，首先应明确林业相关的产权问题。

建立生态效益补偿机制，是解决经济外部性的有效手段之一。许多学者在西部林业生态建设政策的制定方面提出建立生态效益补偿机制。在自然保护区政策，[11]在西部退耕还林工程政策[12,13]方面，对草原生态保护补助奖励政策[14]，以及在石漠化治理和国有林区天然林资源保护工程等政策[15-18]的实施过程中应对林农进行森林生态补偿，从而解决林业经济外部性问题。

部分学者认为应该充分运用市场机制解决林业外部性问题。陈卉[19]（2001）通过研究发现，市场有巨大的需求空间，关键是如何在不破坏环境的前提下，提高生产木材有效供给能力。因此，为了给天然林保护工程创造条件，使天保工程得以顺利实施，同时又满足林业产业发展对木材资源的需求，加大资金和技术投入建设速生丰产用材林，利用较短时间最大限度地提高木材生产力，是林业可持续性发展的必然选择。国外已有成功的经验，新西兰、巴西、智利等国家通过20~30年努力，现已基本实现了木材自给，国内工业用材60%以上来自于人工林，并且大量出口，成为重点创汇行业。退耕还林工程也可以通过市场机制来实现。由于退耕还林工程的外部性，应当采取适当的方式将生态收益内化，减小私人收益与社会收益的的差距，从而提高市场参与退耕还林、改善生态环境的热情[20]。但利用市场机制实现有较强外部性的退耕还林目标，所需要的条件较为苛刻，尤其在市场机制不太成熟的情况下，生态服务支付（PES）不失为一种具有普遍操作性的合理手段（Robin Kemkes，2007）。

（二）中国西部林业生态建设政策的公共政策学研究

公共政策学是运用科学方法研究公共政策的内容、过程与产出，探索其固有规律，形成系统性知识，并运用这种知识进行政策分析，进而通过公共权力机关将研究成果转化为政策实践的科学[21]。在以市场为主体配置社会资源的经济条件下，存在着市场失灵领域，需要政府进行干预并发挥积极作用，才能弥补、保护和影响市场，这些领域主要是满足社会公共需要的领域，政府为此制定的相关政策属于公共政策的范畴。

1. 公共财政支持与公共政策选择

巴罗[22]（1990）指出：公共基础产业（设施）投资能显著促进一国尤其是发展中国家的经济增长与经济效率的提高，这种效应在长期内相当明显，公共投资具有正的需求效应。根据凯恩斯乘数理论，政府增加对西部基础设施建设的投资，势必拉动为交通、通讯、城市等基础设施建设提供生产资料的生产部门需求，同时，就业岗位与工资收入增加，进一步拉动提供消费资料的生产部门以及提供消费服务的各种服务业的需求。政府推动西部基础设施建设的主要目的，在于改善西部投资环境，降低投资西部的预期成本，刺激西部资源开发型产业以及相关产业的发展，一方面提高西部地区经济和社会发展的整体水平；另一方面缓解东部地区加工业对能源、原材料需求的严重短缺[23-24]。由此，面对市场失灵，政府推动西部地区基础设施建设是正确的选择。

在西部林业生态建设政策研究中，许多学者认为应该利用公共政策调整林业生态建设与发展，并加大公共财政支持。马宗亚[25]（2005）系统分析了我国林业投入的政策演变，从总体看，林业投入总量、力度不断加大，并逐渐向生态建设领域倾斜，已逐步具有了“公共化”的特征；但现行的工程资金投入政策存在投入总量不足、投资结构不完善等问题。许多学者[26-31]研究了中国西部部分地区地天然林资源保护工程，认为工程实施过程中国家应调整财政支持、加大资金投入力度，加强资金管理；并提出可以通过转移支付方式对天然林资源保护工程区地方财政补偿，公共财政按照分类经营原则对林场、森工企业进行支持，同时要大力支持公益林的建设，建立政府赎买公益林制度，扶持商品林的生产等政策建议。唐明榜、杨元熙[16]（2007）认为国家对石漠化治理的封山育林、人工造林、能源建设、坡改梯等工程实施项目，应加大资金投入力度，提供资金保障。

2. 西部林业生态建设的政府效率低下或“失效”

在政府对森林资源配置的基础上，西部林业生态建设又存在着政府效率低下或“失效”的情况。

刘霞[32]（2006）通过对山西、内蒙、四川退耕还林工程实施情况的调研与分析，认为中央政府很难对每一地方政府实施完全监督，而且权责的具体化和各级地方政府行为不透明，要得到完全信息，实现帕累托最优的交易成本将很大。由此，在各种前提条件下，地方政府都缺乏足够的激励机制积极执行上级的退耕还林政策，在一定程度上导致了政策执行过程中地方政府的“失灵”。从而表现在地方政府的具体操作存在众多问题，包括发放林权证、技术指导、种苗采购、退耕补助、林木管护等各个环节，其行为动机是干部个人谋求私利，怠慢上级指示。其结果导致各地方政府对退耕还林工程付出的边际成本总额等于全国边际收益总额时，所形成了纳什均衡劣等解。而使政府支付更高的成本实现政策的实施，而导致政府低效甚至无效。

从福利经济学的角度，由于官僚的寻租行为是本应为林农的收入转为工程的“寻租成本”，导致林农社会福利的减少，政府资源配置低效[33]。

由于政府进行资源配置低效或失效，包括政策实施过程中，也容易形成“搭便车”的现象。因此，政府应保证市场机制在生态建设的资源配置中起主导作用，在西部生态建设中只有使市场机制在资源配置中起主导作用，其他政策才能作用于市场机制而有效实施，西部生态建设才可能符合帕累托改进原则。

（三）可持续发展理论的目标与西部林业生态建设的资源配置方式选择

可持续发展理论，为林业生态建设政策提供了长期的制度性建设目标。生态经济学家康斯坦（Costanza，1996）指出：“也许人类今天面临的最大挑战就是形成可持续的、理想的社会共同愿景，这样的社会能够在现实世界的生物物理约束范围内，对全人类、对后代、对其它物种以平等和公平的方式特工持久的繁荣”，而人类及其生命保障系统的可持续发展正是生态经济学的目标。研究生态经济就是关于可持续发展的研究与评估的科学，生态经济的本质也就是可持续发展[7,34,35]。

很多学者认为中国西部地区生态环境的恶化不是孤立存在的一种现象，是自然生态系统退化的结果，更是经济社会发展落后的结果。贫穷是西部农村人口过度增长，极大地加重了生态系统的承载负担；在教育资源供给不足的情况下，低素质农民的落后生产行为对生态系统造成了极大伤害。日益脆弱的生态环境严重制约着西部农村的经济社会发展，使农民难以摆脱贫困状态，进而开始新一轮的人口增长和生态破坏，形成生态经济系统的恶性循环，可持续发展的目标受到了极大的阻碍。[7,36]

世界银行学院的谢剑博士[37]（1999）认为，“可持续发展是建立在希克斯收入最优化的概念上，即在至少保证创造收入的资本总量得以维持基础上的最大收入”从资源可持续发展的角度而言，主要是“可再生资源的利用率小于或等于其自然再生率”。潘琪（2006）[36]利用西部地区社会——经济系统对林业资源的利用率和林业资源自然再生率建立计量模型，对中国西部地区传统资源掠夺式林业资源利用模式和完全政府主导型的林业资源利用模式进行研究，认为两种模式在一定程度上呈现的结果均为：西部地区生态——社会——经济系统的功能不协调，难以发挥整体性功能，呈现出一种无序性状态。一旦林业资源的规模缩减到某一临界点后，其功能散失将引起西部生态系统塌陷；而极度稀缺的资源量极恶劣的生态环境将成为西部经济发展的瓶颈甚至巨大阻力。

由于市场失灵理论、政府失效的现实状况，学者们提出政府是市场相结合的资源配置路线，即市场配置与政府调节之间的关系由替代为主转变为互补为主，政府干预力量逐渐减弱，通过明晰地产权机制、合理地利益驱动机制使林区内外社会系统地位逐渐提升。政府的作用应体现在两个方面。第一，当外部性和公共物品不存在，市场机制可以有效发挥作用时，政府应在市场信息服务、市场秩序维护方面发挥更多作用；第二，当市场不发达而导致市场机制作用不畅，或当生态环境资源产权难以明确、外部性与公共物品难以排除时，政府在运用法制、行政和规章等手段予以调节[36,38]。

三、综述结论

根据对中国西部林业生态建设政策研究所应用基本理论的研究综述，可以得到以下结论：

第一，对林业生态工程分析和政策研究的文献很多，但整个西部地区系统性研究少。西部林业生态建设工程与政策的文献很多，有报刊、硕博论文，有理论研究也有实证分析。从地域而言，内蒙古、陕西省、四川省等西部省份的文献资料较多，从工程而言，研究天然林资源保护工程和退耕还林工程的文献较多，占所有文献的83.06%，已有研究多是以一个或几个案例县为基础进行单一林业生态建设工程实施的问题、对策及效果评价。但整个西部地区的生态工程政策研究的系统性研究很少。

第二，中国西部地区林业生态建设资源配置手段的系统性理论研究较少。以可持续发展理论、产权理论、生态补偿理论、公共物品等理论基础研究林业生态建设与发展的文献丰富。对中国西部林业生态建设资源配置的研究具有很好的借鉴意义。但如何将市场手段与政府手段相结合，其理论用于研究中国西部林业生态建设资源配置效率的文献并不多见，如何划分政府和市场配置领域，从而充分发挥市场机制的作用，提高政策执行效率？其系统性研究更少。

第三，西部林业生态工程及政策的研究方法多样，但应用于政策理论分析模型较少。中国西部林业生态工程及政策研究方法多样，在现有文献中，学者对西部林业生态工程及政策区域评价所采用的研究方法，大致可以分为定性分析和定量分析两类。很多学者同时结合了问卷调查和专家打分的方法进行定性或者定量分析。定性分析主要有理论结合案例分析、描述对比分析等；定量分析主要有采用指标分析、回归分析、方差分析、博弈分析等。大部分学者倾向于采用定性分析的方法来评价林业生态建设工程。这些方法对于工程的系统评价具有重要的借鉴意义，但在整个政策理论分析模型的构建和预测方面，以及运用模型系统性分析西部林业生态建设资源配置效率方面，其研究方法还需要进一步探讨。

参考文献：

[1]张雅丽．西部地区天然林保护工程实施中的问题与对策[J]．林业经济问题，2009，(6)：256－259.
[2]张雅丽．陕西省天然林保护工程回顾与对策研究[J]．西北林学院学报，2009，(11)：201－203.
[3]姚巍．陕西天然林保护工程十年建设现状及发展对策研究[D]．西北农林科技大学，2010.
[4]刘俊昌，等．林业经济学[M]．北京：中国农业出版社，2011.
[5]周莉．我国林业财政支出效率研究[M]．北京：中国财政经济出版社，2008.
[6]冯亮明，肖友智．天然林保护工程的经济学思考[J]．中国林业经济，2009，(5)：1－4.
[7]聂华林，李光全，杨艳丽．新时期西部资源型产业战略调整的目标导向与对策建议[J]．科技进步与对策，2010，27(9)．59－63.
[8]杨楠楠．湖北省湿地保护政策绩效评价研究[D]．华中农业大学，2011.
[9]李婷．湿地保护利用政策绩效评价[D]．华中农业大学，2010.
[10]刘志文．长江上游地区天然林保护的政策研究[D]．西南农业大学，2001.
[11]陈立伟，严旬．自然保护区的外部经济性和政策制定[J]．东北林业大学学报，2000，28(6)：83－85.
[12]曹超学，文冰．基于碳汇的云南退耕还林工程生态补偿研究[J]．林业经济问题，2009，(6)：475－479.
[13]庞森．四川平武县退耕还林生态补偿调查研究[J]．西部林业科学，2011，40(2)：94－97.
[14]哈斯，周娜．草原生态保护补助奖励政策落实情况调研报告[J]．北方经济，2012，(13)：39－40.
[15]翁乾麟．西部大开发中广西石漠化治理的构想[J]．广西民族研究，2002，(4)：84－90.
[16]唐明榜，杨元熙．岩溶地区石漠化治理的对策[A]．中国科学技术协会声像中心，2007：1134－1136.
[17]单晓臣．东北内蒙古国有林区天然林资源保护工程的实施思路[J]．林业财务与会计，2000，(4)：20－23.
[18]武瑞霞．关于天然林资源保护工程政策执行所带来问题的思考[J]．林业资源管理，2007，(1)：14－15.

[19]陈卉．速生丰产林发展与银行信贷政策投向[J]．中华纸业，2001，(12)：21－29.

[20]Costanza R，d. Arge R，Groot Ret al.，1997. The value of the world's ecosystem services and natural capital. Nature，387(15)：253－260.

[21]宁骚．公共政策学(第二版)[M]．北京：高等教育出版社，2011.

[22]Barro，Robert J. (1990)"Government Spending in a Simple Model of Endogenous Growth". Journal of Political Economy Part 2，98(5)：S103－S125.

[23]刘德华．西部大开发中的政府失灵层面剖析[J]．内蒙古社会科学(汉文版)，2005，05：139－143.

[24]刘德华．西部大开发中的市场失灵与政府干预[J]．内蒙古民族大学学报(社会科学版)，2005，01：57－61.

[25]马宗亚．公共财政体制下天然林保护工程资金投入政策研究[D]．河北农业大学，2005.

[26]刘萍．天然林资源保护工程后续政策探讨[J]．学术交流，2010，(6)：103－105.

[27]杞银凤．云南省天然林资源保护工程后续政策研究与探讨[J]．内蒙古林业调查设计，2009，32(3)：17－20.

[28]景佩玉．宁夏实施天然林资源保护工程情况调研[J]．宁夏林业通讯，2008，(4)：24－26.

[29]但文红，彭思涛．农村生计模式变迁与石漠化治理政策调整研究——以紫云县为例[A]．中国科学技术出版社[C]．中国科学技术出版社，2010：451－456.

[30]曹文，王亮．天然林资源保护工程的财政政策研究[J]．山东经济，2009，(5)：104－108.

[31]曹文．我国天然林资源保护工程的财政政策研究[D]．北京林业大学，2008.

[32]刘霞．退耕还林的政府行为评价—以西部三县为例[J]．新疆农垦经济，2006，10：19－24.

[33]吕金芝，万志芳．天然林保护工程的福利经济学思考[J]．绿色中国，2004，(20)：37－40.

[34]H C Fitz，E B DeBellevue，R Costanza，et al. Development of a general ecosystem model for a range of scales and ecosystems. Ecological Modelling，1996，88(7)：263－295.

[35]张志强，徐中民，程国栋．可持续发展下的生态经济学理论透视[J]．中国人口、资源与环境，2003，06：4－10.

[36]潘琪．中国西部林业协同型双向资源利用模式研究[D]：兰州大学，2006.

[37]谢剑，王金南，葛察忠．面向市场经济的环境与资源保护政策[J]．环境保护，1999，11：16－19.

[38]李红勋、陈建成、田明华．对西部林业生态环境建设资源配置方式的探讨．[J]北京林业大学学报(社会科学版)．2003(3)：14－17.

Case Study on Wetland Eco-compensationof Sanhuanpao Nature Reserve, Heilongjiang Province

He Chao[1], Wang Hui[1], Xia Yufang[2], Luan Shenqiang[3]
(1. School of Economics and Management, Beijing Forestry University, Beijing, 100083;
2. Research Center for Economic Development, SFA, Beijing, 100714;
3. Deutsche Gesellschaft für Internationale Zusammenarbeit (GIZ) GmbH, Beijing, 100600)

Abstract: In this study, participatory discussions, semi-structured interviews and logical framework method were used to, firstly, identify management objectives of Sanhuanpao wetland Nature Reserve, the pressures and threats to the identified management objectives as well as stakeholders involved; secondly, analyze adjustment content of stakeholders' behavior according to the identified management objectives, collection of optional adjustment means for controlling stakeholders' behavior, the effects of eco-compensation means for accessing the management objectives, compensation target groups, method, standard, money demanded and fund raising of alternative eco-compensation means. Finally, an eco-compensation blue print for the nature reserve, implementation strategy and technological difficulties were discussed by the study. This will provide an important reference for pilot program of wetland eco-compensation and development of administrative regulations for compensation fund undertook by relevant departments involved wetland conservation in China.

Keywords: Wetland; Eco-compensation; Case study

黑龙江三环泡湿地生态补偿的案例研究

贺 超[1] 王 会[1] 夏郁芳[2] 栾慎强[3]
(1. 北京林业大学经济管理学院，北京，100083；2. 国家林业局经济发展研究中心，北京，100714；
3. 德国国际合作机构(GIZ)，北京，100600)

摘要：论文采用参与式讨论、半结构访谈和逻辑框架分析方法，首先剖析了黑龙江三环泡湿地自然保护区的管理目标，识别了实现这些目标面临的压力和威胁因素，以及压力和威胁因素涉及的利益相关者。其次，分析了基于管理目标出发需要对利益相关者行为调整的内容，可选调控手段的集合，生态补偿手段对实现管理目标的作用，备选生态补偿手段的补偿目标群体、方式、标准、资金需求与筹集等问题。最后，讨论了三环泡湿地自然保护区生态补偿的框架、实施策略和技术难点。研究结果可供当前中国有关部门正在开展的湿地生态补偿试点和补偿资金管理办法决策参考。

关键词：湿地；生态补偿；案例

1 Introduction

Wetland ecosystem is the important foundation of maintaining ecological security and building ecological civilization. At present wetland ecosystem in China is still affected by various socio-economic activities. In addition, the trends of its shrinking and declining have not been effectively curbed. Therefore, how to strengthen the protection and management of wetlands is still a very important filed in Chinese ecological environment protection.

From the perspective of protection and utilization, Chinese wetland resources have four following basic characteristics. Firstly, wetland protection has positive externality. Secondly, the condition of wetland ecosystem is not only open to all kinds of economic activities

基金项目：中德合作中国湿地生物多样性保护项目资助；国家林业局基于生态补偿机制下的林业财政政策研究项目资助。
第一作者：贺超，博士，副教授。主要研究方向：林业经济理论与政策。电话：010－62338424，Email：hechao@bjfu.edu.cn，地址：北京海淀区清华东路35号，北京林业大学39号信箱，100083。

within the scope of wetland, but also some peripheral activities. Thirdly, because the wetland conservation in China started late, it was explored and utilized by many people or organizations before implementing the protection. Fourthly, due to historical reasons, the property right structure of wetland and related recourses are complicated, such as, some wetland and related resources are state-owned, some belongs to rural collective ownership, and property rights of others are unknown. Therefore, this intricate interest relationship means that ecological compensation can play a larger role in wetland conservation. Wetland conservation departments in China are actively discussing, exploring and trying the methods of wetland conservation ecological compensation.

Sanhuanpao Natural Reserve is located in Fujincity of Heilongjiang province. It protects the inland wetland ecosystem and rare waterfowl. It is of important value, for it is the one of well-preserved, larger original wetlands in Sanjiang plain district. After setting up the reserve and authority, we actively carried out protecting wetland and combating destruction of wetland resource under all levels of governments, initially forming the stable wetland conservation. However, there are still four villages and a large number of state-owned farmland within the scope of the reserve. In addition, the influence of surrounding farmers and state-owned farm grows more and more serious. So, how to strengthen the wetland ecosystem conservation is an urgent realistic problem which remains to be solved. Therefore, this paper takes this reserve as a case study to explore the demand of policies; compensation methods, standard and funding sources when utilizing the ecological compensation. This paper hopes to provide some references for strengthening the wetland conservation according the relevant policies issued by wetland conservation department.

2 Research Methods

This paper firstly identifies the overall goals of wetland conservation management as well as various factors which put pressure and threats the wetland conservation to further match the appropriate factors to subjects. Then, combining the management goal of Sanhuanpao wetland and the discussion of policy demand of related subjects, this paper discuss the adjustment plan of these behavior to get the necessity of ecological compensation policy. Thirdly, this paper analyzes compensation reasons, target groups, methods, standards and the budget of each alternative ecological compensation one by one. Finally, it discusses strategies of implementing ecological compensation according to the features of each alternative ecological compensation and need of conservation.

Research methods mainly consist of stakeholder analysis, participatory survey and so on. The former method is mainly used to identify main basic features of the stakeholders which are involved in further protecting Sanhuanpao wetland. This theory is a corporate management theory which is applied to study the interrelationship between the corporate goals and some stakeholders[1][2][3]. This paper integrated and improved the scoring methods put forward by American scholars of Mitchell and Wood in the 1990s[4]. It tries to protect the stakeholders whose interest may be damaged when we strengthen the protection of Sanhuanpao reserve from the perspective of legitimacy, effect and cooperation. By using the latter method[5][6][7], we can discuss the overall goal of wetland conservation, pressure and threat faced, relevant stakeholders with all staffs of the Administrative Bureau in order to strengthen the policy demand of conservation protection. In addition, it is applied to solve some problems involved interest loss, living condition and the method of compensation by talking with management workers and farmer representatives within the scope and surrounding areas. Under two experts of research team, we have a full discussion with main leaders of Administrative Bureau, staffs who are in charge of different offices, 35 staffs from basic protection station, and 27 persons of farmer representatives. The results and discussion are as followed.

3 Research Results

3.1 The Overall Objective of Three-ring Bubble Wetland Protection and Management

According to Table 1, the first and overall objective ofSanhuanpao Wetland Nature Reserve is to "stabilize the original wetland ecological system", while the others are just the refinement and extension of this goal. The second one is to "protect wetland ecological water". The decrease of wetland inflow and the drop of water level have gradually become the most important factors that affect wetland ecosystem which is mainly due to the increase of the upstream wetland, the surrounding industrial and agricultural production and living water. Row in the last two goals are to "set up rational utilization of wetland resources" and to "properly handle the relationship between wetland protection and local economic development", this suggests that the administration of the Sanhuanpao Wetland Nature Reserve still hold a very cautious attitude towards the rational utilization of wetland resources.

Tab. 1 The Objectives and Priorities of the Wetland Protection and Management

Priorities	Objectives
1	To stabilize the original wetland ecosystem, to protect the biodiversity, to function the wetland ecological.
2	To maintain the wetland ecological water, and, the sufficient and high quality of water.
3	To protect animal and plant resources and rare and endangered species, to improve the aquatic birds and its roosting habitats.
4	To restore the state of nature from man-made destruction and disturbance.
5	To strengthen scientific research and monitoring work, to play the role of popular science education base.
6	To increase the wetland carbon sinks, to establish rational utilization of wetland resources management system
7	To properly handle the relationship between the wetland protection and local economic development and people's livelihood.

3.2 The Pressure and Threats ofSanhuanpao Nature Reserve

Table 2 and Table 3 have shown the results: totally, theSanhuanpao Wetland Nature Reserve is faced with 13 factors of pressure and threats. From the degree of influence, there are 4 factors of the most importance: "damming water in the upstream", "water diversion irrigation", "agricultural non-point source pollution" and "villages in buffer area". Influential factors including the "fire disaster or prairie fire", "climate change", "crop farming in surrounding area" and "crop farming in reserve". Besides, there are also 5 factors of general importance or below: "water conservancy project, sand extracting and earth cutting", "grazing and fishing", "hunting, catching and poisoning birds, picking up birds' eggs", "mineral exploitation" and "wetland reclamation". From the future tendency, if the administration is expected to maintain the existing management, the importance of the 3 factors that "damming water in the upstream", "water diversion irrigation" and "agricultural non-point source pollution" are going to gain weight quickly in the next five years. While the "fire disaster or prairie fire" and "climate change" would gain a slightly weight. The influence of the "villages in buffer area", "crop farming in surrounding area", "water conservancy project, sand extracting and earth cutting" and "mineral exploitation" will remain unchanged. "Crop farming in reserve", "grazing and fishing", "hunting, catching and poisoning birds, picking up birds' eggs" and "wetland reclamation" will continue to fall. Therefore, we can see the following characteristics of the pressure and threats of Sanhuanpao Wetland Nature Reserve.

First, the pressure and threats of direct destruction of animal and plant resources in the protected area decrease significantly. For instance, the factors of "grazing and fishing", "hunting, catching and poisoning birds, picking up birds' eggs" which directed at the wildlife have become smaller and even small, and in the future would continue to decline, which reflects the effectiveness of the management work to stop the violations of the wildlife resources.

Second, the pressure and threats within the protected area are under good control. "villages in buffer area" and "crop farming in reserve" are of large influence, but the change tendency in the next five years would keep unchanged or slightly down, which shows that the pressure and threats of protected area are under better control.

Third, the external pressure and threats has become the most influential factors of growing. The prominent three ones are "damming water in the upstream", "water diversion irrigation" and "agricultural non-point source pollution", their impact on wetland protection is very big, and is expected to rise sharply in the future.

Tab. 2 The pressure and threatens of wetland Nature Reserve

No.	Pressure and Threatens	Current State	Expected Trend in the Next Five Years
1	crop farming in reserve	2	4
2	crop farming in surrounding area	2	3
3	villages in buffer area	1	3
4	grazing and fishing	4	4
5	hunting, catching and poisoning birds, picking up birds' eggs	5	4
6	damming water in the upstream	1	1
7	water diversion irrigation	1	1
8	agricultural non-point source pollution	1	1
9	mineral exploitation	5	3
10	fire hazard, prairie fire	2	2
11	wetland reclamation	5	4
12	climate change	2	2
13	water conservancy project, sand extracting and Earth cutting	3	3

Annotation a: the meaning of the number in "current state": 1 very great influence 2 great influence 3 general influence 4 small influence 5 very small influence

Annotation b: the meaning of the number in "expected trend" 1 fast rising 2 slightly rising 3 basically unchanged 4 slightly down 5fast down

Tab. 3 The pressure and threatens of wetland protection (a two dimensional arrangement according to degree of influence and variation trend)

	5. very small	4. small	3. general	2. great	1. very great
1. fast rising					damming water in the upstream, water diversion irrigation and agricultural non-point source pollution
2. slightly rising				fire hazard, prairie fire and climate change	
3. basically unchanged	mineral exploitation		Water conservancy project, sand extracting and earth cutting	crop farming in surrounding area	Villages in buffer area
4. slightly down	hunting, catching and poisoning birds, picking up birds' eggs and wetland reclamation	grazing and fishing		crop farming in reserve	
5. fast down					

3.3 Stakeholders of the Three-ring Bubble Wetland protection

The ecosystem of the Sanhuanpao Wetland needs further recovery and improvement. In this progress, whose interest will be damaged and increased is the important foundation of building eco-compensation. This section mainly bases on the logical relations between management objectives, their priority order, pressure, threatens and the source of the subjects. With the method of logical framework analysis and participatory research, it distinguishes and confirms the legality, impact and cooperativeness of the stakeholders. Figure 1 is the logical framework relationship between objectives, pressure, threatens and the stakeholders, from which we can see the main protection targets of the Sanhuanpao wetland will involve ten classes individuals or groups, including farmers in buffer area, surrounding area, experimental area and the contractor farmers.

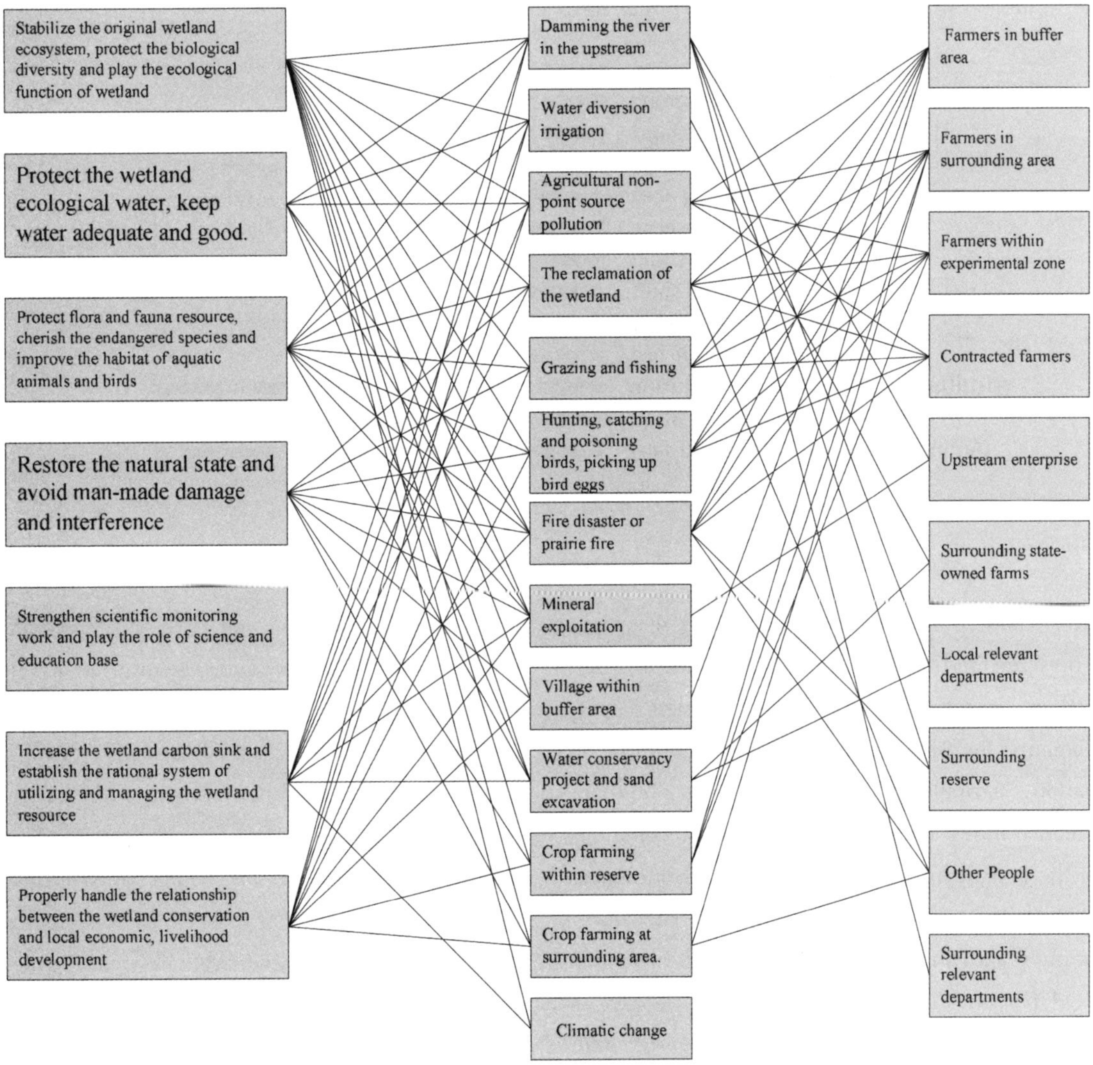

Fig. 1　the relationship between the goals, factors and stakeholders

3.3.1 The influence of stakeholders

The influence of stakeholders refers to the degree of its effect on wetland conservation goals. The influence is measured by assignment score. First, assign a score to goals of wetland conservation and management and calculate their relative weight. According to the priority order from high to low, assign each goal 7 point to 1ponit, and then calculate the relative weight that each goal affects overall goal. Secondly, calculate the relative weight that various pressure and threat affect the overall goal. According to the importance of some factors, assign score. Assign 3 to the most important factors. Assign 2 to the less important, 1 to the least important and 0 point to the factors which does not affect the overall goal. Then, allocate the weight that each goal affects the overall goal to pressure and threat factors and accumulate these weight to get the relative weight that each pressure and threat affect the overall goal. Thirdly, based on the above-mentioned relative weight, combining the influence degree of each pressure and threat, we get the influence which each pressure and threat put on the overall goal. Fourthly, assign 2 point to the most important stakeholders which correspond to each pressure and threat and assign 1 point to other stakeholders. Based on the share condition that each stakeholder puts on each pressure and threat factor, accumulate the influence of each stakeholder to get the influence which each stakeholder put on the overall goal of wetland conservation. Figure 2 shows the influence which all pressure and threat put on the overall goal. Figure3 presents the influence which all stakeholders put on the overall goal.

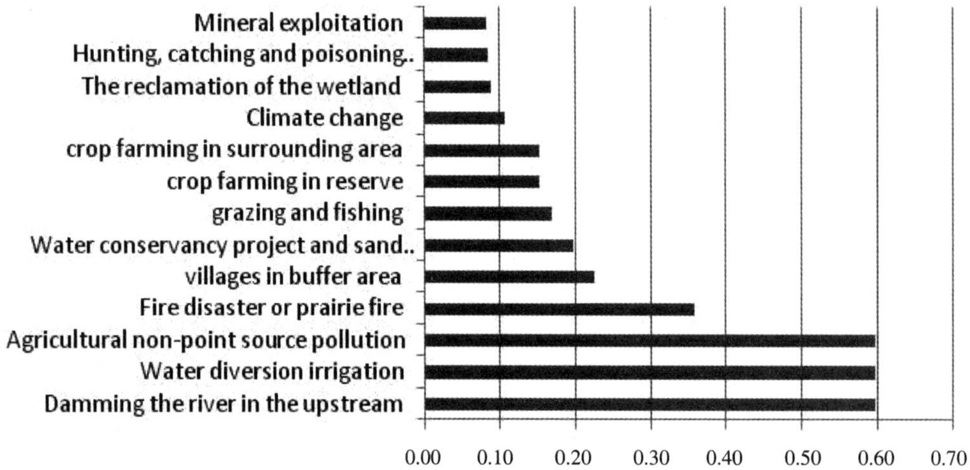

Fig. 2 the influence that each pressure and threat factor put on the overall goal

On the whole, the influence index is 3. 4 which these 13 pressure and threat factors put on the overall goal of wetland conservation. The biggest influence factors are damming the water in the upstream, water diversion irrigation, agricultural non-point source pollution whose influence index are almost 0. 6, which account 54 percent of the overall influence. There are still influence of crop farming in the reserve, crop farming in surrounding area and villages in buffer area which each accounts 4 percent, 4 percent and 7 percent.

Combining the information from the Figure3 and Figure4, we see the influences of the state-owned farms nearby and of the farmers in the buffer are 0. 67 and 0. 66 respectively in the overall target's whole influence 3. 4, counting for 20% and 19% in the overall size proportion. In this perspective, the two factors become the most influential ones in all stakeholders. The stakeholders, whose influences ranked on NO3, NO4, NO5 and NO6, are the other farmers nearby, the enterprise units in the upstream, the farmers in the experimental area and theout grower farmers respectively. Among them, the local relevant departments, the surrounding protection area, the relevant departments nearby and the social people are the stakeholders with the least influence. The stakeholders in the protection area have played second fiddle in influence, while the external stakeholders of the area have become the main action subjects to protect these targets.

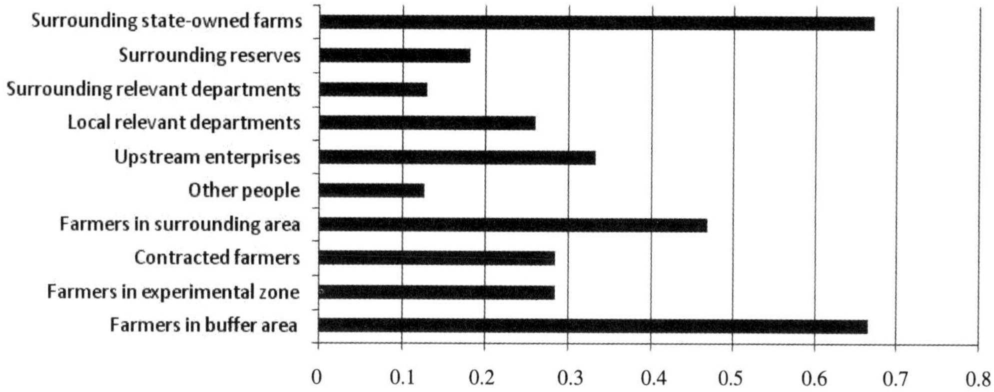

Fig. 3 The influence which stakeholders put on the goal of wetland conservation

Tab. 4 The size proportion about the influence of stakeholders on the overall goal of wetland protection

Stakeholders	The size proportion
Surrounding state-owned farms	19.74%
Farmers in buffer area	19.54%
Farmers in surrounding area	13.74%
Upstream enterprises	9.73%
Farmers in experimental zone	8.36%
Contracted farmers	8.36%
Local relevant departments	7.65%
Surrounding reserves	5.31%
Surrounding relevant departments	3.82%
Other people	3.75%
Total	100.00%

3.3.2 Legitimacy and Corporation of the Stakeholders

There are six factors having great impact on the overall target to protect the wetland from Table4 and6. These six factors can be divided into four types: the Type1, with a higher degree in legitimacy and a better attitude in cooperation. This type includes the farmers in the buffer, the farmers in the experimental area and the out grower farmers. These three stakeholders are also the three main action subjects located in the protection area and their influence on the overall goal of wetland protection accounted for 36.26% totally. The Type2 has a worse cooperation attitude but with a higher degree in legitimacy-mainly refers to the local relevant departments. The Type3 is mainly the stated-owned farms nearby, which has a worse cooperation attitude and a lower degree in legitimacy. The Type4 mainly includes the enterprise units in the upstream and the other farmers nearby, which are worse in cooperation attitude and unclear in legitimacy. The later three types accounts for 50.86% in the total influence among the above four types.

Tab. 5 The three-dimensional attributes of stakeholders

Stakeholder	Proportion of influence(%)	The degree of legitimacy	The degree of obeying in order of Reserve Management Bureau
The farmers in the buffer	19.54	2	2
The farmers in the experimental area	8.36	2.	2
The outgrower farmers	8.36	2	2
The other farmers nearby	13.74	5	4
The social people	3.75	4	5
The enterprise units in upstream	9.73	5	5
The local relevant departments	7.65	2	5
The relevant departments nearby	3.82	2	5
The surrounding protection area	5.31	2	2
The state-owned farms nearby	19.74	4	5

Note a: the option code of legitimate degree and its meaning: 1. perfectly legal; 2. Basic legal; 3. basic illegal; 4. completely illegal; 5. Unclear.

Note b: the option code of cooperation degree and its meaning: 1. almost always willing to; 2. in most of time willing to; 3. at half of the time willing to; 4. very little time; 5. Almost always reluctant to.

From the classified statistics (Tab6) based on the influence of the legitimacy and cooperative attitudes on the stakeholders, such results can be gained: the basic legal stakeholders' influence only accounted for 53.04%, nearly a half of the influence was produced by illegal stakeholders; much more unfortunately, the cooperative attitudes of a part of the legal stakeholders were poor, besides those of illegal stakeholders. This situation caused the 58.42% in total influence, which brought a great deal of difficulty to protect the wetland.

Tab. 6 The classified statistics based on the influence of the legitimacy and cooperative attitudes on the stakeholders

	Good or better Cooperative attitude	Poor or worse Cooperative attitude	Total
Basic legal	41.58	11.47	53.04
Illegal or unclear	0.00	46.96	46.96
Total	41.58	58.42	100.00

Tab. 7 The two-dimensional distribution of the stakeholders' legitimacy and cooperation

	1. legal perfectly	2. basic legal	3. basic illegal	4. completely illegal	5. unclear
1. almost always willing to		The farmers in the buffer The farmers in the experimental area Thecontractor farmers The surroundingNature Reserves			
2. in most of time willing to					
3. at half of the time willing to					
4. very little time					The other farmers nearby
5. almost always reluctant to		The local relevant departments The surrounding relevant departments		The social people The state-owned farms nearby	The enterprise unites in upstream

To sum up, from the perspective of stakeholders, the pressure and threat to wetland protection have the following characteristics: the stakeholders with good cooperative attitudes are basic legal. Although they have great influence on wetland protection, it's still difficult to enforce their management. On the other hand, a small part of the stakeholders with poor cooperative attitudes are basic legal, but are also managed difficultly. Because of the administrative privileges, the other large-parts of stakeholders that are illegal or unclear are not managed completely. So it's very difficult to enforce the wetland protection further with traditional management. Due to its significant and effective adjustment of interests and balancing effect, the ecological compensation can effectively compensate for the deficiencies of the existing means of protection, in turn, can play a greater role in the management of the wetland protection.

4. The effecting forecast for Sanhuanpao wetland ecological compensation.

From the actual protection of the Reserve Management Bureau, their main work istaking the strict law enforcement to manage the illegal actions of destruction or use of wetland resources. Through a variety of special or normal patrol law enforcement, to stop and control some pressing and threating factors as "the grazing and fishing", "hunting, poisoning birds, picking up eggs", "fire, wildland fires," and "reclamation of wetlands" in the controlling area of wetlands. These factors, through the existing management tools, are able to get a better elimination or control, but they can only eliminate the influence on the Wetland target 0.70, accounting for 21% of the influence of all the factors.

As for the pressure and threats for the Protection of farming in the region such as " the surrounding area farming", " buffer zone villages", "agricultural non-point source pollution", due to their stakeholders are basic legal, the protection area management departments are lack of effective controlling means. In fact, these policies are not useful.

If using the means of ecological compensation to adjust, we can eliminate the influence of corresponding pressure and threat. In other words, we can eliminate 1.13 influences on the goal of wetland conservation which accounts 33 influences of overall factors.

The pressure and threat factors, such as, "damming the river in the upstream", "water division irrigation", "mineral exploration", "water conservancy project and sand excavation and earth cutting" and so on, are involved in the surrounding farms, enterprises and relevant departments. It is beyond the range of reserve ability whether the behavior and its subject are legitimate or not. If we carry out the destroyer-paid ecological compensation mechanism at the higher level, we can eliminate or partly eliminate the influence of pressure and threat factors, thus eliminate 1.47 influences on the wetland conservation which accounts 43 percent influence on the overall factors.

As for "climate change", due to its complication, we do not consider its specific management method. There is 0.11 influence of climate change on the wetland conservation which accounts for 3 percent of the overall factors.

In general, ecological compensation has a more prominent desired effect in all means of management and conservation used by Sanhuanpao natural wetland reserve bureau.

5 The basic framework of Sanhuanpao wetland ecological compensation scheme

According to the theory of ecological compensation, the framework and fund demand of Sanhuanpao wetland ecological compensation scheme are put forward in the following table 9-11.

Tab. 10 Classification of funding demands according to different methods of Ecological Compensation: green production (Unit: ten thousand)

	One Time Payment	Annual Payment
Level 1	329.2	1087.863
Level 2	1723	9054.146
Level 3	400	0
Total	2452.2	10142.01

Annotation: Farmers in buffer area andexperimental zone, contracted farmers in central area, buffer area and experimental zone all produce in green method. The following market compensations paid by surrounding departments are not included: market compensation for use of wetland resource and for eco-label which means product is produced in green method.

Tab. 11 Classification of funding demands according to different methods of Ecological Compensation: cropland conversion (Unit: ten thousand)

	One Time Payment	Annual Payment
Level 1	729.2	97.24
Level 2	6270.88	9146.916
Level 3	400	581.056
Total	7400.08	9825.212

Annotation: Farmers in buffer area andexperimental zone, contracted farmers in central area, buffer area and experimental zone all produce in green method. The following market compensations paid by surrounding departments are not included: market compensation for use of wetland resource and for eco-label which means product is produced in green method.

6 Further discussions

6.1 Improving the relevant law and regulation system on wetland ecological compensation

Sound legal and regulation system is not only the need for ecological compensation, but the necessity for

Tab. 8 Alternative policy analysis about pressure and threat factors

No.	pressure and threats	involved subject	behavior adjustment plan	Alternative policy				
				Compensation mechanism	Reverse compensation mechanism	Bureau strictest enforce the law	Bureau departments coordinate (strict implement)	staff of the management supervise
1	crop farming in reserve	Farmers in buffer area	Cropland conversion; green planting	1				1
2		Farmers within experimental zone	Cropland conversion; green planting	1				1
3		Contracted farmers	Cropland conversion; green planting	1				1
4	crop farming in surrounding area	Farmers in surrounding area	Cropland conversion; green planting	1				1
5		Other people	Cropland conversion; green planting	1				1
6	villages in buffer area	Farmers in buffer area	relocate	1				
7	grazing and fishing	Farmers in buffer area	Forbid					1
8		Farmers in experimental zone	Forbid					1
9		Contracted farmers	Forbid					1
10		Farmers in surrounding area	Forbid					1
11	Hunting, catching and poisoning birds, picking up bird eggs	Farmers in buffer area	Forbid					1
12		Farmers in experimental zone	Forbid					1
13		Contracted farmers	Forbid					1
14		Farmers in surrounding area	Forbid					1
15	Damming the river in the upstream	Upstream enterprises	Reduce water taking		1			
16		Local relevant departments	Reduce water taking				1	
17		Surrounding relevant departments	Reduce water taking				1	
18		Surrounding reserve	Reduce water taking				1	

（续）

No.	pressure and threats	involved subject	behavior adjustment plan	Alternative policy				
				Compensation mechanism	Reverse compensation mechanism	Bureau strictest enforce the law	Bureau departments coordinate (strict implement)	staff of the management supervise
19	Water diversion irrigation	Surrounding state – owned farms	Reduce water taking		1	1	1	
20	Agricultural non-point source pollution	Farmers in buffer area	Incorporate crop farming					
21		Farmers in experimental zone	Incorporate crop farming					
22		Contracted farmers	Incorporate crop farming					
23		Farmers in surrounding area	Incorporate crop farming					
24	Mineral exploration	Upstream enterprises	Reducing water taking, reducing pollution		1		1	
25	Fire or prairie fire	Farmers in buffer area	forbid; discover and control					1
26		Farmers in experimental zone	forbid; discover and control					1
27		Contracted farmers	forbid; discover and control					1
28		Farmers in surrounding area	forbid; discover and control					1
29		Social workers	forbid; discover and control					1
30		Surrounding reserve	Strengthen management of surrounding reserve				1	
31	Reclaim wetland	Farmers in buffer area	forbid					1
32		Farmers in experimental zone	forbid					1
33		Contracted farmers	forbid					1
34		Farmers in surrounding area	forbid					1
35		Other people	forbid					1
36	Climate change							
37	Water conservancy project and sand excavation and earth cutting	Local relevant departments	Strictly control				1	
38		Surrounding state – owned farms	Strictly control		1	1	1	

Tab. 9 Summary table of ecological compensation

No.	category	Compensational object	Compensational content	Compensational means	Compensational frequency	Measurement standard	Compen-sational standard	Compen-sational scale	Amount of capital (million)	priority	Compen-sational direction
1	Positive motivation	Farmers in buffer area	Cropland conversion	Monetary compensation paid by the public	annually	Loss of revenue	0. 8	497. 28	397. 82	Level 2	forward
2	Positive motivation	Farmers in buffer area	Green production	Monetary compensation paid by the public	annually	Loss of revenue	0. 42	497. 28	208. 86	Level 1	forward
3	Positive motivation	Farmers in experimental area	Cropland conversion	Monetary compensation paid by the public	annually	Loss of revenue	0. 8	726. 32	581. 06	Level 3	forward
4	Positive motivation	Farmers in experimental area	Green production	Monetary compensation paid by the public	annually	Loss of revenue	0. 42	726. 32	305. 05	Level 2	forward
5	Compensation for cancellation of contract	Contractor in the core area	Cropland conversion	Monetary compensation paid by the public	One – off	Reference to an existing case	2	200	400. 00	Level 1	forward
6	Positive motivation	Contractor in the core area	Green production	Monetary compensation paid by the public	annually	Loss of revenue	0. 316	200	63. 20	Level 1	forward
7	Compensation for cancellation of contract	Contractor in the buffer area or experimental area	Cropland conversion	Monetary compensation paid by the public	One – off	Reference to an existing case	2	2273. 94	4547. 88	Level 2	forward
8	Positive motivation	Contractor in the buffer area or experimental area	Green production	Monetary compensation paid by the public	annually	Loss of revenue	0. 316	2273. 94	718. 57	Level 1	forward
9	Positive motivation	Farmers in the surrounding area	Green production	Monetary compensation paid by the public	annually	Loss of revenue	0. 316	27687	8749. 09	Level 2	forward
10	Positive motivation	Farmers in the buffer area	Housing relocation	Monetary compensation paid by the public	One – off	Replacement cost	30	46	1380. 00	Level 2	forward
11	Positive motivation	Maintenance technician	Patrol the reserve	Monetary compensation paid by the public	annually	Reference to an existing salary	2. 52	37	93. 24	Level 1	forward
12	Ecological compensation system	Management bureau	Research and monitoring of the background investigation	Monetary compensation paid by the public	One – off	Cost of purchasing the products and service			80. 00	Level 1	forward

（续）

No.	category	Compensational object	Compensational content	Compensational means	Compensational frequency	Measurement standard	Compen-sational standard	Compen-sational scale	Amount of capital (million)	priority	Compen-sational direction
13	Ecological compen-sation system	Management bureau	Research and monitoring of the epidemic sources and disease	Monetary compensation paid by the public	One – off	Cost of purchasing the products and service			17. 20	Level 1	forward
14	Ecological compen-sation system	Management bureau	Research and monitoring of the ecological positioning integrated stations	Monetary compensation paid by the public	One – off	Cost of purchasing the products and service			195. 00	Level 1	forward
15	Ecological compen-sation system	Management bureau	Research and monitoring of the geographical information system	Monetary compensation paid by the public	One – off	Cost of purchasing the products and service			243. 00	Level 2	forward
16	Ecological compen-sation system	Management bureau	Research and monitoring of the outdoors video monitoring system construction	Monetary compensation paid by the public	One – off	Cost of purchasing the products and service			400. 00	Level 3	forward
17	Ecological compen-sation system	Management bureau	Personnel training of scientific monitoring	Monetary compensation paid by the public	annually	Cost of purchasing the products and service			4. 00	Level 1	forward
18	Ecological compen-sation system	Management bureau	Website construction of promoting education	Monetary compensation paid by the public	One – off	Cost of purchasing the products and service			2. 00	Level 1	forward
19	Ecological compen-sation system	Management bureau	Video production of promoting education	Monetary compensation paid by the public	One – off	Cost of purchasing the products and service			35. 00	Level 1	forward
20	Ecological compen-sation system	Management bureau	Purchase large screen for promoting education	Monetary compensation paid by the public	One – off	Cost of purchasing the products and service			100. 00	Level 2	forward

（续）

No.	category	Compensational object	Compensational content	Compensational means	Compensational frequency	Measurement standard	Compen-sational standard	Compen-sational scale	Amount of capital (million)	priority	Compen-sational direction
21	Use fees	Management bureau	Peripheral units utilize the compensation of wetland resource, which is bases on the ecosystem healthy standard	Market compensation paid by users	According to the characteristics of recourse	Resource rent				Level 1	reverse
22	Use fees	Management bureau	Peripheral units utilize the compensation of wetland resource, which is based on the maximization of social welfare standard	Market compensation paid by users	According to the characteristics of recourse	Resource rent				Level 2	reverse
23	Positive motivation	Farmers in the reserve or the surrounding area	Green production	Market compensation of ecological marks	annually	Market condition				Level 1	forward

Annotation: There are certain substitutional relations between "one and two", "three and four", "five and six", "seven and eight", "two, four, six, eight, nine and twenty-three" the protection of wetland. During the research, the study group finds that the imperfection of law and regulation system on wetland protection is an important shortcoming on wetland protection management, as well as an influential reason why ecological compensation is difficult to take into effect. As law has no clearly defined the principle of ecological compensation, the subject of compensation, the object of compensation, the sources of compensation funding, way of compensation, the standards of compensation and some other specific items, the officials of protection area often face the farmer's "wild speculation" and even "adverse selection" in exploring the work of compensation.

6.2 The possibility of market mechanisms compensation

On the one hand, the pressure and threat factors which protection of Sanhuanpao wetland faces now and in the future are mainly from the outsides. Second, the wetland ecological compensation in Sanhuanpao needs a large amount of money. Third, if only rely on monetary compensation which comes from public payment to restrict farming activities and protect the wetland ecosystem, the regional socio-economic development will also be constrained. Fujin is the administrative location of Sanhuanpao wetland whose economic structure is dominated by agriculture with rich natural resources and great traffic location. The market compensation mechanism based on the eco-label that the origin of the green agricultural can be explored in long-term, which can better co-ordinate the relationship between regional socio-economic sustainable development and the long-term goals, wetland protection.

Starting from Sanhuanpao wetland protection, local government can try to lead a social cognition relationship combined by wetland ecosystem, excellent untouched natural environment and high-quality green agricultural products, marking Fujin's agriculture products with "geographical labeling products "and getting the continuing compensation for the area from the value-added price cause by the differentiated market prices of agricultural products. As a result, the incentive to continuously and voluntarily protect the local wetland ecosystem's natural state can be formed by a variety of stakeholders.

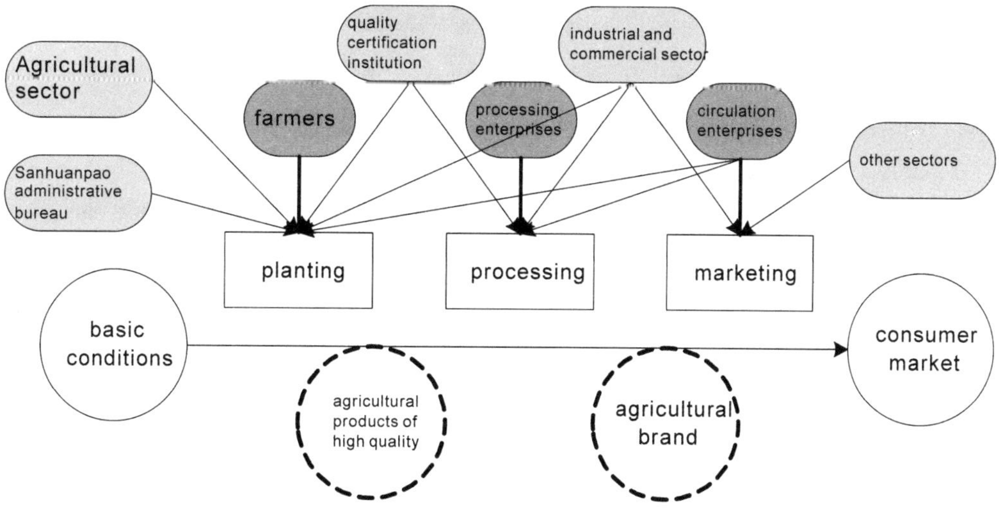

Figure4 Diagram of the ecological label compensation mechanism

References

[1]清杰，孙振华．论利益相关者理论的五大疑点[J]．北京工商大学学报(社会科学版)，2003(05).80-90.

[2]陈宏辉，贾生华．企业利益相关者三维分类的实证分析[J]．经济研究，2004(04).13-18.

[3]贾生华，陈宏辉．利益相关者的界定方法述评[J]．外国经济与管理，2002(05).18-21.

[4]Mitchell, A. & Wood, D. Toward a theory of stakeholder identification and salience: Defining the Principle of who and what really counts. Academy of Management Review, 1997, 22(4): 853-886.

[5]Slocum Nikki, Participatory Methods Toolkit: A practitioner's Manual, 2nd edition. 2005. http://www.kbs-frb.be/uploadedFiles/KBS-FRB/Files/EN/PUB_1540_Participatoty_toolkit_New_edition.pdf

[6]Chambers R. The origins and practice of participatory and rural appraisal [J]. World Development, 1994, 22(7): 953-969.

[7]Pretty, Jules N. A trainer's guide for participatory learning and action [M]. London: International Institute for Environment and Development, 1995.

林业贸易与产业发展

Impacts of Changes in Timber Tariffs of Foreign Countries on China's and Global Timber Products Trade: Analysis by GFPM

Hou Fangmiao[1], Tommy Lundgren[2], Runar Brännlund[2]
(1. School of Economics and Management, Beijing Forestry University, Beijing, 100083;
2. Department of Forest Economics, Swedish University of Agriculture Sciences, Sweden)

Abstract: In order to protect environment and stimulate the domestic processing of timber, many countries restrict the export of timber through the increase of timber export tariff, which will bring impacts on China's and global forest products production and trade. The Russian Federation is a power house in international log trade. From 2005, Russia introduced timber export tax and increased for many times. The article simulates the impacts of Russian industrial roundwood export tariffs changes, with a conclusion that the rising raw material costs will push the price higher and there will be long-run impacts on China's and global forestry. If we take similar policies of more countries into consideration, there will be more far-reaching effects on China's and global forestry.

Keywords: Tariffs; Timber Products Trade; GFPM

国外木材关税变动对中国和世界木材产品贸易的影响
——基于GFPM的分析

侯方淼[1] Tommy Lundgren[2] Runar Brännlund[2]
(1. 北京林业大学经济管理学院，北京，100083；2. 瑞典农业大学林经系，瑞典)

摘要：为了保护环境并刺激国内木材加工，许多国家通过增加木材出口关税限制出口的木材，这将对中国和全球林产品生产和贸易产生影响。俄罗斯是国际木材贸易的主要国家。从2005年起，俄罗斯推出了木材出口税，并增加了很多次。本文模拟了俄罗斯工业原木出口关税的变化带来的各种影响，得出结论是原材料成本上升将进一步推高产品价格，对中国和全球林业会有长期的影响。如果考虑更多的国家采取类似的政策，将对中国和全球林业有更深远的影响。

关键词：关税；木材产品贸易；全球林产品模型

1 Introduction

With the sustained and rapid growth in consumption of wood, China has become the world's second largest timber consumer. The rapid economic and social development and people's increasing living standard will lead to a larger amount of consumption of timber and relevant products. China has been the second largest timber importing country in the world, and for a long time in the future, importation will still be the major means to fill the gap in timber supply. It should be noted that, in recent years, more and more countries paid much attention to environment protection and decreased the export amount of timber and relevant products or even have

基金项目：中央高校基本科研业务费专项资金资助(项目编号：RW2013－18)
第一作者：侯方淼，博士，副教授。主要研究方向：国际贸易理论与实务，林产品国际贸易。电话，62337674，Email：houfangmiao@bjfu.edu.cn，地址：北京林业大学39号信箱，100083。

taken measures to restrict or prohibit the export of timber. How to meet the timber demand has become a hot issue in China. It is closely related to the safety of China's timber resources. Undoubtedly, import is an important resource for meeting increasing timber demand in China. At the same time, the timber import market is not stable, and the major timber export countries adjusted the timber export policy with higher timber export tariffs, together with more legality certification of timber, which have led to substantial increases in China's timber import costs.

It is of great importance to understand what will be the effects brought by increasing tariffs of other countries from a global perspective. In order to protect environment and stimulate the domestic processing of timber, many countries restrict the export of timber through the increase of timber export tariff, which will bring impacts on China's and global forest products production and trade. The Russian Federation is a power house in international log trade. From 2005, Russia introduced an export tax and increased for many times. This paper presents estimates of the economic impacts of changes of tariffs policies of China's trade partner countries, especially Russian Federation, on Chinese and global forest products sectors. The study assesses how much the relevant policy will change the Chinese and global production, consumption and trade and forest sectors.

2 Methodologies

In order to understand what will be the effects of policy changes in one country on the related countries, the Global Forest Products Model (GFPM) is used as a tool to simulate various scenarios. Briefly, the GFPM is able to predict how, by how much, and when production, consumption, imports and exports and prices of forest products may change, depending on extent or internal forces and polices such as economic growth, global trade liberalization, and new environmental policies governing either the use of forest products or the management of forests (Buongiorno et al. 2003).

Trade modeling approaches for evaluating effects of policies usually fall into 3 categories: computable general equilibrium, spatial partial equilibrium and non-spatial equilibrium. Computable general equilibrium (CGE) model emphasizes the links between whole sectors and macroeconomics, which includes all sectors of an economy. Partial equilibrium models assume that the feedback from sectoral changes to aggregate variables is negligible thus allowing a more detailed analysis of the affect a specific policy might have on commodity markets (Lundmark R, 2009).

The GFPM is an economic modelincluding four major components of forest sector, i. e., timber supply, processing, product demand, and trade of forest products. As a partial equilibrium model, the GFPM does not attempt to predict the feedback of changes in the forest sector on the rest of economy in contrast with CGE models. The GFPM solves for market equilibrium by mathematical programming, based on the theory of spatial equilibrium in competitive markets (S. Zhu et al. 2009). The equilibrium is found by maximizing the value of the products, minus the cost of production, subject to material balance and capacity constraints in each country and each year. Because material flows throughout the system must balance, the model ensures data consistency within countries, and coherence of projections between countries.

In this model, the projections of future demand and supply are all balanced in a partial equilibrium framework to ensure that total global supply equals total global demand, and that future industrial roundwood and fiber consumption is consistent with the projections of future product supply. Projections of future product demand are based on an econometric analysis of historical demand data. The historical relationships between demand, prices and GDP are then used to produce forecasts of future demand. In addition, the projections of future potential wood supply are used along with economic models of capacity installation in the forest industry to make projections of future product supply.

3 Projection of production, import and export in China's and global forest sector due to Russian export tax changes

The Russian Federation is one of the most important export countries of logs, especially industrial roundwood, exporting 48 million m^3, 37% of world exports in

2005. In order to encourage domestic wood processing and manufacturing, in July 2007 Russia enhanced export tariff rate of logs to 20% , but not less than 10 Euros per cubic meter. In April 2008, the tax rate increased to 25%, but not less than 15 per cubic meter euro. From January 2009 onwards, it was up to 80%, but not less than 50 Euros per cubic meter (CIBC, 2007). Through raising export tariffs continuously, Russia has become one of export countries with the highest of logs tariffs. Some related industries of the main partners, such as Finland, China, Japan and Sweden will be affected by the Russian tax policy. For example, Finland buys approximately 20 percent of its timber from Russia and was estimated to be most affected by any changes in Russia's export tariffs on wood. Sweden imports 6 percent of industrial roundwood from Russia. Production, import and export changes in Sweden and in other countries with and without Russian export tax will be simulated to estimate the effects of the policy.

GFPM modelcontains data of 14 kinds of forest products, so it is impossible to analyze all the outcomings due to tariff change issues related to global forest sectors of all products and all countries. So the simulation is mainly about the increasing export tariff of log in Russian Federation and predicts differences in base scenario and simulation scenario.

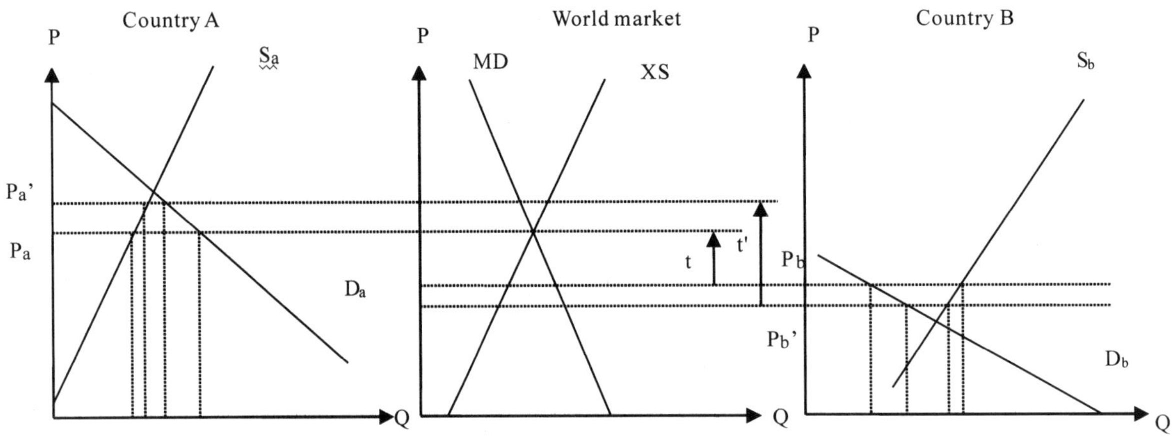

Fig. 1 Illustration of demand, supply, net trade, and price of forest product with and without the export tax

3.1 Theoretical framework

Figure 1summarizes the main theoretical principles underlying the projections and expectations of Russian export tax. The figure symbolized the demand and supply of some forest product in country A, world market and country B in a given year. For the product, country A is a net importer, and country B is a net exporter. Without the export tax, the supply of the product in country A will be at the level symbolized by the curve S_a, the demand will be at the level D_a. In country B, the supply will be S_b and demand D_b. Without the export tax, the price in country A is Pa and in country B, is P_b. The increased export tax of the product would increase the unit cost of import from t to t'.

The effect of the export tax would be to decrease the price and production and to increase consumption in the exporting country. The price in the importing country, would increase, resulting in higher production. Net trade would have a decrease tendency. In the exporting country producer welfare would decline. Consumer welfare in the two countries would increase or decrease, much depending on the elasticity of demand.

Tab. 1 Ad valorem export tax rate on Russian industrial roundwood exports in the Global Forest Products Model (GFPM)

	Russian ad valorem tax (%)
2007	16
2008	20
2009	24

3.2 Russian export tax

In this study, we assumed that the export tax would

affect the forest sector of countries mainly through changes in the unit transport cost and tax. The Russian export tax is on softwood roundwood. 80% of the Russian roundwood exports is softwood, so the ad valorem tax was adjusted to reflect a specific tax would be applied here. Table 1 shows ad valorem export tax rate on Russian industrial roundwood exports in the GFPM.

3.3 Effects of Russian export tax

The tax on industrial roundwood exports from Russian would decrease more than 51%. Meanwhile, the production would decrease about 17% (Table 2). The impact of the export tax on Russian wood processing sector would be modest (Table 3). But the producer surplus would decrease.

The import of Finland would drop considerably about 20% in 2015. Finland is one of the leading importers of Russian industrial roundwood. The decrease in supply of Russian would inevitably have negative effects on Finish wood products industries. It is estimated that the production of industrial roundwood would increase by 6%, which will partly offset the loss caused by the decreased import from Russia.

The world production of industrial roundwood would be affected slightly, about 0.01%. However, the trade would decrease substantially. It is estimated that the amount of both import and export would decrease about 10%. The export of Asia would increase substantially, about 40%, which to some extent would meet the world demand on industrial roundwood. In Asian countries, the export of Malaysia and Indonesia would increase largely, since the two countries are the largest roundwood exporter in Asia and world. In addition, the export of Germany and other EU countries would also increase.

From Fig. 2, we could see the impacts on China's timber products trade due to changes in tariffs in Russian Federation. Industrial timber imports in 2020 will drop 13%, while production will rise by nearly 4%. The import of sawnwood and plywood will increase 5% and 1.3% respectively.

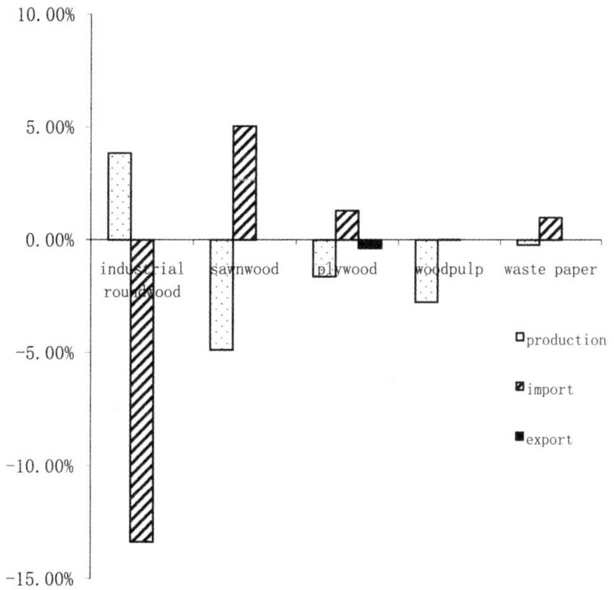

Fig. 2 Change in industrial roundwood production and trade in year 2020 in China and other countries due to Russian export tax

4 Conclusion and discussion

The Russian Federation is a power house in international log trade. In 2005, Russia introduced an export tax of 6.5% on logs, and further in 2007, Russia announced a dramatic increase on log export tax over 2007～2009. Since Russia is the largest exporter of industrial roundwood, the increased export tariff will inevitably

Tab. 2 Changes in industrial roundwood production and trade in year 2015 in China and other countries due to Russian export tax

Year: 2015	Base Scenario			Russian Export Tax			Changes		
	Production	Import	Export	Production	Import	Export	Production	Import	Export
	(1000 m^3 or 1000 t)			(1000 m^3 or 1000 t change)			(%)		
AFRICA	95215	1356	12219	95591	1346	12357	0.39%	-0.79%	1.13%
South Africa	35036	20	9501	35089	20	9502	0.15%	-0.51%	0.01%
N. C. AMERICA	640333	7164	11798	642370	7162	11810	0.32%	-0.02%	0.11%
United States	420348	2597	8454	421755	2597	8453	0.33%	-0.01%	0.00%
SOUTH AMERICA	200691	47	7588	202373	37	7595	0.84%	-19.91%	0.09%
Brazil	131002	8	1359	131702	8	1362	0.53%	-2.41%	0.23%
ASIA	383944	89763	9644	390571	83805	13494	1.73%	-6.64%	39.92%
China	183148	37717	1081	185118	34928	1081	1.08%	-7.39%	-0.01%
Indonesia	42026	100	481	43328	100	540	3.10%	-0.20%	12.38%
Japan	18365	34362	11	18915	31922	11	3.00%	-7.10%	-1.79%
Malaysia	23885	95	4634	25479	94	7720	6.67%	-0.11%	66.60%
OCEANIA	60984	28	25622	62521	27	27102	2.52%	-2.90%	5.78%
Australia	29043	3	12287	30070	3	13488	3.54%	-3.85%	9.77%
New Zealand	27383	2	9900	27618	2	9905	0.86%	-5.00%	0.05%
EUROPE	635668	75187	103648	623187	64429	81423	-1.96%	-14.31%	-21.44%
EU-25	400824	66993	35879	414646	56238	43478	3.45%	-16.05%	21.18%
Finland	50239	20867	473	53222	16808	473	5.94%	-19.45%	-0.02%
France	37428	1639	6418	37902	1639	6873	1.27%	-0.01%	7.09%
Germany	52322	1657	6623	55730	1657	10717	6.51%	-0.01%	61.83%
Russian Federation	169380	514	61164	140962	514	29907	-16.78%	-0.02%	-51.10%
DEVELOPED, ALL	1371531	116980	147063	1362931	103767	126059	-0.63%	-11.30%	-14.28%
DEVELOPINGALL	645304	56564	23455	653682	53040	27723	1.30%	-6.23%	18.19%
WORLD	2016835	173544	170519	2016613	156807	153781	-0.01%	-9.64%	-9.82%

Tab. 3　Changes of producer welfare in Russia and other countries in year 2015 due to Russian export tax

	Russia				Finland				Sweden			
	Producer welfare without tax	Producer welfare changes	Consumer welfare without tax	Consumer welfare changes	Producer welfare without tax	Producer welfare changes	Consumer welfare without tax	Consumer welfare changes	Producer welfare without tax	Producer welfare changes	Consumer welfare without tax	Consumer welfare changes
Product	(USD1000)	(%)	(USD1000)	(%)	(USD1000)	(%)	(USD1000)	(%)	(USD1000)	(%)	(USD1000)	(%)
Industrial roundwood	8782533	-30.92	5173893	-11.66	3682533	9.98	5177391	2.24	5932322	3.85	6400747	1.82
Sawnwood	4946204	7.16	1748444	0.96	2960507	-0.37	1189036	1.02	4146554	1.48	1411325	1.02
VeneerPlywood	1596575	-2.83	624857	-4.05	901260	1.01	98276	1.61	68110	1.93	105417	0.54
Particleboard	1432069	-0.63	1520414	-3.16	113680.3	0.22	66649	0.71	147939.2	8.93	261985	0.69
Fiberboard	672367	-2.03	697535	-2.17	55793.64	-0.43	80756	0.43	102647	0.29	143373	0.32
Mechanical pulp	606958	-6.31	606958	-6.31	1793221	-0.99	1784454	-1.10	1287428	-0.69	1269933	-1.10
Chemical pulp	3327157	-6.19	2158335	-5.99	3894012	-0.39	2720222	-0.38	4508882	1.72	2933357	-0.18
Newsprint	1261768	-3.67	383114	-3.25	713154	0.57	473466	0.68	1286035	-1.67	401060	0.48
Printing paper	763113	0.85	793198	-1.53	6944532	-0.73	271058	0.22	2752581	0.00	0	0
Other paper	4412869	-2.26	3625288	-2.26	3376032	-2.88	811667	0.27	5589178	-1.02	1185950	0.29
Total	19019083	-0.51	8110273	-9.49	20752194	-0.86	9812655	0.85	19889357	0.27	10960454	0.83

bring major effects on its trade partners, such as Finland, China and Sweden, etc, which are leading importers of Russian logs. The purpose of the log tax is to stimulate the domestic processing of timber. It is of great importance to understand what will be the effects brought by increasing tariffs of Russian Federation from a global perspective. The study assesses how much the relevant policy will change the Chinese and global production, consumption and trade and forest sectors by the Global Forest Products Model.

So, the tax policy has substantial effects on Russia and its main partners. The tax on industrial roundwood production and exports of Russian would decrease substantially, more than 51% and 17%, respectively, but the producer surplus would decrease. The increasing tariff will also have impacts on other countries such as Finland, Malaysia and Indonesia etc. China's industrial timber imports in 2020 will drop while production will rise. Industrial timber imports in 2020 will drop while production will rise.

It should be noted that the above simulation just emphasize the tariff changes in Russia. If multi-national implementation of similar policies were taken into consideration, the impacts on Chinese and global forestry will be more far-reaching.

References

[1] D Tomberlin, S Zhu, Buongiorno J, Turner J., GFPM working paper for FAO [EB/OL]. History of OCLC [2009-03-16]: http://www.fao.org/docrep/003/x1674e/X1674E05.htm.

[2] Ericsson K, L J Nilsson. International biofuel trade-A study of the Swedish import. Biomass and Bioenergy [J], 2004, 26 (3): 205-220.

[3] T Lundgren, PO Marklund, R Brännlund, B Kristräm. The Economics of Biofuels. International Review of Environmental and Resource Economics, 2008(2): 237-280

[4] 周茂荣，祝佳. 欧盟新能源政策：动因分析与前景展望[J]. 世界经济研究，2007(12): 67-69

[5] 龚向前. 欧盟的可再生能源促进政策对我们的启示[J]. 能源研究与利用，2006(6): 67-68

[6] 姜谦. 2009-2012年中国可再生能源市场投资分析及前景预测报告[R]. 2009

中国家具产业的母国市场效应分析

程宝栋　张　辉
（北京林业大学经济管理学院，北京，100083）

摘要：母国市场效应是形成产业国际竞争力的重要原因。家具产业中国林业产业的重要组成部分。论文在综述母国市场效应理论的基础上，对中国家具产业的母国市场效应进行了检验。实证结果发现，中国家具产业存在着逆母国市场效应。最后，论文从产业组织规模、产业竞争结构以及产品差别化等方面就如何形成家具产业的母国市场效应提出了相应的建议。

关键词：家具产业；母国市场效应；内需；出口

Analysis on Home Market Effect of China's Furniture Industry

Cheng Baodong, Zhang Hui
(School of Economics and Management, Beijing Forestry University, Beijing, 100083)

Abstract: Home market effect is the important reason for international competitiveness of one industry. Furniture industry is one of most important part of China's forestry industry. Based on the theory of home market effect, this paper estimates the home market effect of China's furniture. Analysis results show that negative home market effect exists in China's furniture industry. Lastly, from the viewpoints of industrial organization scale, industrial competition structure and product differentiation, this paper brings forward some suggestions on how to realize home market effect of China's furniture industry.

Keywords: furniture industry; home market effect; domestic market; export

一、问题的提出

改革开放30年以来，中国经济一直保持高速的增长态势，取得了举世瞩目的经济成就。在中国经济增长中，出口贸易起到了非常重要的推动作用，而且在相当程度上形成了对于出口的依赖。然而，随着国内生产要素成本的不断提高以及国际市场波动性的不断增强，中国出口贸易受到了很大的阻力。例如，2008年金融危机爆发以来，由于以欧美为主体的国际市场不断萎缩，中国出口贸易增长出现了很大幅度的下滑，许多出口导向型的产业面临着空前的发展困境。在内需不足的前提下，出口导向型的产业（无论是新兴行业还是成熟行业）普遍面临产能过剩的情况。在此背景下，为了保持国民经济持续增长，中国政府逐渐开始重视内需的作用。2008年国务院提出了扩大内需促进经济增长的十项措施，2011年又将扩大内需这一经济政策纳入“十二五”规划纲要，2012年中央经济工作会议提出，将“经济持续健康发展建立在扩大内需的基础上”。这表明，由外需向内需的转变将成为未来中国经济发展的重点。面对全球经济增长的不景气，作为拥有一个13亿多人口的发展中大国，及时调整过度依赖外需的产业发展格局，逐渐重视内需市场的作用，实现内需增长对出口促进的带动作用，无疑具有重要的时代意义。

家具产业是中国林业产业的重要组成部分，具有较强的产业关联效应和拉动效应。改革开放以来，特别是进入21世纪以来，中国家具产业凭借廉价劳动力的比较优势，借助全球化的红利，实现了快速的出口扩张。从2006年开始，中国已经开始取代意大利成为世界家具第一大出口大国。然而，受到全球金融危机的影响以及技术性贸易壁垒、绿色贸易壁垒的不断出现，再加上中国家具生产成本的不断上涨，中国家具出口增长受到了很大的冲击[1]。据

基金项目：教育部人文社会科学项目（青年基金项目）（10YJC790031）；国家自然基金青年项目（71203011）。

第一作者：程宝栋，（1980－），男，山东泰安人，北京林业大学经济管理学院国际贸易系主任、副教授、博士。主要研究方向：林产品市场与贸易、木材产业竞争力。Email：baodongcheng@163.com；通讯地址：北京林业大学57#（100083）。

海关统计，2011 年，中国家具出口共计 379.4 亿美元，比 2010 年增长 15%，增速较 2010 年下滑了 15.2 个百分点。面对出口市场的压力，“出口转内销”、“扩大内需”已成为相关政府部门、家具行业协会以及家具企业的共识[2]。如，北京市商委在 2012 年的工作会议上明确，为了健全促消费长效机制，今年将探索开展家具以旧换新等各项惠民工程。

在经济全球化下，任何市场都不是孤立存在的。在强调内需市场时，主要旨在通过内需对产业增长的带动，形成产业的规模经济，提高产业竞争力，以最终实现产业出口的扩张。而这个内需促进出口的过程能否顺利实现，主要取决于一个产业的发展是否具备母国市场效应。所谓母国市场效应(Home Market Effect)，也就是指在一个存在报酬递增和产品差异化的情况下，那些拥有相对较大国内市场需求的国家将成为净出口国。对于中国家具产业来讲，其拉动内需的政策能否成功，能否最终实现内需对外需的带动，也主要取决于其母国市场效应是否存在。鉴于此，论文围绕中国家具产业的母国市场效应进行尝试性分析。

二、母国市场效应的理论解释

母国市场效应理论属于新贸易理论的内容。新贸易理论是在现实经济的基础上修正了传统贸易理论中关于完全竞争、规模报酬不变、国际贸易无运输成本、产品同质性的假设，引入了垄断竞争、规模报酬递增、运输成本和产品异质性的理念。新贸易理论的主要代表、美国经济学家克鲁格曼(Paul R. Krugman)于 1980 年首次提出了母国市场效应理论。他认为，在规模报酬递增、产品差异化情形下，一国如果对某种产品具有较大的国内需求，那么该会成为该种产品的净出口国。母国市场效应理论意味着行业内需对于行业出口具有积极的促进作用[3]。

母国市场效应理论还可以从美国哈佛大学迈克尔・波特(Michael E. Porter)教授的钻石模型中找到解释。钻石模型用于分析一个国家某种产业为什么会在国际上有较强的竞争力。波特认为，决定一个国家的某种产业竞争力的有四个因素：生产要素、需求条件、相关产业和支持产业的表现以及企业的战略、结构与竞争等[4]。其中，需求条件主要强调的是国内市场需求。波特认为，国内需求市场是产业发展的动力。国内市场与国际市场的不同之处在于企业可以及时发现国内市场的客户需求，这是国外竞争对手所不及的，因此波特认为全球性的竞争并没有减少国内市场的重要性。

三、家具产业母国市场效应的检验

从国外家具产业发展实践来看，家具产业具有规模报酬递增、产品差异化的特点。在一国拥有较大国内市场的条件下，家具产业理论上具备母国市场效应存在的条件。基于此，论文运用计量经济模型对中国家具产业的母国市场效应是否存在进行实证性检验。

(一)模型设计

对“母市场效应”的实证检验主要存在两条路径：一是考察产业相对需求和相对产量的相关性，即需求的增长是否导致产量以更大比例增长，如果是则说明“母市场效应”的存在。二是考察产业相对出口对相对市场大小的弹性，如果这一弹性为正，则说明“母市场效应”的存在[5]。相比第一条路径，第二条路径不仅包括产量、需求量，还包括进口量和出口量，可以反映更多的信息。因此，论文将采用第二种路径对中国家具产业的“母市场效应”进行检验。同时，由于美国是中国最大的家具出口市场，占据了中国家具出口市场的半壁江山，因此，论文主要研究中美家具贸易问题。首先，中国对美国在家具行业的出口额为 E_{CF}，美国对中国在家具行业的出口额为 E_{FC}，则 E_{CFF}/E_{FC} 表示中国和美国在家具产业上的相对出口额，我们将这一比例记为 E^{*}；中国国内的市场大小为 Z_C，美国国内的市场大小为 Z_F，用 Z_C/Z_F 表示中国和美国在国内家具市场的相对大小，记为 Z^{*}。我们假定 E^{*} 和 Z^{*} 之间存在 *log* 线性关系，得到检验方程为：

$$\text{In}E^{8}=\beta_0+\beta_1\text{In}Z^{*}+\mu$$

若上式中，$\beta>0$，则说明中国家具产业“母市场效应”存在。

(二)数据说明

论文使用的是中国与美国家具产业的双边贸易数据，所有的贸易数据来源于联合国 UN COMTRADE 数据库。而中美两国在家具产业上的市场大小数据是由计算得到的。根据以往的经验，产业的国内需求基本能代表该产业的市场大小，而在假设产品不存在库存的条件下，产业的国内需求 = 产业总产量 + 该产业的总进口 - 该产业的总出口。论文就使用了这一方法来推算中美两国在家具产业上的市场大小。其中，中国的家具总产量来自国家统计局2003～2012年《中国统计年鉴》，美国的家具总产量来自美国统计局 United States Census Bureau 相关统计记录。

表1　中美两国家具产业出口状况

Tab. 1　Furniture Export status of China and USA

	中国出口额(单位：美元)	美国出口额(单位：美元)	相对出口指数
2002	1083688027	1677608	645.9721383
2003	1466544957	2039866	718.9418114
2004	1872190308	3271745	572.2298981
2005	2319818792	3740565	620.1787142
2006	2838325702	6532855	434.4694168
2007	3101028205	9746717	318.1613055
2008	2893060338	12337838	234.4868151
2009	2637667962	7075827	372.7716862
2010	3389921357	17673451	191.8086828
2011	3375733671	16636886	202.9065819

注：表中数据由 UNcomtrade 整理而来。

表2　中美两国家具产业市场规模

Tab. 2　Furniture Market Scale of China and USA

	中国市场规模(单位：美元)	美国市场规模(单位：美元)	相对市场指数
2002	63095634333	82648253378	0.763423687
2003	83229562643	86072830393	0.966966722
2004	103840801624	88007319670	1.179910967
2005	167476506802	95251961357	1.758247331
2006	227552679699	97029399219	2.345193122
2007	308440541837	94403989043	3.267240558
2008	431736046529	89248700488	4.837449108
2009	490549103461	67972439412	7.216882426
2010	636392399652	67430861744	9.43770231
2011	771475063291	70098891188	11.00552448

注：表中数据由《中国统计年鉴》与 United States Census Bureau 数据整理得到。

(三)结果分析

将上述数据放入 Eviews 中进行计量分析，相关统计参数如表3所示。

表3 检验方程计量统计结果

Tab. 3 Statistical results of estimation equation

	Coefficient	Std. Error	t – Statistic	Prob.
LOG(Z)	-0.475454	0.071575	-6.642785	0.0002
C	6.467999	0.100537	64.33450	0.0000
R-squared	0.846527	Mean dependent var		5.961238
Adjusted R-squared	0.827343	S. D. dependent var		0.498347
S. E. of regression	0.207073	Akaike info criterion		-0.134633
Sum squared resid	0.343034	Schwarz criterion		-0.074116
Log likelihood	2.673166	Hannan-Quinn criter.		-0.201020
F – statistic	44.12659	Dubin-Watson stat		2.789899
Prob(F-statistic)	0.000162			

如表3所示，该检验方程的 R^2 统计量为0.846527，方程拟合效果良好，并且t值显著，说明方程整体较好地体现了相对出口与相对市场的关系。β_1 的值为 -0.475454，这与预期的 $\beta_1 > 0$ 模型参数不符。从参数估计的结果看，家具产业并没有体现出“母市场效应”，而体现的是逆“母国市场效应”。

依据母国市场效应理论，对于逆“母国市场效应”，可能的解释是中国家具产业的发展不符合新贸易理论关于规模报酬不变、产品差异化的假定，可能更加符合传统H-O理论的相关假定，如规模报酬不变、行业完全竞争、产品同质化等。事实上，中国家具产业在发展过程中确实存在着以下特点：①产业规模化经营尚未形成，产业进入门槛低，行业到目前还未形成一个从资金、规模、质量、设施等方面的行业进入标准，有的只需要十几万人民币就可以开设家具厂，如果创业建厂资金能上百万的话，基本上就可以拿到一些大厂的挂牌代加工资格[6]；②产业处于火热的超竞争状态，企业普遍坚持“短、平、快”的经营特点，价格战、营销战等现象非常普遍；③同质化现象比较严重。由于普遍存在相互模仿、抄袭等现象，一旦某个企业的新产品在市场上好卖，在极短几个月内，则会有大量跟随型竞争对手蜂拥而至，产品差异化程度和差异化时间越来越有限。

四、结论及建议

通过以上对中国家具产业的母国市场效应进行实证检验，发现中国家具产业存在着逆“母国市场效应”，中国家具内需的扩大可能并不能起到促进出口的作用。这表明，中国家具产业的发展并不能用克鲁格曼代表的新贸易理论来解释，而用比较优势理论和H-O理论等传统贸易理论来解释可能更为恰当。传统贸易理论属于静态理论，是基于初级生产要素的外生比较优势理论。随着中国初级生产要素成本的不断提升，国际竞争压力的不断的增强，中国家具产业必须尽快改变传统的发展模式，实现基于规模经济、产品差异化驱动的内生发展模式。同时借助于中国有利的内需市场条件，尽快形成母国市场效应。要实现母国市场效应，未来需要从家具产业层面重点强化以下几个方面。①促进家具产业规模化经营的形成。如政府可以考虑设置家具产业规模标准，提高家具产业进入门槛；创新外部制度环境，鼓励家具产业内的兼并与收购，实现产业规模报酬；支持规模化企业发展，对产生了技术、管理、经营等外部经济效应的企业，如带动中小企业形成纵向或者横向一体化产业链的规模化企业给予政策上的支持或补偿，激励企业创造外部经济效应[7]。②改变行业内恶性竞争的局，鼓励企业间的战略合作。在此，各级家具行业协会应该积极发挥行业组织功能，支持不同类型、不同规模家具企业间在研发、生产以及销售等方面的合作。③实现产品差别化。国际家具市场发展趋势表明，国外品牌家具产品正在朝功能化、低碳化、时尚化方向发展。而中国家具仍然停留在以价格取胜、产品同质化阶段。要实现家具产品差别化，提高产品的技术含量，一方面需要家具企业自身加强研发与设计投入，另一方面，更需要政府强化对知识产权的保护，加强行业维权，以维护家具企业合法权益，营造公平竞争的氛围，拓展家具企业的生存和发展空间。

参考文献：

[1]田刚. 中国家具产业：比较优势和"走出去"战略[J]. 林业经济，2006(5)：30－33.

[2]贾清文. "出口转内销"是家具企业的突破口[J]. 家具与室内装饰，2009(11)：11－12.

[3]祁飞，李慧中. 扩大内需与中国制造业出口结构优化：基于"母市场效应"理论的研究[J]. 国际贸易问题，2012(10)：3－16.

[4]雍娟，刘友来，冯勋. 基于钻石模型的中国木质家具产业竞争力分析[J]. 林业经济，2010(9)：69－70.

[5]孙晓琴，王秋雯. 扩大内需与促进出口关系的实证分析——基于国内消费视角[J]. 国际贸易，2011(10)：27－32.

[6]夏岚，袁进东. 我国现代家具产业发展研究[J]. 企业经济，2011(8)：86－88

[7]宋维明，印中华. 关于中国林业产业规模化发展的若干思考——基于规模经济贸易理论的研究[J]. 农业经济问题，2009(1)：75－76

《欧盟木材法案》及其对中国木制品出口的影响

陈晓倩[1] 吴盛富[2] 王光忻[3]
（1. 北京林业大学经济管理学院，北京，100083；2. 中国林业产业协会市场部，北京，100091；
3. 欧洲森林研究所欧盟 FLEGT 亚洲项目，北京，100701）

摘要：近年来，中国已经成长为林产品生产和进出口大国，2011 年中国林产品对外进出口总额达到了创纪录的 1203.33 亿美元，比 2010 年增加 28.25%。欧盟是中国第二大的林产品出口市场，2011 年我国与欧盟林产品贸易额达到了 96 亿美元，增长 9.6%，占到中国林产品出口总额的 17.5%，仅次于美国的 21.8%，中国出口欧盟的主要林产品包括家具、胶合板、木地板。为确保将来源于非法采伐木材加工制成的林产品排除在市场之外，2010 年 10 月，欧盟理事会通过了《欧盟木材法案》，并已于 2013 年 3 月 3 日正式实施。中国林产加工业作为欧盟林产品最重要的供应商之一，更好的了解和适应欧盟木材法案的相关要求，对提升企业的综合竞争力具有重要的意义。本文介绍了欧盟木材法案的主要内容和执行方式，分析了欧盟木材法案对中国木制品出口带来的影响，并提出了相关的应对建议。

关键词：欧盟木材法案；林产品国际贸易；尽职调查；木材合法性认定

EU Timber Regulation and It's Impacts on China's Forest Product Exportation

Chen xiaoqian[1], Wu shengfu[2], Wang Guangxin[2]
(1. College of Economics and Management, Beijing Forestry University, Beijing, 100083;
2. Department of Marketing, China forestry product trade association, Beijing, 100091;
3. China project office of European Forest Institute EU FLEGT Asia Program, Beijing, 100701)

Abstract: China has grew up to the large forest product import and export country, the forestry product trading value reached to USD 120.33billion, increased 28.25% comparing with 2010. European Union as the second Chinese forestry product export market, the trade value researched to USD 9.6billion, increased 9.6% comparing 2010 and account for 17.5% of China's total forestry exportation value, slightly less US's 21.8% with furniture, plywood, and wood floor as major export products. In order to exclude illegal sourced timber products out of EU market, EU passed EU Timber Regualtion in October 2010, and implemented from 3th March 2013. China as one of important forest product suppliers to EU market, need better understanding the new law and improve forestry industry's competitive advantages. The article introduced major contents and implementation mechanism of EU timber regulation and analyzed it's potential impacts on Chinese's forestry product exportation.

Key Word: EU timber regulation; international forestry product trade; Due diligence system; timber legality verification

据海关统计数据显示，2011 年全国林产品进出口总值为 1204.5 亿美元，再创历史同期新高，同比增长 28%。其中，出口 550.8 亿美元，增长 18.3%；进口 653.7 亿美元，增长 37.5%，贸易逆差 102.9 亿美元。进出口仍然以原木、锯材、纸浆与废纸、木片等木质林产品为主，出口仍以家具、纸及其制品、木制品、胶合板、纤维板等为主。2011 年，我国出口欧盟的林产品贸易额约为 96 亿美元，占到中国林产品出口总额的 17.5%，仅次于美国的 21.8%，位于我国林产品出口市场的第二大地区。我国大量出口到欧洲的木制家具、地板和胶合板等产品，其原料中的热带硬木部分相当比例来自于东南亚、巴西亚马逊地区以及非洲刚果盆地，而这些地区木材来源的合法性受到了国际社会的质

基金项目：中央高校基本科研业务费专项资金资助(RW2011－12)。

第一作者：陈晓倩，博士，副教授。主要研究方向：林业经济政策，林业投资、贸易。Email：xiaoqianbfu@gmail.com，地址：北京市海地区清华东路35号，北京林业大学经济管理学院39号信箱(100083)。

疑。我国出口欧盟的木材制品，由于使用了来源受到质疑的原材料，在欧盟木材法案实施后，出口欧盟也会由于欧盟进口商实施尽职调查体系(Due Diligence system)而受到影响。

一、欧盟木材法案出台的背景和目的

作为欧盟对非法采伐采取的应对措施，2003年10月，欧盟委员会通过了欧盟森林执法、施政与贸易(FLEGT)的行动计划。该计划是欧盟与木材生产国合作打击非法木材采伐和相关贸易的多边、长期行动计划，旨在消除欧盟范围内的非法来源木材贸易，鼓励对全球森林开展合法和可持续经营。FLEGT是“森林执法、施政与贸易”(Forest Law Enforcement, Governance and Trade)的英文缩写。FLEGT行动计划的主要方法之一是在木材生产国和欧盟之间签署“自愿伙伴关系协议”(VPA)。通过此协议的签署帮助木材生产国建立起木材合法性的控制和许可程序，以确保只有合法来源的木制品才能进入欧盟市场。

自2006年底开始，欧盟已经和越来越多的国家进行自愿伙伴关系协议谈判，截止到2012年底已经有包括利比里亚，中非共和国，刚果共和国，喀麦隆，加纳，印度尼西亚6个国家与欧盟正式签订了“自愿伙伴关系协议”(VPA)，包括科特迪瓦，刚果金，加蓬，越南，马来西亚，泰国，老挝在内的7个国家与欧盟正在开展磋商，还有洪都拉斯，圭亚那表示出与欧盟进行磋商的兴趣。然而，VPA只涉及FLEGT伙伴国家和欧盟之间直接的林产品贸易，为了规避欺诈和洗钱等风险，欧盟委员会在FLEGT行动计划中还做出承诺，要制定其它打击非法采伐及相关贸易的措施。作为承诺的一部分，欧盟委员会于2008年10月提交了欧盟木材法案，要求欧盟的林产品贸易商进行尽职调查，从而使非法木材投放市场的风险降为最低。欧盟木材法案提案已通过欧洲议会和欧洲理事会同意，并由欧盟理事会于2010年10月12日通过《欧盟议会和委员会第995/2010号(欧盟)法案赋予将木材和木制品投放市场的运营商义务》(以下简称《欧盟木材法案》)。2012年7月，欧盟发布《欧洲议会和委员会第607/2012号(欧盟)实施法案》(以下简称《欧盟木材法案实施细则》)，对“尽职调查体系”和监督机构进行检查的频率和性质作出了详细的规定，法案已于2013年3月3日正式生效。

欧盟木材法案与FLEGT“自愿伙伴关系协议”(VPA)有紧密联系。如果一个国家和欧盟签署并实施了FLEGT“自愿伙伴关系协议”(VPA)，该国出口欧盟的木材将取得FLEGT证书(FLEGT licensed timber)，FLEGT证书的木材出口到欧盟的产品将被视为来源合法，进而免除欧盟木材法案的调查。此外拥有CITES证书的木材也自动免除欧盟木材法案调查。对于没有FLEGT证书的木材，其合法性如何证明将取决于欧盟进口商所使用的尽职调查体系(Due Diligence System DDS)的要求。

二、欧盟木材法案的主要内容

欧盟木材法案明确禁止非法木材和木材产品在欧盟市场上的首次投放，无论是欧盟自产木材还是进口木材都在法案管辖范围内。此外，法案要求首次在欧盟市场上投放木材和木材产品的欧盟运营商(operator)证明其已经使用“尽责调查”体系，以确保所交易产品的合法性。

(一)法案的内容及要求

欧盟木材法案的主要内容是通过以下三项规定抑制非法木材在欧盟市场上的流通：①禁止将非法木材及含有此类木材的木制品投放欧盟市场；②要求将木制品首次投放欧盟市场的运营商(operator)确立并实施“尽责调查体系(Due Diligence System DDS)”；③要求继续在欧盟内部加工或再交易进口或欧盟自己生产的木材和木材制品的贸易商(trader)保留至少5年关于其供货商和客户的文件及证明。

欧盟木材法案中木材合法性是在在木材生产国立法的基础上界定，包括①在合法确定边界内的采伐权；②对采伐权和木材支付相应的费用，包括与采伐有关的税费；③木材采伐，包括符合环境和林业部门的立法；④确保受木材采伐影响的第三方有关使用和权属的合法权力；⑤遵守林业部门-有关贸易、海关的法律。

法案的核心是要求欧盟木材及木材产品的进口商/贸易商确立并实施“尽职调查体系(DueDiligence System DDS)”，并保留关于其供货商和客户的文件及证明。“尽职调查”这一概念的核心在于通过风险管理将向欧盟市场投放非法木材以及含有此类木材的木制品的风险降到最低。“尽职调查体系”主要包括三个部分：①信息收集：运营商需获得关于购买产品描述(贸易名，产品类型，树种通用名/如果通用名可能产生误解需要提供拉丁学术名)、采伐国

（名称及遵守采伐国相关法律法规情况的信息）、数量（包括体积、重量、件数）、供货商（名称、地址），以及再次出售产品客户的姓名地址。②风险评估：运营商应利用所收集的信息按照法案中要求的标准对非法木材进入供应链的风险进行评估；③风险规避：一旦发现风险的存在，应通过向供应商寻求进一步合法性证明来规避风险。

在2012年7月欧盟颁布的欧盟木材法案实施细则中特别指出，森林认证或其他第三方认定体系在企业风险评估和规避中可以考虑使用，如果这些体系符合以下标准：①体系已经建立了可供第三使用的公开的要求体系，该体系至少应包括所有适用法律的相关要求；②体系明确了适当的由第三方在12个月内开展经常性检查的环节，包括实地走访，以确保相关的法律得到了遵守；③体系中包含了第三方认定手段，能用以追踪木材在采伐时是否符合相关法律要求，并能追踪由这些木材制成的木材产在投放市场前的经历的供应链的任意一环节；④体系包含由第三方认定的控制体系确保不知来源的木材或木材制品，或没有遵守相关法律采伐的木材及其制品不能进入供应链。运营商可以选择开发自己的尽职调查体系或使用监督机构（monitoring organization）提供的尽职调查体系。

在欧盟境内注册的公司都有资格申请成为监督机构，但需要欧盟委员会的批准，截至2012年底已经有20多家公司向欧盟提出了成为监督机构的申请，但还没有一家正式得到欧盟委员会的批准。申请者中目前主要是能提供认定或认证服务的公司，如法国的毕威认证公司。欧盟委员会的27个成员国分别指定了本国负责欧盟木材法案执行的主管机构（competent authority），主管机构将代表政府对监督机构提供的尽职调查体系的可靠性进行监管，并对运营商，监督机构和贸易商进行现场检查确保法案的顺利实施。

图1表明了什么样的企业可能会受到欧盟木材法案的影响。

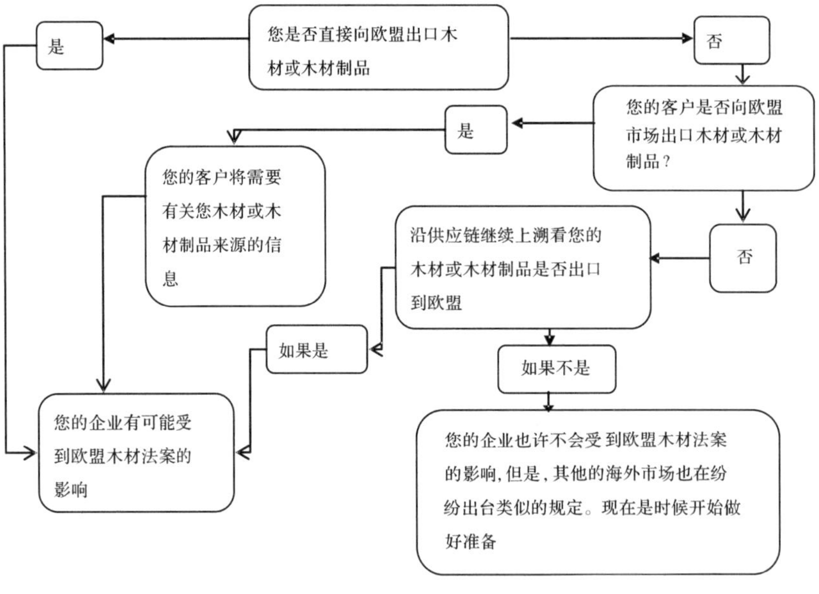

图1　企业是否受欧盟木材法案影响评定图

Fig. 1　Evaluation Frame on Weather the Company Subject to EU Timber Regualtion

（二）法案管辖对象

该法案适用于欧盟木材供应链内的运营商和贸易商，其规定了将木材和木制品首次投向欧盟内部市场的运营商和贸易商的义务。运营商是指将木材和木制品投放市场的任何自然人或法人；贸易商是指在商业活动过程中，在内部市场上出售或购买已经投放市场的木材或木制品的任何自然人或法人。

运营商的义务是：禁止把非法采伐的木材投放于欧盟市场。所有把木材或木制品首次投放于欧盟市场的机构，必须实施“尽职调查”体系，以减少引入非法采伐木材的风险。这要求运营商：①追踪木材供应链；②开展木材合法性的风险评估；③确定木材采伐来源国和地区；④对产品的信息进行描述；⑤取得证明木材合法性的文件。

贸易商的义务是:提供其供方和买方的基本信息,从而保证木材和木制品的可追溯性。贸易商需能够在整条供应链上对木材合法性进行识别。贸易商应将以上信息保留至少5年,并在主管机构要求检查时提供。

(三)法案涉及的产品

法案几乎涵盖了所有木材制品,包括原木、锯材、单板、木板、胶合板、地板,木质家具、纸和纸浆、木屑等产品,对进口及欧盟内部生产的木材和木材制品都适用。法案覆盖的产品包括,涵盖海关如下HS编码木制产品。①44章(木材及木制品)内的4401(薪材)、4403(原木)、4406(铁道及电车道枕木)、4407(纵锯木或纵削木)、4408(装饰木板)、4409(任何一边、端或面制成连续形状的木材)、、4418(建筑及木工用木材),4402(木炭)、4405[木丝(刨花)]、4410(刨花板)、4411(纤维板)、4412(胶合板、胶合镶板)、4413(强化木材)、4413(木构架)、4415(木箱、木盒)、4416(木桶);②47章及48章下所有纸浆和纸制品;③94章(家具等)内的、940330(办公用木家具)、940340(厨房用木家具)、940350(卧室用木家具)、940360(其他木家具)、940370(木家具部件)9406 00 20(预制木建筑)。回收产品、竹、藤、印刷品(例如书籍、杂志、报纸)不在涵盖范围内。必要时法案产品涵盖范围可以被修改。

有FLEGT证书和CITES证书的木材及制品被视为满足欧盟木材合法性要求的证据,也能够证明满足尽职调查要求,并可免于欧盟木材法案的管理要求。但通过各种森林认证,木材合法性认定的木材只是可视为降低风险的因素,并不能自动被认为满足法案合法性的要求而免于法案管理。对木材生产国和加工国而言,FLEGT为木材出口欧洲提供"绿色通道"。因此与欧盟签订FLEGT自愿合作伙伴关系协议(VPA)能为VPA国家在欧盟出售木材过程中带来可见的好处,即豁免欧盟木材法案管理。:尽管各国和供应商能够提供其他木材合法性文件,预计欧盟贸易商会青睐"没有争议"的FLEGT证书的木材。此外欧盟木材法案一旦生效,越南、泰国和中国等加工国在试图确保获得合法性证据时就会越来越看重FLEGT木材。这也会使VPA伙伴国FLEGT证书木材更具吸引力。

(四)执行机构和处罚措施

欧盟成员国将指定主管部门负责协调本法案的执行并制定处罚条例。各欧盟成员国将自行决定针对违反法案行为的处罚种类和范围。法案要求处罚要满足有效性,适合性和劝诫性的原则。具体惩罚措施有可能包括①没收非法来源的木材和木材制品;②终止涉及企业的贸易权;③对相应造成的损失处以罚款。

处罚措施的执行对象包括①运营商(operator),如果其将非法来源的木材和木材制品投放欧盟市场,或在将木材和木材制品投放欧盟市场时没有有效履行尽责调查体系;②贸易商(trader),如果其不能辨识提供合法来源木材和木材制品的运营商,或不能对其出售产品的客户进行记录;③监督机构(monitoring organization),如果其不能对涉及运营商的尽职调查体系进行持续、经常性的评估;或其不能对涉及运营商尽责调查体系得合理使用进行认定;或其当运营商不能执行尽责调查体系时,没有采取必要的行动,包括没有向相关政府主管机构(competent authorities)进行通报。

三、欧盟木材法案对中国木制品出口的影响

(一)对我国林产品贸易政策可能的影响

欧盟木材法案实施后,已经有欧盟林产品进口商开始要求出口商出具木材来源合法及可追溯的文件、信息。加之2008年美国颁布实施的同样旨在禁止非法来源的木材及木材制品进入美国市场的《雷斯法案》修订案,中国最主要林产品出口目的地欧美市场都出台了针对木材来源合法性的新法律。中国作为一个负责任的大国,一贯对打击非法木材采伐及相关贸易持积极态度,并已经与印度尼西亚,美国,欧盟,澳大利亚,日本签署了有关合作应对该问题的合作备忘录或双边对话,并从2011年以来积极探索中国木材合法性认定体系的建立与试点,力图通过林产品贸易政策的调整为中国林业企业提供支持确保欧盟市场的竞争力。尽管欧盟FLEGT框架下自愿伙伴关系协议(VPA)是针对木材生产国设计的,并不适合作为全球木材加工中心的中国的情况,但中国国家林业局也在积极与欧盟开展对话,为中国林业企业继续顺利出口欧盟市场争取话语权。同时根据欧盟木材法案的规定,如果欧洲的运营商评估出口商提供的FSC、PEFC以及其他第三方认证机构足够可信,那么这些认证体系可以作为风险评估和风险规避的工具。2012年底中国森林认证国家标准从行业标准上升为国家标准,并在积极与森林认证国际标准之一的PEFC体系开展互认工作。如果得到PEFC互认,中国森林认证国家标准将会注

入国际森林认证体系管理水平和经验，得到一定的国际认可。无论是积极推进中国木材合法性认定体系的建立还是寻求中国森林认证国家标准的国际互认，都表明中国相关政府部门希望能够适当调整林产品贸易政策导向，鼓励林业企业在海外木材采购中重视木材来源合法性问题，提高企业内部管理水平，拒绝进口非法采伐的木材。

（二）对我国林产品出口企业原料采购方式的影响

2011 年，中国从俄罗斯、巴布亚新几内亚、马来西亚、加蓬进口的原木占原木总进口量的 70% 以上。由于上述国家和地区的森林管理存在较多的问题，较难保障来自这些国家或地区的进口木材原料的合法性和可追溯性。欧盟木材法案正式实施之后，欧盟进口商为规避风险，会减少进口来自非法采伐高风险国家的木材和木材制品。中国的木材出口企业也将相应增加进口具有合法性或者可追溯性的原料，从而改变其选购原材料的方式。这些改变包括尽可能地采用国产木材原料，减少对进口木材原料的依赖性。但对于一些大径级原木需求很难由国内材替代。同时企业在成本可行的条件下，也可能改变进口木材原料的来源地，增加使用从发达国家进口的木材原料。2008 年以来，由于不断出现的欧美市场对木材合法性的新要求，我国从美国，加拿大，新西兰进口的锯材量已经呈现出逐年攀升的态势。

（三）对我国林产品出口企业成本的影响

根据欧盟木材法案要求的“尽职调查”，在 2013 年 3 月 3 日欧盟木材法案正式实施后，欧洲的进口商可能会要求中国厂商提供更多的木材来源合法性证明、或更多信息，从而短期增加企业的成本负担。另外，为了满足欧洲进口商的要求，中国厂商可能会选择 FSC 或 PEFC 等第三方森林认证对其产销监管链进行认证，以增加其产品的可信度。但是产销监管链认证一般需要支付林产品价格 5% ~10% 的费用，无疑增加了企业的成本。此外，实践中一件制成的木材产品中可能同时使用多种树种的木材，其生产过程可能涉及上百条供应链，同一树种可能来自不同的国家，再加上众多供应链，企业要获得木材来源的全部信息无疑要投入更多的人力、物力和财力，增加成本。尽管短期内，法案可能增加中国林产品出口企业的成本，但同时也创造了提升管理的机遇。长期以来，在林产品国际贸易中，我国企业的比较优势在于丰富的劳动力资源和廉价的劳动力成本，但在产销监管链管理方面仍有待提高，从中长期角度看，通过理顺自身的产销监管链，向国际大企业成熟管理经验靠拢，中国林产出口企业也能通过提高管理水平，经营效率节约一部分成本，弥补由于寻求更多木材来源信息所增加的成本，并增强企业的综合市场竞争力。

（四）对林产品出口企业社会责任的影响

在经济全球化背景下，企业社会责任已成为企业进入国际市场的门槛。中国企业能否国际化，能否进入欧盟、美国、日本等发达国家的市场，需要看其能否符合这些国家的企业社会责任检验标准。企业为了自身的长期利益也应向社会负责。我国的林产加工业长期以来是以劳动力和资本密集型为主，行业中中小企业的比重也很高，林业企业的社会责任还处于起步阶段。但随着欧美、澳大利亚新的林产品贸易市场针对木材合法性的新要求不断出台，尽管直接指向的是木材及制品来源的合法性，但究其根源是对林业产业环境友好性进一步的强化要求。希望通过杜绝非法来源的木材及制品保护珍稀的森林生态环境，促进森林的可持续利用。因此我国木材加工企业也需要更好的实践企业的社会责任，关注林业企业在解决非法森林采伐、森林破坏中可能通过经济杠杆、贸易链条所发挥的作用，在采购原料时尽量选择合法、可持续采伐生产的木材。

参考文献：

[1] 国家林业局．中国林业发展报告 2011[M]．北京：中国林业出版社，2012：25 -46.

[2] 国家林业局．2010 中国林业统计年鉴[M]．北京：中国林业出版社，2011：145 -156.

[3] 蒋德启．中国林业企业社会责任报告研究 [M]．北京：经济管理出版社，2011：34 -47.

[4] 陈立敏．中国制造业国际竞争力评价方法与提升策略[M]．武汉：武汉大学出版社，2011：65 -74.

[5] 黄晓玲．林业企业实施森林认证动力机制研究[M]．北京：中国农业出版社，2009：23 -26.

[6] Marilyne Pereira Goncalves Melissa Panjer Theodore S Greenberg William B. Justice for Forests-Improving Criminal Justice Efforts to Combat Illegal Logging [R]. Wonshenton DC：World Bank working paper, 2012：104 -123 .

[7] Jon Buckrell, Alison Hoare. Controlling Illegal Logging：Implementation of the EU Timber Regulation[R]. London：Chatham House briefing paper, 2011：34 -53.

[8] United Nations Economic Commission for Europe Forest products annual market review 2009 -2010 [R]. Brussels：United Nations Economic Commission working paper, 2011：77 -83.

[9] European Union commision. REGULATION (EU) No 995/2010 OF THE EUROPEAN, PARLIAMENT AND OF THE COUNCIL of 20 October 2010 [R]. Brussels：Official Journal of the European Union , 2010：14 -17.

中国新疆与东南亚水果贸易互补性及依存度研究

马惠兰　张　姣
(新疆农业大学经济与贸易学院，乌鲁木齐，830052)

摘要：新疆特殊的地理环境及光热条件，与东南亚国家在水果生产上具有明显的差异性与互补性，新疆葡萄、哈密瓜、香梨、葡萄干等大量出口东南亚。本文通过贸易互补性及比较优势指数分析，得出：新疆香梨、葡萄干、甜瓜、葡萄出口东南亚具有较强的贸易互补性和比较优势，苹果只有贸易互补性而没有比较优势。进一步分析出口东南亚的市场依存度，得出：新疆葡萄、香梨、哈密瓜出口东南亚市场的依存度很高，且呈增长趋势，葡萄干出口东南亚依存度较低，红枣、核桃以及苹果出口东南亚的依存度很低。

关键词：贸易互补性；比较优势；依存度；水果

Study on complementarities and export dependence of fruits between Xinjiang and the Southeast Asia

Ma Huilan, Zhang Jiao
(School of Economics and Trade, Xinjiang Agriculture University, Urumqi, 830052)

Abstract: Under the unique geographical environments and the natural conditions of sunshine and heat, fruits produced in Xinjiang are different from those in Southeast Asia and complementary with each other. Xinjiang exports grape, cantaloupe, pear and raisin to Southeast Asia. This paper analyses the complementarities of Xinjiang and the Southeast Asia, meanwhile, calculates the Comparative Advantage Index of the last five years. We conclude that grape, cantaloupe, pear and raisin are highly complementary and have comparative advantages. But apples which are complementary do not gain advantages. Besides, we analyze the export dependence of fruits to the Southeast Asia. We find that, the exports of grape, cantaloupe and pear are highly dependent on the Southeast Asia and appear a rising trend. But the dependence of raisin is relatively low. What is more, the exports of red date, walnut and apple show a lower dependence than others.

Keywords: Complementarity of trade; Comparative advantage; Dependence; Fruits

新疆属典型的干旱半干旱荒漠温带气候，具有得天独厚的生产温带水果的光热条件，生产的温带水果色泽鲜艳、含糖量高、口感好、营养价值高，主要有葡萄、梨、苹果、杏以及红枣、核桃、巴旦木等鲜干水果，与东南亚国家热带水果相比，具有明显的差异性与互补性。进入21世纪以来，新疆大力发展特色林果业，林果种植面积快速增长，超过1800万亩，产量超过650万吨，已形成区域化布局、产业化生产、市场化运作的格局，对外出口能力不断加强，葡萄、哈密瓜、梨、葡萄干等传统水果远销东南亚，新疆葡萄出口的近60%，香梨出口的40%以上、哈密瓜出口的100%均在东南亚市场，东南亚已是新疆水果出口的主要目标市场。

一、东南亚水果生产与温带水果进口状况

东南亚各国地处热带地区，是世界上重要的热带水果产地，热带水果种类多、品质高，被称为“热带水果之乡”。2009年东南亚10国水果种植面积3698.64千公顷，占世界水果种植总面积的近7%，产量5183.48万吨，占世界水果总产量的8.72%。主要集中在菲律宾、印度尼西亚、泰国、越南，这四国水果种植面积和产量分别占东南亚10国水果种植总面积和总产量的84.57%和91.86%。东南亚国家以生产香蕉、菠萝、芒果、山竹、番石榴及柑橘类水果为主，2009年这六类水果种植面积和产量占东南亚水果种植总面积和总产量的57 %和71.59%，此外，还生产榴莲、杨桃、菠萝蜜、龙

第一作者：马惠兰，博士，教授。主要研究方向：区域经济和农业经济。Email：MHL2020@sina.cn，地址：乌鲁木齐市南昌路42号，新疆农业大学经济贸易学院(830052)。

眼、红毛丹、荔枝、枇杷等其它热带水果。

东南亚国家居民消费的温带水果全部依赖进口，2010年进口水果2534.82百万美元，其中苹果、葡萄、梨、甜瓜、葡萄干、核桃等温带水果占40%以上，进口苹果、葡萄、梨分别为519.24百万美元、265.75百万美元和207.27百万美元，进口葡萄干和核桃分别为27.31百万美元和15.37百万美元，也进口大量的苹果汁、葡萄汁、梨罐头等温带水果加工品。从东南亚各国进口温带水果市场结构来看，中国是其主要的供给国家，东南亚从中国进口温带水果占从世界进口温带水果的35%以上。

二、中国新疆与东南亚水果贸易的互补性

(一)评价模型

1. 贸易互补性指数

如果一国出口的产品结构与另一国进口的产品结构吻合程度高，意味着出口国产品在进口国市场上具有较强的增长潜力。贸易互补性指数(Trade Complementarity Index)可以用于分析两国贸易商品进出口结构的相似程度，衡量两国进出口贸易商品结构的互补性。这里我们用贸易互补性指数衡量新疆水果出口结构与东南亚水果进口结构的吻合程度，以考察新疆与东南亚水果贸易的互补性，计算方法：

$$TC_{ij} = RXS_i^k \times RMS_j^k$$

式中：$RXS_i^k = \dfrac{X_l^k/X_i}{W_x^k/W_x}$　　$RMS_j^k = \dfrac{M_j^k/M_j}{W_m^k/W_m}$

式中，X_j^k为新疆k类水果出口额，X_i为新疆水果出口总额，W_x^k为世界k类水果出口额，W_x为世界水果出口总额；M_j^k为东南亚k类水果进口额，M_j为东南亚水果进口总额，W_m^k为世界k类水果进口额，W_m为世界水果进口总额。RXS_i^k表示新疆k类水果出口的比较优势，RMS_j^k表示东南亚k类水果进口的比较劣势，RXS_i^k越大，表示新疆k类水果的比较优势越明显，RMS_j^k越大，表示新疆k类水果的比较劣势越明显。当$TC>1$时，说明新疆与东南亚k类水果的贸易互补性强，TC值越大，互补性越强；当$TC<1$时，说明新疆与东南亚k类水果的贸易互补性弱，TC越小，互补性越不明显。

2. 出口比较优势指数

比较优势反映一个国家(或地区)某产品的出口相对于世界该产品平均出口水平的相对比较优势。可以用一个国家(或地区)对其贸易伙伴国某产品的出口占其该产品出口总额的比重与世界对该国(或地区)某产品出口占世界该产品出口总额的比重的比值来衡量。我们用比较优势指数衡量新疆水果出口东南亚相对于世界水果出口东南亚的竞争性和优势，计算公式为：

$$ECA = \frac{X_{ij}^k/X_i^k}{W_{wj}^k/W_w^k}$$

式中：X_{ij}^k表示新疆对东南亚k水果的出口额；X_i^k表示新疆k水果的出口总额；W_{wj}^k表示世界对东南亚k水果的出口额；W_w^k表示世界k水果的出口总额。

如果ECA大于1，说明新疆对东南亚k水果具有出口比较优势，且ECA越大，出口优势越强；若ECA小于1，说明新疆对东南亚k水果不具有出口比较优势，且ECA越小，出口优势越小。

(二)评价结果

1. 贸易互补性指数测算结果

根据新疆出口东南亚水果种类以及数据可获得性，我们测算了2006~2010年新疆主要水果出口东南亚的贸易互补性指数，结果显示：新疆与东南亚国家在苹果、梨、葡萄干上存在很强的贸易互补性，鲜葡萄也具有一定的贸易互补性。

表1　新疆与东南亚水果贸易互补性指数

Tab.1　Xinjiang and Southeast Asian fruit trade complementarity index

	2006年	2007年	2008年	2009年	2010年
苹　果	17.63	15.46	15.01	14.29	15.60
梨	23.80	21.26	14.40	13.31	12.38
鲜葡萄	0.95	0.75	0.64	0.69	0.87
甜　瓜	-	-	-	0.23	0.18
葡萄干	2.18	2.21	1.55	2.09	1.41

从新疆出口东南亚各类水果贸易互补性差异及变动来看：

苹果与东南亚存在较强的贸易互补性，互补性指数很高，远大于1，但呈下降趋势，由2006年的17.63降至2010年的15.60；梨的贸易互补性也很高，也呈下降趋势，贸易互补性指数从23.80降至12.38，存在较大的贸易潜力；葡萄干贸易的互补性也较高，贸易互补性指数大于1，呈下降趋势，从2.18波动下降到1.41；鲜葡萄存在一定的互补性，贸易互补性指数接近1，也具有一定的贸易互补性；新疆与东南亚甜瓜贸易的的互补性不强，贸易互补性指数较低，贸易潜力还没有挖掘出来。

2. 比较优势测算结果

表2　新疆特色水果出口东南亚比较优势指数

Tab. 2　Xinjiang fruit export toSoutheast Asia comparative advantage index

	2006年	2007年	2008年	2009年	2010年
鲜葡萄	10.61	2.50	10.70	9.23	12.67
苹　果	0.59	0.10	0.22	0.11	0.20
梨	4.13	2.17	5.35	4.05	4.72
甜　瓜				77.55	46.09
葡萄干	0.64	1.75	5.87	1.35	2.56

同样，我们测算了新疆主要特色水果出口东南亚的比较优势，结果显示：新疆鲜葡萄、梨、葡萄干、甜瓜相对于国际市场，具有较强的出口东南亚的比较优势，其比较优势指数均大于1；苹果出口东南亚的比较优势指数小于1，没有优势。

从新疆水果出口东南亚比较优势差异及变动来看：鲜葡萄出口东南亚的比较优势极强，且还在不断增加，比较优势指数由2006年的10.61波动增长到2010年的12.67，表明新疆鲜葡萄出口东南亚相对于世界平均水平而言，具有极强的比较优势；甜瓜出口东南亚的比较优势也极强；梨(主要是香梨)出口东南亚的比较优势较强，且比较稳定，比较优势指数在4~5之间，均大于1，表明相对于世界平均水平而言，新疆香梨出口东南亚具有很强的比较优势；葡萄干出口东南亚的比较优势也较强，2007年以后的比较优势指数均大于1，但呈波动变动态势；新疆苹果出口东南亚的比较优势指数均小于1，劣势明显，表明与世界平均水平而言，新疆苹果出口东南亚没有优势。

三、中国新疆水果出口东南亚的依存度

(一)出口依存度评价方法

出口依存度反映一个国家(或地区)的出口对其贸易伙伴国(或地区)的依赖程度，可以用一个国家(或地区)对贸易伙伴国(或地区)的出口额占该国(或地区)出口总额的比重来衡量。我们用出口依存度衡量新疆水果出口对东南亚市场的依赖程度及份额。计算公式为：$EIR = \frac{X_{ij}}{X_i}$

其中，X_{ij}表示新疆对东南亚某种水果的出口额，X_i 表示新疆该种水果的出口总额，以此反映新疆主要特色林果产品出口东南亚国家的依赖程度。EIR越大，依存度越高，表明新疆对东南亚某种水果出口的依赖性越强。

(二)出口东南亚依存度评价结果

1. 鲜葡萄

表3　新疆葡萄出口东南亚的依存度

Tab. 3　the Xinjiang grape export dependence in Southeast Asia

	2006年	2007年	2008年	2009年	2010年
葡萄出口东南亚	31.10	7.70	31.29	37.02	58.66
其中：印度尼西亚	16.94		7.10	2.20	2.90
老　挝					0.98
马来西亚	2.85		21.14	32.56	25.71
新加坡	0.98			0.31	
泰　国	10.33	7.70	3.05	1.95	11.48

近年来新疆鲜葡萄出口东南亚呈增加趋势，依存度从 2006 年 31.1% 上升到 2010 年 58.66%，表明新疆鲜葡萄出口的近 60% 在东南亚市场。马来西亚、泰国、越南、印度尼西亚是其主要目标市场，其中对马来西亚的出口依存度最高，且呈增长趋势，从 2006 年 2.85% 上升到 2010 年 25.71%，表明新疆鲜葡萄出口 1/4 在马来西亚；其次为泰国，新疆对其出口依存度呈“U”型趋势，2010 年达到 11.48%；对印度尼西亚出口的依存度呈下降趋势，从 16.94% 降到 2.9%；越南是新疆葡萄出口东南亚新市场，2010 年对其出口依存度达到 17.59%。

2. 香　梨

新疆香梨对东南亚出口的依存度也较高，且呈持续增长趋势，出口依存度从 2006 年的 29.14% 增加到 2010 年的 40.70%。印度尼西亚、马来西亚、新加坡以及泰国、越南是主要的目标市场，新疆香梨对印尼、马来出口的依存度较高，均呈不断增加趋势，2010 年分别达到 23.95% 和 10.35%；而对新加坡和泰国出口则持续减少，分别从 13.73% 和 5.27% 减少到 4.15% 和 1.03%；越南也是新疆香梨出口的新市场，但出口还较少。

表 4　新疆香梨出口东南亚的依存度

Tab. 4　dependence on Xinjiang pear exports Southeast Asia

	2006 年	2007 年	2008 年	2009 年	2010 年
香梨出口东南亚	29.14	16.48	34.81	29.47	40.70
其中：文莱					0.02
印度尼西亚	5.82	8.40	13.73	16.74	23.95
马来西亚	4.32	0.87	11.11	6.69	10.35
菲律宾				0.17	0.08
新加坡	13.73	4.91	8.71	5.23	4.15
泰　国	5.27	2.30	1.27	0.31	1.03
越　南				0.33	1.10

3. 苹　果

新疆对东南亚出口苹果较少，出口依存度也较低，且呈降低趋势，依存度从 2006 年的 3.47% 降低到 2010 年的 1.78%，表明新疆苹果对东南亚出口的依赖程度很低。

表 5　新疆苹果出口东南亚的依存度

Tab. 5　Dependence of Xinjiang apple exports in Southeast Asia.

	2006 年	2007 年	2008 年	2009 年	2010 年
苹果出口东南亚	3.47	0.54	1.24	0.81	1.78
其中：文莱					0.01
印度尼西亚	0.12		0.13	0.01	0.04
马来西亚	0.59	0.54	0.06	0.19	0.46
菲律宾	0.74			0.47	0.13
新加坡			0.10		
泰　国	2.03		0.95	0.13	1.16

4. 哈密瓜

表 6　新疆哈密瓜出口东南亚的依存度

Table 6　dependence on exports SoutheastAsia Xinjiang Hami melon

	2008 年	2009 年	2010 年
东南亚	91.73	100.00	98.04
其中：印度尼西亚		4.21	0.88
马来西亚	91.73	66.82	76.69
新加坡		10.17	
泰　国		18.80	20.47

哈密瓜是新疆出口东南亚最有优势的水果，2008 年开始出口东南亚，依存度非常高，

2009 年达 100%，表明新疆哈密瓜出口的国际市场几乎全部在东南亚。其中，马来西亚和泰国是其主要的目标市场。

5. 葡萄干

新疆葡萄干出口市场广阔，但对东南亚出口较少，出口依存度较低，波动较大。出口东南亚的依存度从 2006 年的 1% 上升到 2010 年的 4.71%，对越南、印度尼西亚、新加坡、马来西亚以及菲律宾、泰国 6 国出口，其中对越南出口较多，依存度呈增长趋势，从 0.61% 上升到 3.38%，其次对新加坡出口，依存度很低，不足 1%，对马来西亚变动较大，依存度不高。

表 7　新疆葡萄干出口东南亚的依存度

Table 7　dependence on Xinjiang raisins are exported toSoutheast Asia.

	2006 年	2007 年	2008 年	2009 年	2010 年
东南亚	1.00	2.59	7.81	2.05	4.71
其中：印度尼西亚	1.00	1.25	2.31		
马来西亚		0.73	3.23		0.47
菲律宾			0.59	0.40	
新加坡			0.26	0.26	0.86
泰　国				0.16	
越　南		0.61	1.42	1.23	3.38

6. 红枣和核桃

新疆红枣出口东南亚很少，仅在 2007 年和 2010 年有少量出口，出口依存度也很低，分别只有 10.41% 和 3.3%，主要出口马来西亚和新加坡。

新疆核桃只出口过东南亚的越南，仅在 2006 年出口，出口非常少，表明核桃在国际市场的影响力很低。

四、主要结论与政策建议

(一)主要结论

由于新疆与东南亚地理气候环境条件的巨大差异，水果生产具有很强的互补性，通过近五年来新疆水果出口东南亚的贸易互补性指数分析，得出：新疆苹果、梨、葡萄干及鲜葡萄出口东南亚具有较强的贸易互补性，但其贸易互补性均呈降低趋势。通过进一步分析这些水果出口东南亚与世界同类水果出口东南亚的竞争性与比较优势，得出：新疆鲜葡萄、梨、甜瓜、葡萄干出口东南亚具有较强的比较优势，苹果没有比较优势。

通过分析新疆特色水果对东南亚市场出口的依赖程度、变动趋势及市场分布，得出：新疆鲜葡萄出口东南亚依存度很高，达近 60%，且呈持续增长趋势，马来西亚、泰国和越南是新疆鲜葡萄出口东南亚的主要目标市场；新疆香梨出口东南亚依存度

也较高，达40%以上，呈波动增长趋势，印度尼西亚、马来西亚、新加坡、泰国是新疆香梨出口东南亚主要的目标市场；新疆葡萄干出口东南亚依存度较低，但呈持续增长趋势；新疆苹果出口东南亚依存度很低，且呈降低趋势；新疆红枣和核桃出口东南亚很少，依存度很低，只有个别年份有少量出口，其中，红枣出口马来西亚和新加坡，核桃仅2006年出口越南。

(二)政策建议

一是提高认识，重视东南亚市场。东南亚是目前新疆特色水果出口的主要目标市场，东

南亚5.88亿人口和2000多万华人，温带水果市场需求巨大，而且"中国－东盟自由贸易区"的建成提供的一系列政策优惠，为新疆特色水果出口东南亚提供了前所未有的大好机会。因此，必须高度重视开拓东南亚市场，从政府、涉果企业和果农都应充分认识到开拓东南亚市场的重要性。

二是加强协调，尽快建立出口东南亚的"绿色通道"。新疆地处西北边缘，远离东南亚市场，水果出口东南亚需要从广州深圳、广西南宁、云南昆明等口岸转运。目前从乌鲁木齐运输到深圳、南宁需要5～6天时间，从深圳港口出口东南亚需5－6天时间，从南宁凭祥陆路口岸出口也需要33小时，途中装卸、搬运、冷藏以及报关、查验等中间环节多，运输时间长，不仅流通成本高，而且还影响了鲜果在销地市场的品质。因此，需要进一步完善和落实鲜活农产品运输"绿色通道"政策，降低流通成本，促进新疆鲜水果出口流通。

三是大力鼓励新疆林果企业积极探寻与国内大型水果企业合作，采用合资和联合经营的方式将企业做大做强，充分利用国内大型水果企业对东南亚国家的出口经验以及成熟的营销渠道和推广方式，扩大新疆特色水果在东南亚国家的认知度和知名度，进而提升对东南亚国家的出口能力。

四是充分利用展会平台，加大推广和宣传力度。目前新疆特色水果进入东南亚市场还主要依赖外地企业及经销商的宣传和出口，东南亚消费者和经销商对新疆水果的认知度较低。因此，自治区和各地政府应积极组织、鼓励和支持企业参加"广交会"、"中国—东盟博览会"等，充分利用展会平台，展示、推广和宣传新疆特色水果，吸引东南亚客商的关注和重视，进而获取东南亚客户订单，与东南亚客户建立密切的合作关系，使新疆林果产品通过多方向、多渠道进入东南亚市场。

五是建立风险规避预警机制，减少和降低风险。由于新疆水果出口东南亚不可避免地存在自然风险、运输贮藏保鲜风险、通关风险等，还存在不可预计的市场风险和政策变动风险。应加强对东南亚主要国家重点城市的调查研究，分析研究这些国家消费者对新疆特色水果的消费需求、消费偏好、消费潜力及空间，多途径了解和掌握东南亚各国农产品贸易政策、技术标准、关税壁垒等现状和趋势，及时指导涉果企业组织生产和调整销售方案。同时，出口企业也要提前做好各种风险预测，建立风险规避预警机制，提高企业风险防御能力，尽量减少和降低风险损失。

参考文献

[1]孔媛. 世界水果贸易比较优势与产业内贸易研究[J]. 国际贸易问题，2006(01).

[2]陈富桥，祁春节. 中泰两国农产品贸易的竞争性与互补性研究[J]. 国际贸易问题，2004(02).

[3]孙林，李岳云. 中国与东盟主要国家农产品的贸易、竞争关系分析[J]，世界经济研究，2003(8).

[4]代金贵，祁春节. 中国果蔬出口东南亚面临的贸易壁垒及对策—以印度尼西亚、菲律宾、马来西亚、泰国、越南为例[J]. 东南亚纵横，2008(12)：44－48.

林业管理与林业服务

村级森林管理规划的内涵和程序
——基于小陇山林区的实践

刘金龙
（中国人民大学农业与农村发展学院，北京，100872）

摘要：参与式林业作为森林经营新的理念和林业发展新的话语，难以被基层林业部门所理解和操作。村级森林管理规划是作为推动参与式林业实践途径而提出的。本文讨论了村级森林管理规划的内涵，提出了开展村级森林管理规划应当遵循村民广泛参与、社会和经济协调发展、经济效益的优化、实事求是、量力而行、循序渐进和尊重多样化和差异性等原则。根据在甘肃小陇山天然林资源保护工程区开展村级森林规划的试点经验，总结出村级森林管理规划基本过程。在小陇山林区，现行的国有林场管理体制成为推动开展村级森林管理规划的主要限制因素，然而为了维护森林资源的安全，必须维持现有国有林场管理体制、尊重国有林场职工认知为推行村级森林规划的前提。村级森林管理规划如果能够为我国森林管理体系的改革注入活力，需要政治意愿的强力支持，需要着力于基层的实践，需要在林业政策改革上配合以良性的互动。

关键词：参与式林业；村级森林管理规划；内涵；原则。

Concept and procedure of Village Forest Management Planning: based on the practice at Xiaolongshan Forest Region

Liu Jinlong
(School of Agricultural Economics and Rural Development, Renmin University of China, Beijing, 100872)

Abstract: The concept of Village Forest Management Planning (VFMP) has been developed for promoting participatory forestry which is considered as a new forestry development discourse and ideology of forest management in the Nature Forest Protection Program at the Xiaolongshan forest region of Gansu province. This manuscript provided description of connotation of VFMP, and principles in guiding practices, which include enhancing villagers' participation, promoting coherence of economic and social development, maximizing economic return of capital input, adopting practical and adaptive approaches, and admitting diversification and differentiation. In the pilot test of VFMP at Xiaolongshan Forest Region, we discovered that on-going state forest management regime had seriously blocked the development of VFMP. However, in order to maintain safety of nature forests, we had to maintain this regime and recognize the potential resistance of state forest employees, which should be kick-off point to pilot and extend the development of VFMP. This manuscript concluded that only in case of strong support of political wishes, riches of piloting and practices on the grassroots levels, and coherent forest policy reform, the discourse of VFMP would have great potential to contribute the reform of China forest management regime, and China's forestry development as well.

Keywords: participatory forestry; Village Forest Management Planning; connotation; principle

参与式林业作为林业发展新话语和森林经营新的理念逐步被接受[1-2]，在退耕还林（草）工程、集体林权改革等项目和政策中，增加林农收入、改善群众民生与增加森林数量、改善森林质量同等的重

基金项目：国家社科基金重点项目《中国集体林权改革配套政策研究》（09AZD029）。
作者简介：刘金龙，教授、博士生导师，研究方向：发展社会学、社区发展、林业经济和政策。Email：liujinlong_ jl@ hotmail. com。

要[3,4]。至1990年以来，中国参与式林业发展实践主要是由国际发展援助机构推动的，中央和省级林业部门与世界银行、德国复兴银行、日本国际协力银行等合作，推动林业项目实施地区社区群众参与到林业发展中，社区群众从参与到林业发展过程中得到实实在在的利益。荷兰、澳大利亚、加拿大等援助机构与当地政府一道，在安徽、广西、贵州等省开展了社区层次上探索将森林管理和林业发展的实践，并融入到综合自然资源管理中来，纳入到社区综合发展中去[3,5,6]。然而，不同的项目采取了不同的实施参与式林业的具体措施，这些措施往往照搬其他国家的实践经验，普遍存在组织成本高、难以适合中国国情和林情，难以被我国林业部门所采纳[3]。

从发展政策的瞄准机制看，这些政策和规划均采用区域瞄准机制。我国采用区域瞄准机制，在尚没有建立符合市场体系的参照系和决策民主化的前提下，是比较现实的选择[7]。改革开放以后，中国发展实践，包括林业、反贫困、环境建设，证明了区域瞄准机制还是比较有效率的。然而，区域瞄准机制面临的问题越来越多，决策链条越来越长，成本越来越高，投资效果越来越差，带来腐败、低效率、高浪费越来越成为社会的热点。急需探索新的瞄准机制－目标群体为导向的瞄准机制，探索基层社区参与的发展模式和制度安排成为我国相当长时期内学术界和政策研究者的一个焦点课题。

1998年，在广泛实践的基础上，我们提出参与式林业的概念[8-9]后，一直在探索如何才能使参与式林业可操作。1999～2002年，在UNDP天然林资源保护工程能力建设项目的支持下，我们在小陇山林业实验局等国有林区研究过程中，提出了村级森林管理规划的想法，以之作为参与式林业的行动策略[10-11]。2003～2008年，在欧盟委员会的资助下，在甘肃小陇山林区甘肃徽县柳林镇选择10个村庄开展了村级森林管理规划的试点工作。本论文就是基于该项目在柳林镇的实践，将村级森林管理规划的内涵、原则、步骤不断完善修改后形成的成果。文章的最后还对村级森林管理规划的实践过程做了反思。

小陇山林区位于黄河和长江的上游，是我国天然林保护工程重点林区。甘肃省小陇山林业实验局是我国最大的国有林场群，林区群众较多，农林交错。除城镇外大部分地方属于贫困地区，群众生活困难，区域经济欠发达，农民对森林依赖性较大。从国有林场角度来看，小陇山林区森林管理的难点是林区内农村社区对森林资源的侵扰。因此，天然林保护工程实施之后，采取了工程措施(工程及生物护栏等)加管护人“分段包干、盯人防守”的策略，将农村社区的居民当作森林管理的敌人，严防死守，不惜代价，确保国有森林资源的安全。这种做法将过去的林农、林牧矛盾演变为农村社区与国有社区林场之间的矛盾。村级森林资源管理实践活动的重心在于如何协调农村社区与国有林场的矛盾。

一、村级森林管理规划的内涵

村级森林管理规划，以天然林保护工程区行政村为单元，将在地理位置上与该行政村有密切关系的所有森林资源，包括集体和国有的荒地、有林地，个人、集体和国家所有的林木和森林资源作为一个整体，由国有林场、县林业主管部门、村委会和村民共同制订天然林保护工程项目林业发展和森林经营管理的计划，并由国有林场、县林业主管部门、村委会和村民共同来实施这一计划。

村级森林管理规划，是一个完整独立的概念，是推动参与式林业发展的行动策略，而不是相对于流域、县级、省级层次规划而提出的。这儿的村不是作为森林经营管理的单元，而是作为森林社区－基层社会规划－文化载体来定义的。村级森林管理规划下，森林经营或所有者主体依然是个人、联户、林农合作经济组织、社区、企业或国有森林经营者。

行政村是开展森林资源管理最适宜的单元[12]。主要基于以下理由：第一，行政村具备基本组织功能，具有明确的法律地位。村民自治选举逐步成为乡村政治的重要组成部分，长远来看，村委会作为村民的自治组织最有可能成为森林管理基层组织。第二，从培育森林社区－与森林相关草根社会规则－森林草根文化出发，最合适的基本细胞是行政村。村作为农民聚居的基本群落形态，构成了完整的社区，社区居民具有相同的包括森林文化在内的文化特征，共同享有森林、水域等自然资源，教育、卫生、道路等公共设施，宗族、信仰、草根组织等社会机制，成员间有许多共性。当地人在长期森林相处的过程中，逐步演化成草根制度，如森林利用的方式，社区中利益分享的机制，村规民约。在社区层次，农田、森林、水域等自然资源与当地人、社区规则和文化建立起稳定的关系，才能导向森林可持续经营。需要说明的是，森林、社区规则和文化之间的关系不是一成不变的，而是随着外部条件、人的认知、权力关系等因素的变化而改变，建立起新的平衡。第三，行政村整合环境和发展成为一体的最基础单元。我国的大多数林区处于偏僻的山区，经济发展水平低，社会发育相对滞后，人多与低素质并存，资源贫乏与低效率并存，生态环境脆弱与自然灾害频繁并存，这些因素相互作用、相互制约。生存问题和生态问题是互为因果的，经济上的贫困往往导致对环境价值的漠视，而环境恶化又加剧贫困，构成了以人地关系对立为特征的生态恶化与贫困循环。对于贫困社区的家庭而言，必然是遵循生存优先原则，单纯的强调保护很难奏效。积极的办法是在保护的同时，通过发展生产，消除贫困实现森林的生态环境价值，能够将森林保护和社区发展综合起来统筹安排最基础的单元是行政村。

村级森林管理规划需要以区域社会经济发展综合规划为指导，以社区发展综合规划为基础上开展工作。就我们在甘肃省徽县柳林镇10个行政村开展了村级森林管理规划实践发现，县一级政府制定了社会经济发展规划，但规划的科学性和操作性很差，也无法律地位，很容易受到上级发展政策变化和干部更迭的影响。参与试点的十个村，没有一个村开展过村级综合发展规划。因此，必须首先为村级发展制定综合规划，包括基础设施改善、土地利用结构、种植业结构、经济发展、基层组织建设、社区组织、社区制度、社区文化发展规划，并在规划过程中宣传国家的方针政策，密切干群关系，特别是林业部门与当地村民的关系，实现森林为主体的环境效益和农户生活改善的统一。村级森林管理规划本身就延伸到村级综合发展的框架下，村级森林管理规划被置于到村级社区综合发展的概念上。

村级土地利用综合规划是村级森林管理规划最重要的内容。我们是把全村的土地资源，包括村界内插花分布的国有林、集体林、旱地、坡地、村庄等不同土地资源作为生态系统管理的整体来统筹安排。而突破了过去单个项目规划的概念，把村级土地利用规划作为村级森林规划的主要内容，充分注意到当地多样的土地利用方式，如林粮间作、庭院经济、村庄绿化和美化等。

村级发展规划制订过程是不同利益相关者沟通和协商的过程，是一个将国有森林管理部门，当地政府不同部门，与当地群众密切合作的过程，是将个人林农、联户经营体、林农合作经济组织、企业等各位森林经营主体相互学习、相互妥协、共同规划的规程。探索在我国目前条块分割下跨部门的、多产业的制定村级发展综合规划的过程。村级森林管理规划同时是村民环境教育过程和森林管理者、地方政府和村民相互学习的一个过程。

二、开展村级森林管理规划的主要原则

基于开展村级森林规划试点经验教训，提出了如下村级森林管理规划的主要原则。

(一)促进多相关利益群体的广泛参与

与村级森林管理规划相关的利益群体很多，包括各级政府和相关部门，个人、私有企业、各式林场等森林经营者，流域上下游的社区，游客、媒体、环境保护工作者等。村级森林管理规划最重要的是必须在广大农户的直接参与下制定。在规划的各个环节要充分体现当地村民的民主意愿，作为村级发展规划要尊重村民代表大会对重大村务事项的决定权。规划制定过程中要注意村民参与的广泛性和各类农户的代表性，强调妇女的参与。村级森林管理规划制定的过程，也是通过村民参与，组织动员村民行动的过程。

必须纠正忽视群众，不相信群众的倾向。林区群众确实存在文化程度低、观念落后，竞争意识差等问题，但是他们天然地具有经济理性，追求幸福富足，追求环境优美的权力和责任。森林社区和农户长期面临生存问题，拥有富足的环境资源，必然将生存置于比环境问题更为优先的位置。在长期的生产生活中，森林社区已经形成了和当地自然资源，特别是森林资源相互依存的生产和生活方式，特别是应对恶劣自然条件的生存策略。这些生产和生活方式、生存策略背后蕴涵着知识和技术体系以及传承方式、包括公共空间、习惯法和社会规范在内的社会规则(social norm)[8]。对那些有利于森林可持续经营的社会规则，需要在村级森林规划过程中挖掘、继承和发扬。而那些不利的，需要在村级森林管理过程中分析其深层次的知识和制度原因，需求森林管理新文化、新知识和技术、新的生产方式、新的内部组织形式和制度支持，并能够形成循序渐进的策略和行动融入到社区中，在社区中扎根、传播和推广。新的知识、技术和制度、社会规范必须立足于当地的条件和现状，立足于群众和社区已有的经验、习惯、知识体系和组织结构[13]。相信群众，依靠群众，相互学习，相互促进是任何一个外来者，包括政府官员和科技工作者必须牢记的开展村级森林管理规划的工作纪律。

(二)促进森林保护和经济社会发展相协调

村级森林管理规划必须充分体现协调发展的原则。必须重视以森林为友的替代经济发展模式，重视乡土知识和技术，特别是传统的土地使用方式。不主张把森林变成保护区，要提倡适度开发和充分发挥当地林下资源优势。村级森林管理规划必须注意到当地群众生活用材(建筑和薪材等)、放牧、耕地扩大的实际需求。

(三)实事求是和循序渐进

规划应当从大处着眼，小处着手，长期目标和

短期目标有机的集合起来。一个具体的村级森林管理规划可以基于近五年内的资源、能力、市场等各因素的具体分析，确定规划目标和行动方案、经费预算，规划要实事求是、量力而行，切勿制定出一个符合计划经济特点的要钱规划。

森林管理草根制度的形成需要时间，以环境为友的新的生产生活方式需要时间，地方政府行政和执法能力的建设需要时间。必须把村民和社区的自我森林管理和发展能力建设作为根本目标，循序渐进，一步一个脚印，逐步培育出具地方特色的森林管理草根制度，提高地方政府的行政和执法能力。

(四)多样化和差异性的原则

我国有辽阔的疆域，悠久的历史，复杂多样的自然地理特征，丰富多彩的人文文化形态，纷繁多彩、内容迥异的森林与人的关系组合，各具特色的草根森林管理制度。各地经济发展水平，社会发育程度不相同，地方行政和执法能力差别很大。开展村级森林管理规划必须鼓励多样化，尊重差异性。正确处理国有林场与农村社区在森林权属和利用上的矛盾和分歧，明确国有林场和农村社区森林管理权力安排和利益分配的义务和责任，对有争议的林地林木产权，国有林场要尽可能照顾农村社区的利益，可明确林地所有权归林场，而使用权和收益权长期归农村社区，根据各地的特点，建立多样化的合作管理模式或托管模式。

(五)资源效益最大化的原则

我们所说的资源，包括自然资源和社会资源。在保证实现环境服务效益基础上，充分发挥自然资源的优势和特点改善当地人的生活，而且还要发挥国有林业部门、地方政府和村民的社会资源，加强协调，形成合力。同时，实现资源的培育，包括自然资源禀赋的改善，如土壤改良、土地利用系统合理布局等，也包括社会资本的改善，如决策机制的形成并制度化，当地群众森林管理组织建设和完善等，真正实现“人尽其力、地尽其用”。

三、村级森林管理规划的过程

村级森林管理规划包括选择开展村级森林管理的社区、社区调查、规划分析和形成规划材料四个阶段(见图1)。开展一个村级森林管理规划的基本过程如下：

(1)组建村级森林管理规划工作小组。小组的组成人员需要有广泛的技能组合，包括能够收集自然资源、资源管理、林业、农业、经济活动、决策、性别及权属等方面的信息。一般至少由3名成员组成，其中必须有一位女性。最好有熟悉社区工作的林业工作者和有社区发展经验的社会科学工作者。工作小组还需要指定一个小组长，成员之间需要恰当的分工和合作。

(2)收集现有信息。收集县、乡两级政府和林场保存的与项目所在村庄相关的土壤、土地利用系统、森林、农业、社区等资料，如农业志、林业志、县志等。采访知情人，特别是乡镇政府，了解是否开展了村级发展规划，正在开展和计划开展的发展项目等方面的资料，并了解他们的意见，在实践工作中，他们的意见往往是非常有价值的。

(3)野外调查准备。首先必须使工作组成员明确野外调查目的，即社区需要利用现有天然林保护工程的机会和其他发展项目的机遇，制定一个共同的森林管理行动方案。其次，还需要明确调查是在典型社区还是特殊社区进行，需要开展的是试点还是一般发展项目。需要制定一个初步的工作计划，包括所需工具清单、初步日程安排、后勤保障等。最后确定社区调查的方法和工具，常用的工具是参与式方法工具[8]。在野外调查期间，每天都需要进行总结。每天的总结应当以小组形式集体工作，要防治个别小组成员左右调查结果，小组成员以“裁判”的态度来分析所收集的信息。一般来说，座谈会是最重要的调查工具。如社区成员集体讨论社区资源管理、生产生活等，特别是森林资源管理存在的问题、制约因素、潜力以及发展机会，进而制定发展规划并形成社区共识和共同行动。

(4)野外作业。在野外作业期间，需要不断调整工作计划，并使之更加详细，但需要一定的灵活性。野外调查需要遵守一个基本顺序，先行政村，后自然村(或社)，再农户。一般从收集自然与社会环境的描述性信息开始，然后收集具体的农户信息。收集信息的主要手段是观察和访问、图形工具，如社区图、季节历、农时图等。这样可以使参与者增加自信和主人翁精神，信息应当能为工作组和社区群众共享。

(5)分析。调查小组把所收集的野外调查结果进行分析，包括：社会经济现状分析，即对村级和农户基本资料的整理与汇总；农户分类，谁在使用森林资源，使用方式和家庭生计对森林资源的依赖程度；确定规划目标；土地利用现状分析；森林资源管理现状分析；森林发展和恢复安排；森林管理安排；利益分配安排；规划项目的优劣势分析；规划项目实施设计(替代生计计划)；支持需求决定；监测与评估计划。

(6)反馈社区共同承诺和制定项目计划。召开农民座谈会把上述的结果向社区群众陈述，并请他们修正上述的结果。有了项目的措施，可以制定一个完整的计划，明确参与各方的责任。计划包括：明确经社区同意的优先发展的活动；建议采用的行动方案、投入和来源；明确社区、政府机构、项目机构等各方的责任和义务；投入和产出及时间安排(如劳动力、资金、技术等)；明确社区需要外部的支持(如资金、技术等)。

(7)编制计划。把上述计划和安排编制成册。计划应当经过村民代表大会通过，并得到乡镇、县林业局和国有林场会签意见。必要时，国有林场应当与当地村委会根据规划签署合同来实施这个规划。

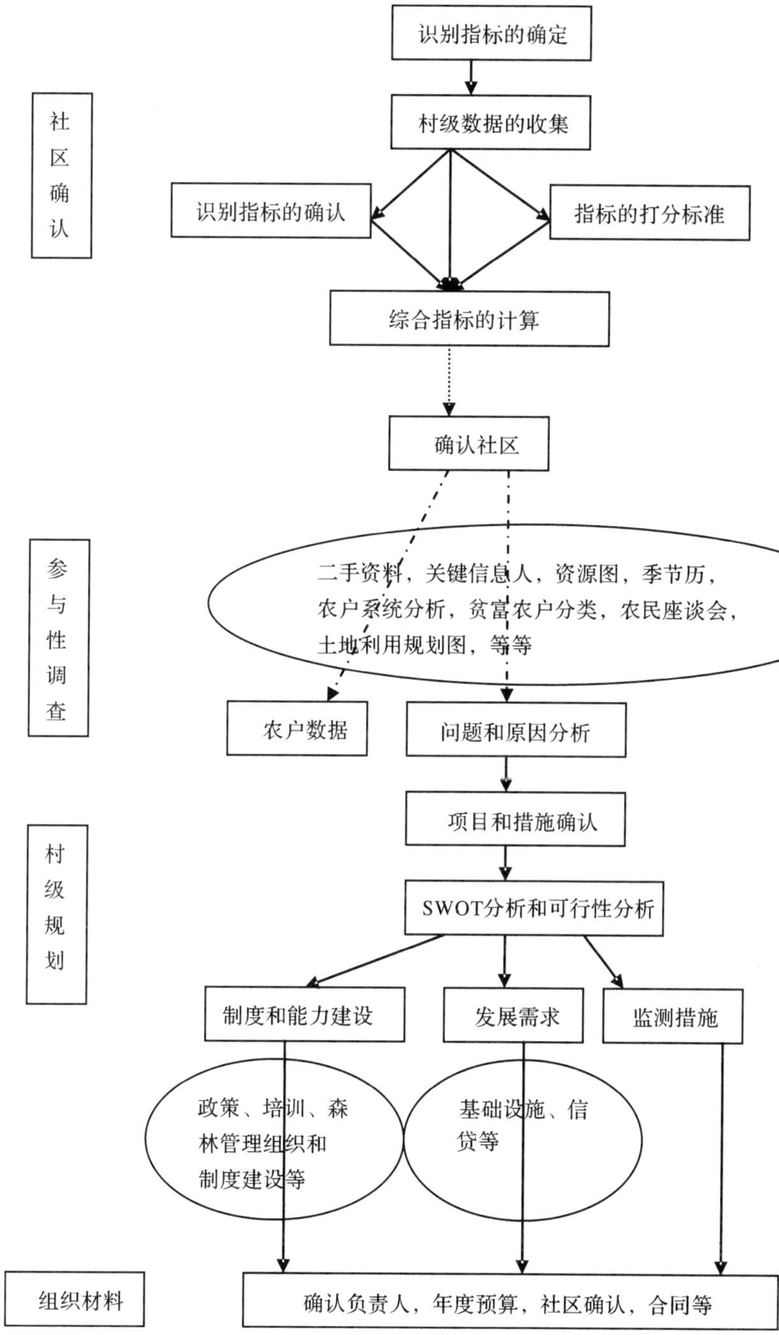

图1　村级森林管理规划的程序框架

Fig. 1　Procedure Frame of VFMP

四、村级森林管理规划试点的体会

村级森林管理规划只是在甘肃小陇山林农交错地区开展了10个村的试点，我们还难以提出推而广之的政策建议，具体的体会如下：

(一)开展村级森林规划必须维护现有国有林场森林管理体制

在中国国有林区推行村级森林管理规划，现实的阻力来源于国有林场本身。就林场而言，本已富裕的林业职工怎么安置？就林业部门而言，对基层政府管理能力不放心，对林区的群众不放心。确实，基层政府的管理能力，特别在贫困山区，行政水平和执法能力有待于进一步的提高。在甘肃天保工程区，一名镇党委书记说：国有林场林业公安得到上报的毁林案件，一定会穷追不舍查出毁林者，制度上有保障。如果农民向镇派出所汇报了毁林案件，会一拖再拖，而后不了了之，主要原因是基层人际关系复杂，执法没有经费。一位在国有林场的老领导认为，天保工程实施后，营造起了良好的护林社会舆论氛围，各级政府十分重视森林资源的保护，天保工程区林业执法环境有了很大的改善，老百姓认识到胸径大于6厘米树木不能砍作烧材，违反了轻则罚款，重的要追求刑事责任。在天然林资源保护工程实施前，县委书记会为偷盗林木的群众说情，“群众也是没法子，偷几棵树换点儿盐巴，能算就算了”。工程实施后，地方领导对待偷盗林木的案件至少嘴上要求执法部门“查处严办”。天保工程实施后，林区偷盗林木的案件在逐年减少。要维持这样的良好的局面，必须保持国有森林管理体系，保留森林公安、检察、法院，保留通过天保工程建立起森林管护到地块的责任制度，在培育社区森林管理能力的同时，逐步加强地方林业执法的责任和能力。

(二)林业发展需要积极融入到地方经济社会发展中

坦诚地说，开展“村级森林管理规划”，需要将国有森林管理权全部或部分与当地政府和社区群众共享。任何人和机构都不可能主动放弃权力。国有森林管理体系的改革会是大势所趋。必须实现森林资源真正的国有所有，必须将森林的使用行为市场化，把森林执法独立出来。森林使用者必须符合市场的法则获取国有森林的使用权，而不应当在制度上优先保障一部分人的使用受益的权利。实际上，在国有林区，过去二十年来，国有林场不断收紧对资源和受益的控制权，从免费采集薪材、非木质林产品、开荒种粮到有限制的使用，收费使用，到承包给职工作为工资的一部分。在天保前，荒山有的荒了几十年，被群众长期作为牧场，天保后荒山突然变成国有林场重要的资源，换取国家公益林建设的投资。林子好的林场由富人变为穷人，而荒山多、没有资源的林场由穷人变为富人。回过头去看，这些措施实际上都是国有林场面临财务问题后的被动选择。领导和职工都很清楚，与周边群众争食是不得已而为之。试想一下，现在的荒山都能变钱，未来国有林场还能有什么招能够变钱。生存总是第一位，然后才是环境，国有林场和农民是一样的。长期来看，我国国有林业战线的职工和干部必须勇敢地去迎接这个挑战。随着我国现代化的进程和社会主义市场经济体系的逐步确立和完善，条条管理的格局一定会逐步被打破，而需要建立各级政府负责起本地区事务的管理体系，综合协调本地区的发展和环境。各地需要根据本地区的具体情况，树立综合协调的观点，将土地资源、人力资源、社会组织资源有机整合起来，将第一、第二、第三产业等综合协调起来，而不是目前的相互分割的局面。我们林业部门需要一个积极的姿态和开放的胸怀，主动纳入到社区综合发展之中。

(三)推动村级森林规划必须关注国有林场职工

国有林场职工大多生活在偏僻的乡村，特别是护林点的林业职工。为了获得那一点微薄的工资，许多人妻离子散，常常遭受当地群众的白眼和冷对，保护着国家的森林。在值得同情的同时，我们需要反思的是另一面。他们中的许多是林业老职工的第二代、甚至是第三代，少数是林业院校的毕业生，近亲繁殖、关系复杂，总体上缺乏学习的精神，缺乏激情和努力。在当今中国经济高速发展和信息化的时代，他们总体上跟不上时代的步伐。人总是第一位，没有人的知识不断创新和努力精神，没有那样的环境和制度创新迫使人和团队不断努力和进取，很难想象我们的国有林业企业能够在市场经济的大浪搏击中脱颖而出。从国有林场管理来看，随着国家财政资金从上至下的注入，林场的管理在总体上也逐步回到了计划经济时代那一套企业管理模式中去了，与计划经济时代最不同之处是强化的责任制和奖惩等经济手段。林场的管理者更多的时间用于“跑部前进”，争取更多的资金和便利，应付上级的各式各样的检查。从森林管理制度来看，国有林场集多种身份为一体，是森林资源的实际所有者(国家则是名义上的)，执法者，利用者。未来我们应当将上述三种身份分离开来，真正实现国有森林的国家所有，形成对所有市场主体(使用者)公平、公正和公开的法律法规和执法体系。然而，农村责任制后，绝大多数林区的农民，如同许多其他贫困地区的农民一样，没有能够自我组织起来，地方政府组织能力也越来越弱，村民之间、村民与各级官员之间信任感越来越弱，国有林场成为相对能够组织起来、最容易动员起来保护和恢复森林资源的体系。即使如此，我们需要把长期目标和短期目标有效结合起来，天然林保护工程提供了巨额财政资源将国有林场组织和动员起来保护天然林资源的同时，应当认识到国有林场改革的紧迫性，而不是维护和强化国有林场计划经济旧体系。从职工工资来看，天保工程区国有林场收入绝大多数来源于国家的财政投入和地方财政配套，职工收入近年相对有所增长。然而，我国经济快速增长，社会平均工资也在快速增长，而天保工程项目的设计是一个静态投资，就具体活动而言，投资是固定的。可以预计，逾到后期，国有林场面临的财务压力也就越来越大。一些国有林场在天保工程后，将从事三产和加工工业的从业人员转移到完全依赖林业(管护人员、育苗、造林、规划设计等)为生的就业岗位上来，实际人员没有减少，而是在增加。天保工程在实际操作过程中的一些短期行为实际上在给未来新添了本已十分沉重的包袱和增加改革的成本和难度。

(四)村级森林规划必须实事求是，因地(势)制宜

村级森林管理规划不是只有一个模式，必须切合当地的实际情况。我们不可能在没有村民的地方推行这个概念，各个地方应当结合当地的实际情况形成各具特色的方案。同时，目前的森林管理体系不能完全的否定，而是适当的扬弃。也正因为村级森林管理规划概念面临的难度，仅仅是基层的探索和努力是不够的，需要在基层探索和政治意愿、林业政策改革互动。同时林业政策改革需要诫急，防范国家将在农业上的家庭承包责任制套用到林业上的“三定”，带来一轮森林资源的破坏。

参考文献：

[1]刘金龙. 参与式林业 - 参与式发展在森林管理中的实践[J]. 世界林业研究，1999(3)：20 - 26.

[2]陈建成. 参与式林业经营研究[J]. 北京林业大学学报，2002(2/3)：37 - 39.

[3]Liu J, Wu J, Yuan J, etc. Enhancing community participation: participatory forestry management in China. //Plummer J, Taylor J. (eds) Community Participation in China-issues and processes for capacity building. 2004: 93 - 138. Earthscan, London.

[4]易福金，徐晋涛，徐志刚. 退耕还林经济影响再分析[J]. 中国农村经济，2006(10)：20 - 27.

[5]Xu J, Zhao Y, Suh J. Community Forestry for Poverty Alleviation in China with Reference to Huoshan County, Anhui Province, Small-scale Forest Economics, Management and Policy, 2004, 3(3): 385 - 400.

[6]孙秋，周丕东，袁涓文，等. 社区为基础的自然资源管理方法的制度化 - 基于贵州省长顺县凯佐乡的实践[J]. 贵州农业科学，2006，34(5)：103 - 106.

[7]朱玲，蒋中一. 以工代赈与缓解贫困[M]. 上海三联书店，1996：28 - 34.

[8]Liu Jinlong. Forests in the Mist [M]. Wageningen University and Research (PhD dissertation), 2006: 178 - 183.

[9]刘金龙. 中国参与式林业的简要回顾和展望[J]. 林业科技管理，2004(1)：28 - 30，33.

[10]刘金龙，张大华，张敏新. 社区参与森林管理[M]. 中国林业出版社，2007：1 - 6.

[11]张大华，刘金龙，张敏新. 社区参与森林管理及对天然林保护工程的启示[J]. 南京林业大学学报(人文版)，2002(3)：75 - 79。

[12]刘金龙，孟平，侯燕南. 村级森林管理规划[M]. 中国林业出版社，2006：1 - 12.

[13]叶敬忠. 参与式林业规划过程中的利益相关群体分析[J]. 绿色中国，2005(24)：43 - 46.

借鉴美国林务官制度加强我国森林资源管理探析

李红勋[1]　孙勋[1]　柯水发[2]
（1. 北京林业大学经济管理学院，北京，100083；2. 中国人民大学农业与农村发展学院，北京，100872）

摘　要：美国的林务官制度历史悠久、成效显著。论文首先总结了美国林务官制度的一些优点，并分析了我国借鉴美国林务官制度的可行性和重要性，最后结合我国森林资源管理状况，提出了加强我国森林资源管理的相关对策，如加强林业立法工作、推动林业相关标准的制定、完善林业高素质人才培养机制、完善基层林政人员薪酬福利制度、完善森林资源管理的外在监督机制等。

关键词：林务官制度；森林资源管理；美国；中国

Lessons Drawn from American Foresters System to Strengthen the Management of Forest Resources in China

Li Hongxun[1], Sun Xun[1], Ke Shuifa[2]
(1. School of Economics and Management, Beijing Forestry University, Beijing, 100083;
2. School of Agricultural Economics and Rural Development, Renmin University of China, Beijing, 100872)

Abstract: The forester system has a long history and significant results. Firstly, some advantages of American foresters system were summarized in the paper, then the feasibility and importance for China to draw lessons from American foresters system were also analyzed, Finally, some countermeasures to strengthen the management of forest resources in China were put forward as follows: strengthen the legislation work, promote to establish the related standard, perfect the mechanism for training high quality forestry talent, perfect welfare system for staff at local level, perfect the external supervisory mechanism of forest resource management, etc.

Key Word: Foresters System; Forest Resources Management; The United States; China

美国的林务官制度是美国联邦政府的林业行政机构用于管理其核心、关键的一类的雇员——林务官的一项人事制度。美国林务官制度确立至今已历经百余年，其林务官制度虽然承袭于欧洲，但在发展过程中具有紧密结合本国国情、不断丰富发展的特点，继而在美国林业的物质生产、生态保护和社会价值三大领域发挥了巨大的效用。向成功实施林务官制度的典型国家——美国学习林业经营的先进经验，汲取该国林务官制度的精髓和实质，将有助于提高我国森林资源管理水平，对于我国林业行政管理机构改革、提高管理效率，尤其是对优化林业系统人力资源管理制度均具有一定的参考价值和现实意义。本论文拟在总结以美国林务官制度优点的基础上，分析我国借鉴美国林务官制度的可行性和重要性，并基于美国林务官制度经验视角，提出加强我国森林资源管理的具体对策建议，以期能促进我国森林资源管理体系制度的不断优化。

一、美国林务官制度的优越性分析

在长期的运行过程中，美国的林务官制度显现出其对森林资源的开发和保护中不可替代的突出作用，综合考查美国联邦林务局系统林务官制度的运行背景和运行机制，其特色和优势主要体现在如下方面：

（一）林务官工作权责清晰，队伍精干高效

美国林务官制度具有工作责权清晰这一特点，林务官的各项职能都是围绕森林资源的利用和保护展开的。林务官制定森林计划，对森林资源开展日

基金项目：国家林业局软科学研究项目“国外林务官制度及其经验借鉴研究”（2007－R20）。
第一作者：李红勋（1969—　），教授，研究方向为林业企业管理、人力资源管理，E－mail：lihongxun202@163.com。

常监测，为原木的采伐制定合理的方案，乃至对林区的基础设施进行规划和维护，这些工作之间衔接紧密，而且具有很强的综合性，林务官几乎对森林资源管理的所有活动做到了全过程参与。这样的职能设定既保证了林务官对辖区的基本情况能够有深入的了解，为森林资源的经营决策提供大量的一手资料和经验，同时也大大整合了基层的林业行政部门的工作方式和流程，提高了森林资源管理的效率，有效避免了因基层林业行政机构因职能交叉重复而导致的管理效率低下的问题。以美国国有林林业行政体系中的基层单位营林区为例，每个营林区仅有的10－100名工作人员，却管理着2万－40万 hm^2 大小的林区内的事务，机构可谓精干而高效。正因为有了合理的组织架构和工作设计，才能实现如此有效的管理。

（二）林务官工作职能着眼整体，具有平衡协调林业各领域发展的作用

联邦林务局把森林计划作为以林务官为主的林政人员工作的衡量标准，一再强调要从森林资源管理的一线做好发挥森林资源多重效益的工作，并把以下原则写进了森林计划的编制纲领性文件中：①基于多种用途和可持续经营法案保障森林资源的综合利用及可持续产出；②对于林区内的可再生资源一定要重视其经济和生态两方面的价值，自1982年发布的森林计划编制指导原则就明确了要通过计算的方法使森林的这两种效益达到最大化；③保障本土的植物和野生动物种群维持在应有的水平，保护这些物种使其有足够生息繁衍的栖息地；④活立木的采伐必须保证不破坏和干扰林区内的土壤、滩涂、鱼类、野生动物、游憩活动、森林植被的景观及其他各类资源，也不能影响植被的恢复。基于1982年发布的计划编制条例明确界定了某一林地是否适于作木材生产的详细标准。

因此，从另一个角度说，林务官的工作具有统筹规划，从整体着眼的特征。以森林资源发挥的多种效益来看，林务官的工作权责使得林务官既是森林资源的直接经营者，又是森林资源的一线保护者，由处在基层林务官来制定森林经营计划可以更有效的平衡森林资源多种效益，尤其是经济效益和生态效益之间的关系，较好地统一了林业的物质生产和生态产品供给这最为重要的两大经营目标。从产业的角度来看，林务官的工作涉及林业产业中的一、二、三产业，林务官总揽全局的工作方式也更有利于林业各部门之间的综合和协调发展，进而加快整个林业系统的发展。

由此可鉴，林务官制度的实施克服了孤立片面的看待森林多种效益的观点，防止了将林业各产业之间天然的有机联系加以人为割裂的局面，是一种行之有效的森林资源管理制度。因此，美国数十年来森林资源保持总量持续增长的局面，可以说与林务官的工作密不可分。

（三）森林计划的制定有完备的法律和法规体系作为指导，实现了森林资源管理的标准化和规范化

林务官需要严格遵循一系列法律法规的规定来制定森林计划及次一级的森林经营方案，除前述的《国家环境政策法》（NEPA）外，林务官还需要熟知《森林多目的利用及永续收获法》、《国家环境政策法》、《森林、牧地可再生资源计划法》、《国有林经营法》、《濒危物种法》、《联邦水污染控制修正案》等法律的相关条文，以及联邦林务局制定的政策和指导手册的内容。根据这些法律和规定，联邦林务局根据各时期的森林经营需要和当时的技术手段制定出森林计划编制原则，为林务官的管理活动提供合法的依据。在2011年2月，联邦林务局还将森林计划的编制过程正式纳入了立法进程，根据林务局的计划，在2011年底森林计划和环境影响声明（EIS）的制定和撰写都将有更为规范和具体的法规加以指导。包括森林计划的编制、修改和订正以及效果监测三个流程的计划编制规程及其具体实施细则将以立法的形式被确立下来，环境影响声明的撰写也将在法规的强制约束下趋于正式化和标准化。

综上所述，林务官的工作有完善的法律和法规作指导和约束，有完善的操作规范能够加以遵循，这在很大程度上提高了森林资源管理的法制性和规范性，减少了经营活动的随意性和不确定性，整体上提高了森林资源的规划和经营水平。

（四）美国林业非政府组织（NGO）制定的一些行业标准和规范也为林务官开展森林经营提供了可具有操作性的参考

为了在投入到物质生产领域的用材林领域也体现出森林的生态价值，美国主要用于木材生产的私有林部门发起了一项标准，即“可持续林业倡议”（Sustainable Forestry Initiative®，SFI）。美国大多的林业企业和和小面积林地的所有者在经营自有林地时，也都采用了该标准作为营林的根据和准则。美

国的SFI森林认证虽然是由非政府组织和企业提出和倡导的，但由于美国的国有林系统也是从事木材生产经营活动的市场主体，SFI确立的一些标准和原则也对国有林的经营提供了一定的借鉴和参考，进而为林务官的经营决策提供了依据和支持。以国有林系统的Mt. Hood和Allegheny两个林管区为例，两个林管区在实施了SFI认证制度之后，由第三方的企业组织对其实施SFI的情况进行了评估并给出了详尽的报告，对两个林管区的林业经营实践进行了总结和展望[1-2]。

因此，“可持续林业倡议”(SFI)是指导林业生产经营活动的一套规范，也是林务官在实际工作中可以参考实施的一种作业规范和执行规程，因此SFI在推进林业生产经营的标准化中也发挥了其应有的作用。

(五)林务官的职业道德准则(Code of Ethics)也从道德层面上引导着林务官的营林行为

林务官的职业道德是最早为世界各国所关注的森林伦理领域的问题。世界上很多国家都有成文或不成文的适用于林务官的道德准则，其中通常包括了林务官对森林资源实行可持续利用及对森林的保护义务的承诺。美国林学会于1948年制定了林务官的职业道德准则，并在对林业实践活动不断发展和深入的基础上，于2000年对该准则作了最新修订，准则的中心思想是Pinchot提出的“公共利益必须放在首位”的所谓“实用主义原则”以及美国的林务官，著名野生动物学家及环境伦理学先驱Aldo Leopold所提出的“土地伦理”原则这两个基本内容构成的。林务官的职业道德准则作为法律和制度规定之外的道德约束，也为林务官追求高于制度规定标准的更符合可持续发展理念的经营模式和实践提供了思想支撑。

(六)运用高科技手段，提高了森林资源管理水平

在森林资源的日常监测过程中，林务官需要随身携带大量高科技设备进行测量和调研，在制定营林方案和采伐计划时，也需要运用多种软件和模型对方案进行相互比对和校验，在进行森林资源的清查过程中，美国林务官所运用的技术也是当前世界上比较先进的。在高科技手段的辅助下，林务官在森林资源管理的各个环节的工作效率也会得到很大提高，从而实现对森林资源实现有效的管理[3-4]。

(七)选拔制度保障了人员队伍的素质

在美国实施林务官制度之始至今，对林务官的选拔和任用都采取非常严格的程序，对林务官的任职资格也有着很高的要求。虽然美国在20世纪初林业高等教育也处于起步阶段，具有林业专业知识和学历的人才凤毛麟角，社会对林业专业人才的需求也非常迫切，但从联邦林务局成立之时就要求其林务官具有四年制的本科学历，而且包括林务官及其下属在内的所有正式雇员也都必须通过竞争激烈的联邦政府文员考试，足见美国林政部门对其职员素质一直有着很高的要求。

时至今日，联邦林务局系统的林务官仍需经过学历，实践等多方面的考核方能取得执业资格，并且在发布招募林务官职位信息时联邦林务局和美国人事管理办公室(US OPM)也运用规范的语言对林务官职位的任职资格要求和招聘流程等内容作了详细的介绍。在实际的运行中，担任林务官一职的人员都至少具备林学专业的本科学历，且有很大部分林务官具备研究生学历。林务局在招募林务官的过程中，招聘程序严格，招聘制度公开、统一且规范具体，为选拔学历背景强、业务素质高、实践经验足的应聘者奠定了制度基础。森林资源管理的基层部门有一支高素质的林务官队伍，又为美国林业法规政策的贯彻落实提供了最根本的前提和保证。

(八)完善的薪酬福利体系及激励措施稳定和维护了高素质的林务官人才队伍

联邦林务局将林务官纳入公务员系统管理，同时在结合林业行业自身特色的前提下，为其雇员提供了额外的补助和激励措施，同时其培训体系和劳动保障政策也体现出了覆盖面广，形式灵活等突出优点。这些措施和制度的实行稳定了美国联邦林务局号称“最优秀的雇员”的人才队伍，对该国森林资源管理的人才建设起到了支撑作用。

二、我国借鉴美国林务官制度经验的可行性分析

中美两国虽然在国家性质、政治制度方面有着根本的不同，但其林务官制度中大量的成功做法值得我国学习和利用。我国借鉴美国林务官制度经验的可行性主要体现在如下方面：

(一)基于所有制结构的对比分析

我国属于社会主义的公有制为基础，多种所有制为补充的所有制结构，美国则是以资本主义私有制为主体的所有制结构，两国在社会制度上存在着

根本的区别。但本文界定的林务官，主要系指美国联邦政府的国家公务员，肩负国有林管理的职责，其管理的森林资源具有公共物品的特征，属于"美国全体公民的共同财产"，因此，前文总结的林务官制度的经验，大多适用于我国国有森林资源管理，因为以公有制为基础的所有制结构以及社会主义市场经济体制决定了我国的国有森林资源同样具有公共物品的特性。

（二）基于人事制度的对比分析

本文界定的美国的林务官是该国主要的一类林业公务员，属于美国一般文官的范畴。美国在世界范围内较早建立了现代文官制度，其文官制度确立的竞争择优录用、科学考绩、技术职务长期任用等原则对我国的公务员制度建设也有一定的参考价值[5]，具体到林业领域，美国的林务官制度确立至今也已逾百年，其制度内涵及具体的操作都具备了相当的稳定性；我国的林业行政系统尚处于改革发展的历史阶段，承担国有林管理责任的各级林业行政机构、森工企业，尤其是基层林业行政机构，比如林业站，其地位和隶属关系，以及工作人员的编制和办公费用，也都还因地而异，不尽清楚[6]。因此美国林务官制度的一些既成做法也将对我国林业行政系统的机构和岗位设置等提供一定的参考。

（三）基于国情和林情角度的对比分析

中美两国的国有林都是作为本国生态建设的主体和承担者，都肩负着维护一国生态安全的重要职责[7]，较其他所有制下的森林资源，都更能集中体现林业的经济、生态和社会的多重价值。因为经营和管理国有森林资源的目的和诉求存在一致性，所以美国在经营国有森林中所采取的林务官制度，包括林务官营林的具体活动中所蕴含的价值取向，都是符合我国当前建设生态文明的宏观政策和制度的。且就林业发展的历程来看，美国自1905年成立林务局及之后组建林务官队伍以来，自殖民地时期一直以来森林资源过度采伐消耗的局面就得到了有效的遏止，该国森林资源在最近数十年间也一直呈良性发展的态势，森林生态系统得到了保护和合理的开发；而我国在建国以来林业一直作为为国民经济提供资本积累的主要生产部门，长期以来重开发轻保护，重收益轻生态的林业经营模式也是我国的森林资源在一定时期内受到了破坏。以周生贤（2002）提出的中国林业"以林木生产为主向以生态建设为主"为核心和根本的"五大转变"为代表，林业生态建设的作用被提到了新的高度。因此，在美国林业走过的"先破坏，后恢复"道路，以及林务官制度在美国森林资源逐步恢复及稳步增长这一过程中的作用和意义对我国具有参考意义。

三、我国借鉴美国林务官制度经验的重要性分析

（一）林务官制度有利于林业行政体制的责权利统一

美国国有林系统实施林务官制度，由处于一线林务官主导所辖林区几乎所有的林业生产经营活动，森林资源的消长和林区生态建设的结果都由林务官来承担，并且其经营决策只受其上级林业部门节制，森林经营的过程做到了谁实施谁负责，有效地统一了森林经营过程中的责权利关系。由于美国国有林系统实行的是林产品收益用于营林造林和保护生态之用，盈亏则由政府加以补贴的制度，所以林务官都会是采伐限额忠实的执行者，因为超额采伐林木和破坏生态的责任都要由林务官本人来承担。反观我国的情况，可以得知林务官参与并且主导森林的抚育、经营、采伐和销售的全过程，使林务官所辖林区的发展做到了人格化，具体化。这种做法为我国实现有效的森林资源管理和监督机的设定提供了有益的参考。

（二）林务官制度有利于改进我国基层林业行政机构的职能设定和工作机制

根据前面对美国林务官制度的介绍，美国林务官的日常工作涉及到森林经营管理事务的方方面面，在工作职能设定上具有相当的综合性。这从一个角度来说有效缩减了基层林政人员的编制，使林业管理人员队伍精干高效；从来一个角度来说，林务官的工作也充分平衡和兼顾了林业产业体系中的各个层次，有效地整合了某一特定林区内有限的森林资源，使资源能够发挥其最大的效用。并且，本文认为，林务官工作最大的特点，就是工作程序有严格的法律和制度规范，辅以操作性强的行业标准加以约束。这种约束使美国国有林的经营活动在全国范围内都按照一定的流程和规范进行操作，便于相互比较和考核，也便于上级林业机构和观众对国有林生产经营活动的监督和沟通。

结合美国林务官制度的上述做法，反思我国当前的情况，我国森林森林资源管理管理，没有严格、统一、操作性强的营林方案编制流程，对森林营林计划的制定，存在很大的随意性。江泽慧 等（2008）

指出，中国森林经营的问题突出表现在："一是没有将森林可持续理念贯彻到森林可持续经营实践中，……忽视对上了健康和森林生产力的维护，保护生物多样性、维护森林生态系统的环境服务功能意识不强；或是过分强调森林生态功能或生产功能，而忽视两者的有机协调。二是没有形成系统的森林经营政策、资金支持体系和高效的森林经营管理体制……三是没有形成完整的森林可持续经营技术体系。"

因此，如前所述，我国现行的森林法规制度除了在执行层面上须加以丰富和完善以外，也未能很好地兼顾森林的多重效应，对森林的生态和社会价值在立法层面的保障也尚嫌不足。森林经营具体操作规范和行业标准的缺乏，使营林在操作上不尽集约高效，有的林场甚至因循数十年前的方式营林，导致我国了森林资源经营水平整体不高的局面。

因此本文在对美国林务官制度和国内森林资源经营中的做法进行文献研究及比较之后，认为美国林务官制度中有效整合森林资源，工作按照严格的法律、规范，严格编制森林计划，依法营林，依计划营林的做法将对我国基层林业行政机构的职能设定和工作方式产生良好的启示。

(三)林务官制度有利于高效地补偿森林资源正外部性

在同美国的森林经营管理方式比较中不难看出，美国林业的基层职能机构——营林区对森林资源的管理方式值得我们借鉴。占美国森林资源总量33%的国有林中，又只有其中的10%完全退出木材生产，作为"保留林"并禁止一切形式的开发和利用。林务官在组织木材采伐活动之后，继而把工作重心转移到林区"非保留林"产出的原木制品的销售活动中去，使绝大多数国有林经营具有经济上的回报，这种以林产品出售价格的形式在一定程度上补偿了森林资源的正外部性的做法，也在一定程度上兼顾了森林的多种价值，减少了国家预算对国有林经营管理成本的倾斜和转移，同时美国国有林在采伐之前需要林务官撰写的环境评估报告和环境影响声明，规避了对森林资源过度开发可能造成的生态风险，作为这种管理方式的前提和保障。李红勋也提出了在我国通过市场，以价格形式来补偿生态公益林的价值的构想[8]。

在上述观点的支持下，本文倾向于认为美国林务官制度的设计是一种能够让森林资源正外部性得到直接的经济补偿的有效途径，美国林务官直接把经营国有林的资金收益作为营林护林和生态建设的重要资金来源，这种"自收自支"的做法减少了资金的流转环节，提高了资金的使用效率，缓解了政府用于生态建设的公益性支出压力，

(四)林务官制度有利于解决基层林业行政机构引人难、留人难的问题

林务官作为美国国有林系统最主要的一类公务员，其薪酬福利和各项社会保障制度都非常完善，且能通过多种形式享受到完善的培训及继续教育等服务。既有文献还表明，美国的文官在该国属于收入较为丰厚的社会阶层[9]。这些措施都使美国高效精干的林务官队伍得以稳定。

目前我国林业行业从业人员整体薪酬福利水平偏低，难以吸引优秀人才在森林资源管理的一线工作的问题也由上面的论述得以阐发。根据2008年全国林业统计年报的统计结果，全国林业系统在岗职工年平均工资15701元，在薪酬上与其他行业相比没有竞争优势；《2008年度林业行业薪酬调查报告》发布的调查也倾向于支持我国林业行业从业人员薪酬普遍低于其他行业的这种提法，并且该报告还指出，林业行业的薪酬差距就地区差异而言非常明显，在西部和落后地区林业行业的从业人员薪酬相较全国的薪酬水平就更低。而与此同时，林业系统的基层从业人员往往需要在各方面条件相对艰苦，生活环境相对闭塞的地区工作，目前林业系统的薪酬水平福利保障制度就很难吸引和保留优秀人才在基层从事森林资源管理工作。

根据李红勋等[10]对北京林业大学农林经济管理专业1998～2003级学生就业状况的调查，农林经济管理专业毕业生更愿意到经济发展水平高，物质文化生活相对丰富的地区生活，在五年之间选择从事林业，农业行业的学生只占到被调查学生总数的6%。然而，从另外一个方面来看，"农林经济管理专业人才作为具有鲜明行业特色的专门人才，其就业的竞争优势主要是在农林行业和相关领域；其就业的优势地区主要是在中小县城，是在广大的农区和林区。"

因此，美国自弃联邦林务局成立之时，就将其核心的技术类雇员——林务官队伍纳入到文官的序列中去，这一点对于当前我国稳定基层林政人员队伍，尤其是留住核心技术人员，提高基层森林资源管理者的生活水平，改善一线林业行政人员和职工

的薪酬福利待遇，让广大毕业生愿意选择到基层林区，到森林资源管理的第一线去工作，具有一定的借鉴意义。

四、基于美国林务官制度经验加强我国森林资源管理的相关建议

我国过去的森林资源管理可以被概括为是对“事的管理”，是一种“任务的管理”，为资源管理而管理，而不是对人的管理。通过制度和组织机构的调整，引入林务官制度，保证林业管理队伍的稳定，使管理队伍职业化、科学化。只有这样才是实现森林资源的可持续增长的必由之路。因而，本文认为中国的森林资源管理应该由对“事”的管理转变到对“人”的管理，从而实现森林资源管理的效率和森林资源的可持续发展。借鉴美国林务官制度的经验，结合我国森林资源管理状况及其特点，本文在此提出如下对策建议以加强我国的森林资源管理[11]。

(一)切实加强林业立法工作，使森林资源管理有法可依

我国的林业立法虽然取得了重大的成就，但是为了适应当前对森林资源管理的需要，我国的林业立法在体系建设和法律法规的操作性上都有待进一步的发展和完善。根据前面介绍，美国林务官在实施森林资源管理的全过程中都有完备的法律体系作为其工作的支撑和依据，美国的林务官在制定决策时都要严格对照相应的法律条文，“引经据典”地检查自己行为的合法性，并以此作为成文的森林计划的重要构成部分。鉴于此，我国也应当加快森林法律法规制定步伐，尤其要关注立法的实用性和操作性，这样一方面可以把森林资源管理活动按照统一的、严格的规范约束起来，另一方面也是森林资源管理监督的难度得以降低。同时，在健全森林经营方案编制和实施的管理制度基础上，形成一套完善的森林资源方案编制、执行效果检查、审计的管理制度，使林业法规能真正落到实处。

(二)利用和扶持非政府组织力量，推动林业相关标准的制定

美国的各类林业非政府组织(NGO)在长期发展的基础上，对美国的森林资源管理的相关作业规范的制定实施起到了很大推动作用。林业法规难以触及到的操作流程、操作规范上的标准，可以由相关的认证来补充。只要有相应规范作为准绳，森林资源管理活动的效果和产出就有可能被很好的衡量，美国林业的最佳经营实践(BMP)和可持续林业倡议(SFI)等行业标准虽然发源于非政府组织，但是经过实施评估其效果之后，已被美国联邦林务局全面或部分的采用，成为森林资源管理效果评判的制度。因此，我国在今后不但要利用林业行政机构的资源，也应该发挥和借助林业非政府组织的力量，推动行业标准的建设。

(三)完善林业高素质人才培养机制

既有文献表明，我国林业系统人力资源总体质量不高，从业人员整体学历素质偏低，林业人才培养体系尚不完备等问题比较突出。相比美国拥有高质量的基层林业行政人员，即林务官队伍，我国的林业系统人才建设尚且任重道远，本文认为现阶段应从以下几个方面加以改进：

(1)巩固林业学位教育现有成果，着重培养林科专业学生实践能力。如前所述，美国林务官在选拔过程中非常重视实践技能的积累，强调林务官在正式任用之前必须有数年的森林资源管理一手经验，又如美国林业院校的学生都会利用假期深入林业企业、联邦、州政府下设的林业行政机构进行实习，尤其美国联邦林务局自建立之始就鼓励“学生助理员”赴联邦林务局系统实习，现在已经建成了完备的实习机制，每年都要接待大量的林科专业学生实习，这也在很大程度上保证了上任林务官的实际操作水平和对林业政策、制度的掌握水平。当前我国学位教育普遍存在与实践脱节的状况，因此有关部门应当建立林业高等院校、林科专业学生实习机制，让林科学生能真正深入到森林资源管理的第一线学习知识，掌握技能。

(2)全面推进林业系统在职人员继续教育培训。美国的林务官制度都强调对林政人员的知识进行实时的更新，德国对林业的采伐工人也有常规的培训制度，对技术人员就毋庸赘言了；(白秀萍，2011)美国林务局对其职员实施的培训除了常规的课堂授课以外，远程的学习形式也具有网络化、覆盖面广、培训课程内容丰富、涵盖领域广等突出优点，其培训模式也很值得像我们这样领土广阔，基层林政人员相对比较分散的国家加以学习和借鉴。就我国而言，应当发挥信息技术的优势和长处，培训内容对基层林政人员的综合素质和专业素质都要加以兼顾。美，德等国的林务官日常很重要的一项工作就是和林区内的居民协调森林资源经营的管理事务，指导帮助林业企业主和林地所有者管理好森林，因此必

要的沟通协调能力对基层林业工作者而言也应纳入到常态化的培训体系中去。

(3)职业资格的第三方认证。就美国的情况而言，无论是联邦林业系统还是各州，林务官在任职都必须具备职业资格和学位的认定。以美国林学会(SAF)为代表的非政府组织通过考试认证林务官的任职资格，对其进行注册的做法也值得我国参考。当前我国林业系统大量缺乏专业技术人才，如果能动员民间力量，参与到素质过硬，持证上岗的林政人员的培训和资格认证中来，将从会有效地缓解国家对林业教育投入的压力。因此，促进我国林业非政府组织的发展，使其运作规范，具有一定的公信力，不仅对于推动林业行业标准的更新有一定的意义，还会对高素质的基层林政人员的队伍建设起到良好的作用。

(四)推进林业人事制度改革，完善基层林政人员薪酬福利制度

目前，我国的事业单位岗位管理改革正在进行，国家林业局也在积极推进局属事业单位的岗位制度改革。结合美，德两国林务官制度都把处于基层的林务官纳入国家公务员统一管理的做法，本文建议我国也在充分理清国有森林资源权属的基础上，将基层执行森林资源管理的一线技术骨干纳入到各级政府的事业编制中去，同时进一步确立基层林政部门专业技术岗位、管理岗位和工勤人员的比例，使基层林业行政机构编制适度，人员结构合理。这样就能改善基层林政人员薪酬福利制度，提升基层林业行政机构人员队伍结构，使有学识、有才能、有经验的优秀基层林政人员能够安心踏实的坚守岗位，保障基层森林资源管理的质量和林政执法的水平。

(五)加强林政人员道德素养，加强道德自律和约束机制

在实施林务官制度的国家中，许多国家都有对林务官职业道德准则的相应描述，笔者在参考美国、芬兰和加拿大三国的林务官职业道德规范的基础上，认为从思想道德的角度激励我国基层林政人员依法营林，依法护林的热情，从职业道德的角度促进森林资源管理水平提升也是可行的。尤其美国联邦林务局对林务官职业的方方面面说明中，都体现着对林务官管理国家森林资源崇高使命的职业自豪感的激励和引导，都体现着该职业服务公众，造福后代的高尚感。建议我国也提出类似用语凝练，上口易记的林政人员职业道德规范，结合生态文明建设等重大战略部署，发布我国林政人员的基本道德规范。

(六)完善森林资源管理的外在监督机制，强化公众参与

美国林务官在行使森林资源管理职能时，几乎每个环节都需要与公众进行沟通和交流，以听取公众意见并整合公众对森林计划的制定、实施的意见和看法，进行补充和完善。尤其美国联邦林务局系统在林业立法和森林计划制定规则的发布和历次修正前，都充分听取了公众的意见，并且采用多种渠道保障公众和林务局之间的沟通，因此在该国林业法规制度执行的过程中反馈也都比较及时，民众的诉求也得到了较好的处置。为此本文建议林业行政系统，尤其是基层林业系统，要与公众形成良好的互动机制，仿效美国的做法及时向民众公开森林资源管理活动的信息，多方面多渠道征求邻区及周边居民对森林计划的意见，并且在最终执行的计划中体现出民意。

参考文献

[1] Michael A Kilgore. Forestry best management practices[R/EB]. [2011 - 3 - 26]. http://www.encyclopediaofforestry.org/index.php? title = Forestpol02

[2]李怒云. 美国林业 NGO 在林业管理中的作用[J]. 林业资源管理，2006(4)：102 - 104

[3]Joseph Roise. Harvest Scheduling[R/EB]. [2011 - 3 - 26]. http://www.encyclopediaofforestry.org/index.php? title = Forestman12

[4]肖兴威，等. 美国森林资源清查的基本做法和启示[J]. 林业资源管理，2005(2)：28 - 33

[5]国洪梅. 中美公务员制度的确立和发展[J]. 吉林师范大学学报(人文社会科学版)，2004(4)：103 - 104

[6]陈建成，李红勋. 对国外林务官制度与我国森林资源管理制度改革的思考[J]. 北京林业大学学报(社会科学版)，2006(12)：35

[7]江泽慧，等. 中国现代林业(第二版)[M]. 北京：中国林业出版社，2008：34 - 35，177，347，381 - 382

[8]李红勋，田明华，王自力. 我国国有林场体制改革问题探索[A]. 第三届中国林业技术经济理论与实践论坛，2008 //陈建成，宋维明，徐晋涛，田明华. 中国林业技术经济理论与实践 2008[M]. 中国林业出版社，2008

[9]赵晓伟. 略论美国文官制度的形成与演变[J]. 工会论坛，2010，16(2)：144 - 146

[10]李红勋，等. 北京林业大学农林经济管理专业 1998 ~ 2003 级学生就业状况的调查与思考[J]. 中国林业教育，2010，28(4)：29 - 33

[11]李红勋，孙勋，董其英. 基于美国林务官制度对优化我国森林资源管理方式的思考[J]. 世界林业研究，2010. 6(23)：66 - 69

我国森林病虫鼠害与气象灾害管理统计指标体系框架探析

贾丹萍[1]　胡明形[1]　李劭抒[2]
(1. 北京林业大学经济管理学院，北京，100083；2. 厦门大学管理学院，厦门，361005)

摘要：随着我国林权改革的深入，建立一套统计指标体系客观、系统、全面地反映我国森林灾害管理的开展情况，不仅有利于我国森林灾害管理工作的科学决策，也有利于我国林权改革配套制度的建立和完善，对我国森林资源的未来发展具有积极意义。但我国森林灾害统计中，病虫鼠害和气象灾害的统计相对薄弱，本文在分析我国森林灾害发生发展过程、森林灾害管理开展基本流程的基础上，从灾前、灾中、灾后出发，分别以灾害监测、灾害预防、减灾救灾、灾损评定、灾后恢复等方面为展开构建了我国森林病虫鼠害和气象灾害管理统计指标体系的基本框架。

关键字：森林病虫鼠害、森林气象灾害；统计指标体系；框架设计

On the framework of statistical indicators for management of forest diseases, pests, rats and meteorological disasters

Jia Danping[1], Hu Mingxing[1], Li Shaoshu[2]
(1. School of Economics and Management, Beijing Forestry University, Beijing, 100083;
2. School of Management, Xiamen University, Xiamen, 361005)

Abstract: Along with the implement of the forest tenure reform, it is necessary to design a series of indicators to improve the forest disaster management decision, based on which it is contribute to the development of forest in China. But the statistics of forest diseases, pests, rats and meteorological disasters is relatively weak. Based on the analysis of the basic process of forest disaster and its management, the basic framework of statistical indicators which reflect the aspects of forest management including: disaster monitoring, prevention, relief, assessment and the work of recovery.

Keywords: forest diseases, pests, rats; forest meteorological disasters; system of statistical indicators; framework designing

森林灾害管理是有效组织和协调一切可利用的资源，监测、预防、应对森林灾害，并在灾后积极重建的一个过程。其目的是通过一系列的组织协调，来保障生态的安全、经济的发展和社会的稳定。目前，国内外的森林灾害管理理论日趋成熟，有关实践也为我国提供了良好借鉴——森林灾害的有效管理不仅有利于降低灾害破坏力，也是推行和完善森林保险制度的客观要求。目前，我国官方统计中的森林灾害统计主要涉及森林火灾和森林病虫鼠害统计，缺少森林气象灾害统计。而且在现有统计中，森林病虫鼠害统计相对粗略、指标较少，难以满足不同信息需求主体对森林灾害信息的实际需求。因此，建立一套系统、科学、合理的森林病虫鼠害与森林气象灾害统计指标体系，反映森林灾害发生发展过程和结果，，是完善我国森林灾害统计制度的一项基础性工作，也是我国森林灾害管理的客观要求。

一、森林病虫鼠害与气象灾害管理统计指标体系的构建原则

为保证指标体系的科学性和有效性，指标体系的构建通常需要遵循一定的基本原则[1][2]。结合我国森林灾害管理的开展与实践，森林病虫鼠害与气象灾害统计指标体系的构建主要遵循以下原则：

(1)目的性原则。指标体系构建的目的决定了指标体系的内容和结构，是构建指标体系构成中首先需要明确的问题。现实中，不同灾害、灾害不同

基金项目：林业公益性行业科研专项“基于林改的森林资源可持续经营技术研究”(200904003)

第一作者：贾丹萍，女，在读硕士。研究方向：应用统计。Email：jdp1220@ 126. com。
责任作者：胡明形，男，博士，副教授，硕士生导师。研究方向：林业统计，林产品市场。电话：(010)62338427，Email：hmx5416@ sina. com，地址：林业大学经济管理学院39#(100083)。

阶段、不同地区的信息呈现多样性、复杂性，而我国灾害研究对信息的全面性、连续性需求以及我国不同森林灾害管理部门对信息的标准化需求，都需要构建统一的森林病虫鼠害与气象灾害统计指标体系。

(2)系统性原则。森林病虫鼠害与气象灾害发生过程具有周期性，而森林病虫鼠害与气象灾害管理也包含各流程：灾前监测和预防、灾中救灾、灾后重建和恢复等。这些都要求我们在指标体系设计时，按照各系统需求有序的进行。

(3)必要性原则。必要性原则中不仅要求指标体系设计中抓住实质和重点，也需要注重整个指标体系的完整性。森林病虫鼠害与气象灾害的发生是一个灾前、灾中、灾后紧密相连；监测、救灾、重建缺一不可的过程。但不同灾害类型的侧重点不同，以森林病虫害为例，对于此类灾害，森林灾害管理中的监测和预防工作尤为重要，可以有效控制该灾害的发生。因此，在森林病虫害统计指标设计中，不仅要注重完整性，也要突出灾害监测和预防工作的重点。

(4)可操作性原则。指标和指标体系的设计都是为了在实践中更好地获取数据，实现所需数据信息的全面、科学、标准。在我国森林病虫鼠害与气象灾害管理中，灾害造成的损失衡量，特别是其中的生态环境损失评定一直是难点，如何保证所设计的指标可以快捷、有效地获取所需数据，是指标体系应用的前提。而且，在注意指标数据的可获性的同时，也要注重指标内涵的易理解性。

二、森林灾病虫鼠害与气象害管理的基本过程

灾害管理的全过程具有连接性，一般划分为三大阶段：灾前的备灾管理、灾中的救灾管理和灾后的重建管理。在各个阶段，中央和地方政府主管部门发挥着决策、指挥、组织、领导、协调、控制和监督的灾害管理功能。[3]我国80年代末就提出并开展减轻自然灾害系统工程的研究工作，减灾系统工程一般把减灾划分为：监测、预报、防灾、抗灾、救灾和重建等6大子系统。森林病虫鼠害与气象灾害统计的目的是反映灾害发生的过程及结果，为灾前、灾中和灾后管理提供依据。因此，森林病虫鼠害与气象灾害统计指标及其基础数据收集体系的构建应该在对森林灾害的发生、发展及管理过程的科学解析的基础上进行。

(一)森林病虫鼠害与气象灾害管理阶段关系分析

灾害管理中，包括灾前、灾中和灾后三个基本阶段。灾前管理是管理部门为防灾减灾所作的灾害监测、预防等工作；灾中管理是管理部门对已发生灾害采取的救灾和灾损评定工作；灾后管理是管理部门发动全社会力量进行的灾后恢复重建工作。除此之外，灾害管理中还包括灾情描述，用于对灾害发生基本情况的纵向和横向描绘、分析。森林病虫鼠害与气象灾害管理阶段的主要关系如下图所示：

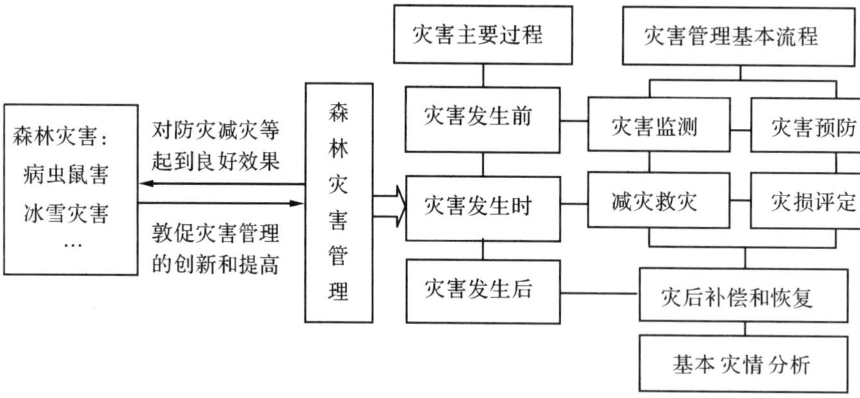

图1 森林病虫鼠害与气象灾害管理阶段关系分析

Fig. 1 The management stage of forest diseases, pests, rats and meteorological disaster

(二)灾害管理各阶段的基本任务分析

我国森林病虫鼠害与气象灾害管理基本过程的分析，主要是针对不同致灾因素的监测、不同管理阶段的投入与产出的衡量以及不同层面的损失测定。灾前的监测是通过对不同灾害致灾因素的测量、记录和监控为中心；灾害的预防、救助以及恢复工作主要涉及投入与产出效果的衡量，并通过经济方式计量；灾损的评定则是从立木资源、生态环境资源

和生产生活三方面进行具体损失测定。

1. 灾前阶段管理的基本任务

灾前阶段的基本任务主要包括森林病虫鼠害与气象灾害监测、预防两个方面。

(1)森林病虫鼠害与气象灾害监测。森林病虫鼠害与气象灾害的监测主要是监测部门通过对引起灾害发生的主要因素的观察、计算、分析，达到灾害监视、预防的目的。在灾害发生前(即灾害的潜伏期)，其主要影响因素存在一个数量渐变过程，这是可以被监测到的。影响灾害发生的主要因素包括：①森林所在环境的气象气候情况。如大兴安岭松毛虫害的发生与年降水量、年平均气温和年积温(≥10℃)等因素密切相关。[4] ②森林所处地理环境。如在冰雪灾害中，由于阴坡日照少，冰雪霜冻的发生率大于阳坡森林区域。③森林自身的林分因素。如人工林由于林种的单一性，防病虫害的能力较天然林弱；不同树种的防火防灾能力不同。④直接致灾因素的情况。如林区易致灾的生物情况(种类、数量)等。[5]

(2)森林病虫鼠害与气象灾害预防。森林灾害预防是指在灾害监测的基础上，对可能发生的灾害类型通过各类建设、人力物力的投入达到防治和减灾效果的工作(这里也包括人们防灾意识的提高达到的灾害防治效果)。以森林鼠害的预防为例，在不同的森林经营阶段，采取不同措施达到预防目的。在造林设计阶段，需要合理搭配树种，实行合理密植；造林阶段，对造林地进行灭鼠、深翻、杂物清理等预防处理，用驱避剂、多效抗旱驱鼠剂等对苗木实施预防性处理；在林地抚育管理阶段，及时清除林内的灌木和藤蔓植物，破坏害鼠栖息场所，同时控制抚育伐及修枝强度，促进中幼龄林早日郁闭成林。[6]除此之外，为了对监测情况进行分析、随时巡查林区灾害风险情况，预防灾害发生，还需要大量的人力物力投入，如灾防人员的培训、财政的投入、技术研究工作的开展等。可以利用历史数据的对比，分析本地区灾害预防情况的进展和效果。

2. 灾中阶段管理的基本任务

(1)森林病虫鼠害与气象灾害的抗灾救灾。森林病虫鼠害与气象灾害的抗灾救灾是指在灾害发生后，政府和社会针对具体灾情为抢救国家和人民的生命财产，投入大量人力物力进行的抗灾救灾活动。抗灾救灾中包括政府救灾和社会自发救灾，涉及不同的主体，国家、各部门各单位、个人等，所投入的人力物力也分为政府财政、单位资金、社会捐助；在这个过程中，为保证效果，需要针对各地区不同受灾程度按照因地制宜、分类施策、分区治理的原则进行抗灾救灾。以森林虫害的治理为例，对于连片受灾程度较高、虫口密度较大、已无法挽回受损林木价值的林地，以林地更新改造为主(注重加强林分的结构性改造)，辅以生物防治、药剂防治等。对于连片受灾程度较低、虫口密度较小、多以中幼龄林为主的林地，通过药剂防治、清理虫害木及人工物理措施进行处理。而对于新传入和零星偶发地，则通过拔除有虫株，除去虫源即可。

(2)森林病虫鼠害与气象灾害损失评定。森林病虫鼠害与气象灾害损失是指由于灾害的发生，造成该地区直接和间接的经济损失，以及生态环境损失，包括生态环境、林木资源、其他财产、人员、生产等的损失，针对损失的不同对象主要分为：林木资源损失、生态环境损失和生产生活损失三大部分。灾损指标的衡量可以选取能代表调查地块受灾情况和程度的地段，设置标准地或样方进行损失调查。其中的生态环境资源的价值损失计量，主要参照中华人民共和国林业行业标准《森林生态系统服务功能评估规范》，利用影子工程价格法、替代工程价格法、机会成本法、替代市场价格法等方法进行计算。[5]在森林保险损失评定中并不包括生态环境的资源，因为目前各类森林生态服务功能价值尚无法准确核算，而且也未能以完全价值形态进入市场交易，森林生态系统服务功能价值并未纳入森林保险的范围；但在管理部门和国家政府进行重大灾害评定时，还是需要考虑森林病虫鼠害与气象灾害所造成的生态环境破坏程度。同时，森林病虫鼠害与气象灾害的发生有时也会带来一定经济效益，主要包括：森林灾害带来的生态系统更新基础上的生态环境效益；有益的森林环境布局的调整等。由于目前对于效益部分难以衡量，而对森林病虫鼠害与气象灾害损失评定是森林保险开展中重要的一环，所以森林灾害损失评定以对灾害造成的直接经济损失进行衡量为主。

3. 灾后阶段管理的基本任务

灾后阶段管理的基本任务主要是森林病虫鼠害与气象灾害补偿与恢复，以及基本灾情分析与研究。

(1)森林病虫鼠害与气象灾害补偿与恢复。灾害发生后，在积极救灾和评定灾损的基础上，需要利用已建立的森林灾害补偿体系进行损失补偿和各类重建工作，即森林病虫鼠害与气象灾害补偿与恢复。灾后补偿主要分为财政、社会捐助和保险赔付三大部分。灾后恢复是针对森林灾害造成的破坏，通过人员、资金投入和政策支持，进行林区生态环境、生产生活的重建，最直接的表现是进行林地更新。从宏观上来说，森林病虫鼠害与气象灾害灾后恢复成效需要经历十几年，甚至几十年、上百年的时间，通常难以即时衡量。但是从微观和短期来看，需要对灾后的即时恢复工作进行评价。

(2)基本灾情分析。灾害基本情况是在对本次森林灾害发生发展的基本情况进行梳理和评价的基础上，结合该类型灾害的历史资料和数据进行对比分析，得出该类型/地区灾害发生的基本规律。其中，森林灾害发生的基本情况主要包含灾害行为和主要灾情描述两方面。灾害行为由于不同灾害类型的主要引发因素不同而具有较大的差异性，可以根据具体灾害类型进行灾害行为的衡量。灾害情况则主要可以从灾害发生的原因、灾害时间、空间情况和灾害后果等几方面进行描述。灾情统计不仅可以实现对该地区不同历史阶段灾害发生情况和规律的对比，也可以实现灾害在不同地区之间的对比。

三、森林病虫鼠害与气象灾害管理统计指标体系的基本框架

根据上述对森林灾病虫鼠害与气象害管理基本过程的分析，从灾害发生的过程及灾害管理的各阶段的信息需求出发，构建对森林病虫鼠害与气象灾害管理统计指标体系的层次结构与基础统计指标。

(一)森林病虫鼠害与气象灾害统计管理指标体系的层次结构

根据上述森林病虫鼠害与气象灾害统计指标体系设计的基本原则，对目前国外内的一些研究成果进行借鉴，设计森林病虫鼠害与气象灾害统计指标体系框架，主要分为四个层次。

第一层次是森林病虫鼠害与气象灾害发生的主要周期和管理的不同阶段。即灾前阶段、灾害发生阶段、灾后补偿和重建阶段三个层次宏观的对森林病虫鼠害与气象灾害周期进行把握。

第二层次是森林病虫鼠害与气象灾害管理涉及的各个主要方面。依照森林病虫鼠害与气象灾害发生发展的过程以及与之相对应的损失的评估，从灾害的监测—预防—灾情描述—救灾投入—灾损情况—灾后恢复等管理过程各层面展现整个灾害及其损失的情况。

第三层次是反映森林病虫鼠害与气象灾害各层面管理需要，并提取的主要指标类型。如灾害的监测中由气象指标、直接致灾因子指标两类指标构成。

第四层次是反映以上各类型指标的具体可操作性指标。并对各指标内容所需注意事项进行标注，以准确理解各单个指标的含义。由于篇幅所限，本文将不涉及这部分内容。

(二)森林病虫鼠害与气象灾害管理统计指标体系设计

对森林病虫害而言，其理的各阶段任务中，预防管理尤为重要；对于森林病虫鼠害的检验检疫，有效防治是灾害管理的关键，其中的专业人员培养、技术和方法的研发又是预防工作开展的关键；森林病虫害的救灾和灾后恢复以林木本身的救治、恢复为主。对森林气象灾害而言，灾害的发生具有一定的地域性，特别是像台风灾害主要集中于我国东南部地区，所以其预防体系并不完善；气象灾害一般不会造成林木的全损，需要通过救援及时把受灾林木清理并运输出去，极易造成市场受灾林木价格的波动，所以要注重宏观的调控；在救灾和灾后恢复阶段，则以政府财政投入为主。从灾害管理角度，在同一灾害管理阶段，由于不同类型灾害的管理重点不同，因此不同类型灾害的指标体系也有所差异。依据上述指标设计原则和指标体系层次结构，分别设计病虫鼠害与气象灾害管理的具体统计指标如表1所示。

表1　森林病虫鼠害与气象灾害管理统计指标体系框架

Tab. 1　The statistical indicatorsfor management of forest diseases, pests, rats and meteorological disaster

灾期	环节	子指标体系	具体指标	灾型
灾前	灾害监测	气象指标	平均温度、平均降水量	①②
			越冬期温度	①
			最大降温幅度、霜冻/降雪日数、风向风力	②
		直接致灾因子指标	有害生物种类、有害生物本期累计数量、有病虫株率、虫口密度、虫态、鼠类捕获率	①
			累计冰冻/霜冻日、累计降雨/雪量、本年热带气旋数量	②
	灾害预防	建设指标	林区交通道路长度/密度、通信覆盖率、灾防物资仓库数量/密度、各级救火队伍规模	①②
			森防检疫标准站数量	①
		投入指标	森林灾害保险投保比例、森林灾害保险保费财政补贴率、森林灾害预防财政投入总金额(其中：灾防工程投资、灾防设备添置投入、灾防专业人员培训投入、灾防技术科研投入)	①②
		效果指标	灾害发生数量变化率、成灾率变化	①②
			虫源基数变化量 鼠类密度变化量	①
			灾害预报准确率变化	②
灾中	减灾救灾	投入指标	救灾材料工具装备投入数量、救灾人员数量、救灾耗时、各类社会救灾捐款总金额、各级救灾财政拨款总金额	①②
		效果指标	减少直接经济损失价值量、清理受害林木数量/蓄积量	①②
			各类有害生物死亡率、有效救治林木株数/面积	①
			及时救助安置人员数量	②
	灾损评定	林木资源损失指标	林木受害株数(率)、林木死亡株数(率)、林木灾损总面积/蓄积量、林木灾损价值量、林副产品损失价值量	①②
		生活生产损失指标	受灾总人数(其中：伤亡失踪人数)、转移安置人数、直接经济损失总量(其中：救灾工具设备损失量、居民财产损失价值、防灾设施损失价值、农牧业生产损失价值、工业企业生产损失价值)	①②
灾后	灾害恢复	投入指标	森林灾害保险赔偿金总额、灾后恢复总投入金额、各级财政拨款总金额(其中：灾后营林抚育管理费用、医疗抚恤支出总费用、灾后清理总费用、专项基金补偿投入)、各类社会捐助总金额	①②
		效果指标	各类次生灾害发生数量、更新造林株数/面积、更新造林成活率、林区生产恢复率	①②
	灾情分析	灾害行为指标	灾害波及范围(地区及数量)	①②
			当期病虫鼠密度、检疫性有害生物数量、非检疫性有害生物数量	①
			累计冰冻/霜冻日、积雪深度、台风中心风力等级、台风带来累计降水量	②
		灾情描述指标	灾害发生时间、灾害持续时间、灾害发生原因、受灾率、成灾率、受灾程度/等级	①

注：①代表森林病虫鼠害，②代表森林气象灾害(冰雪台风灾害)。

四、结　论

目前，我国森林病虫鼠害官方统计中主要统计发生面积和防治面积等少量指标，森林气象灾害统计则尚未开展。有关森林灾害统计指标的研究中，虽有学者关注过森林病虫鼠害和气象灾害统计指标体系的构建问题，但未从灾害管理全过程的角度设置系统、具体的指标体系。本文从灾害管理对信息需求角度出发，在分析灾害管理基本流程及其管理任务的基础上，分别设计了森林病虫鼠害和气象灾害管理统计指标体系的基本框架。指标体系中不仅考虑了灾害管理全过程中灾前、灾中和灾后三个管理阶段，而且进一步区分了每一个阶段的不同管理环节；针对各环节，则从灾害的原因、灾害的结果、灾害管理中的投入和效果等方面设计了具体指标，形成一个涵盖各管理阶段和管理环节的统计指标体系，为完善我国森林灾害统计制度、满足森林灾害管理实践中的信息收集工作提供借鉴。

参考文献

[1]潘杰义，刘西林．设计统计指标体系的原则探讨[J]．西北工业大学学报(社会科学版)，2003(6)：65－66

[2]张维群．指标体系构建与优良性评价的方法研究[J]．统计与信息论坛，2006.11(6)：36－37

[3]赵领娣．中国灾害综合管理机制构建研究[D]．中国海洋大学，2003(6)：17－24

[4]赵可新，等．大兴安岭森林松毛虫发生的气象条件相关分析[J]．内蒙古气象，2010(6)：31

[5]徐雅雯，等．中国南方雨雪冰冻灾害受损森林植被研究进展[J]．生态环境学报，2010，19(6)：1485－1488

[6]国家林业局．林业鼠害防治对策与技术措施．林造发[2006]38号

[7]杨锋伟，等．南方雨雪冰冻灾害受损森林生态系统生态服务功能价值评估[J]．林业科学，2008(11)：102－103

南方林区森林保险需求意愿与投保模式研究

庞新生　李　萌
（北京林业大学经济管理学院，北京，100083）

摘要：林业是风险集中的高风险产业，发达国家林业生产和实践表明林业的健康发展离不开保险业的有效参与。作为最早的试点区域，南方林区推行森林保险走走停停近30年的历程，由于诸多原因，尚处于发展初期，林户的基本状况千差万别，地区差异显著，森林保险的普及度不高，森林保险供求不平衡，与林户实际需求之间仍存在较大的差距，森林保险投保模式单一传统，需要进一步改革和完善，通过实地调研南方林区森林保险推行情况，了解林农投保意愿与需求以及现行制度、投保模式中存在的弊端，对于进一步完善我国林业现代化保障体系和可持续发展，推动集体林权制度改革具有重要意义。

关键词：南方林区；森林保险；需求意愿；投保模式

Study on the demand & will and insured model of forest insurance in South forest region

Pang Xinsheng, Li Meng
(College of economics management, Beijing Forestry University, Beijing, 100083)

Abstract: Forestry is a centralized industry of high-risk. Forestry productions and practices in developed countries show that the forestry health development must have the participation of insurance industry. As the first pilot region, the implementation of forest insurance in southern forest region has gone through nearly 30 years of stop-and-go. Due to many reasons, the implementation of forest insurance is still in the early stages of development. The foresters´basic condition vary widely, there are significant regional differences. The forest insurance is low popularity. supply and demand imbalance. There is still a wide gap between with the foresters actual demand. The insured mode is traditional and single, need to further reform and improve. The article is base on field research of the implementation of the Southern Forest Insurance and investigation of the foresters insured demand and will, analyzing drawbacks in the current system and the insured mode. It has significance to promote the reform of collective forest right system and further improve modern forestry security system and keep sustainable development of China.

Keywords: southern forest region; forest insurance; demand and will; insured model

林业是我国国民经济的重要组成部分，既能满足国民经济发展的需求，也可满足国民在环境、生态方面的需求，随着集体林权制度改革的全面推广，农民对林木拥有了所有权、经营权和处置权，激发了林农的巨大潜能，从一定程度上缓解了乱砍滥伐，然而，林业生产和经营仍旧面临着一个无法回避的问题，每年由于各种灾害造成的直接经济损失高达数百亿元，这对集体林权制度改革来说无疑是一个巨大的负面冲击。中国林区多分布在山区和落后地区，特殊的地理、气候和人文环境造成林业生产和经营存在巨大风险，况且林业自身又是风险集中的高风险产业，发达国家林业生产和实践表明林业的健康发展离不开保险业的有效参与。我国对森林保险的研究始于1982年，在中国人民保险公司配合下，1984年在广西灵川县试点[1]，到1994年在20多个省区市开办了森林保险业务，主要承保人工杉木林、用材林、混交林、防护林等林木资源[2]。进入20世纪90年代，由于保险公司改制，森林保险成为商业保险，赔付率高，理赔困难以及有关林木评估等技术问题，导致保险公司和林业生产者对森林保险的积极性下降，森林保险陷于停滞状态[3]。2003年中央9号文件颁布后，南方一些省在政府扶持下，逐步建立了政策性森林保险。2009年5月，财政部下发两个文件，即《关于中央财政森林保险

基金项目：基于林改的森林资源可持续经营技术研究(200904003)。
第一作者：庞新生(1970－)，山西榆次人，博士，副教授，研究方向：应用统计，Email：pxinsheng@bjfu.edu.cn。

保费补贴试点工作有关事项的通知》和《中央财政森林保险保费补贴试点方案》，明确表示中央财政补贴为30%，地方财政补贴25%，试点地区为江西、湖南、福建三省。2009年10月下发《关于做好政策性森林保险体系建设促进林业可持续发展的通知》。2010年5月财政部《关于2010年度中央财政农业保险保费补贴工作有关事项的通知》提出在现有江西、湖南、福建3省试点的基础上，增加浙江、辽宁、云南省内有条件、有能力、有意愿的市、县先行试点[4]。对商品林保险，维持现有保费补贴比例30%不变，对公益林保险，将中央财政保费补贴比例提高至50%。并要求商品林，省级财政至少补贴25%的保费；公益林，地方财政至少补贴40%的保费，其中，省级财政至少补贴25%的保费。即便如此，当前我国森林保险的政策和供给与林户实际需求之间仍存在较大的差距，森林保险投保模式也需要进步改革和完善，因此，通过实地调研试点地区尤其是南方林区森林保险推行情况，了解林农投保意愿与需求以及现行制度、投保模式中存在的弊端，对于进一步完善我国林业现代化保障体系和可持续发展，推动集体林权制度改革具有重要意义。

一、南方林区森林保险现状分析

由于南方林区森林保险试点时间较长，试点中出现的问题具有普遍性，同时也积累一些宝贵的经验，具有一定推广价值，因此，笔者主要就森林保险重点试点地区进行调研，在选择各地重点调查的区县时重点考虑三方面的内容：林地面积占比较大；森林保险开展时间较早，具有比较鲜明的特色；当地林业部门能够积极协作和配合。由于调研范围广泛，无法获得完整的抽样框，样本选取主要是在当地林业部门协助下采用方便抽样的方法来获取的，就调查形式而言，主要采用面访调查。此次调研范围主要包括江西、浙江、湖南、福建等地的重点林区和林场，调查单位包括国营林场负责人和林农，特别是林农中的造林大户。由于经费限制，同时考虑到林户调查比较困难，将调查样本量确定为400户，初步设定各省分配各100户，为保证样本的代表性，可根据各省调查难易程度进行适当调整，具体调查区域与当地林业部门协商确定。由于需要了解的内容众多，涵盖面广，因此，本问卷设置了五方面的内容：第一部分、第二部分是与森林保险投保人相关信息，主要包括林农所在地的具体位置，农林地面积和收入、受访者的基本信息，包括受访者的性别、年龄、学历、家中劳动力状况、丛林生产的时间、树种、林地性质和质量、投资额度和遭遇的问题等相关情况。第三部分主要是林户对森林保险的认知、现状与评价，包括是否购买过保险、保险种类、灾害损失类型和额度、各地补偿规定、参保和索赔流程以及参保或者不参保的原因和影响因素；第四部分主要是针对被调查林户的投保意愿与需求，包括了政府补贴、保费、投保方式和年限以及投保的范围；第五部分主要是对效用函数实验数据的收集，包括了年收入和自然灾害状况。本研究主要就前四部分调查结果进行分析，

此次调查分两个年度展开，共发放问卷400份，由于调研过程中，各地林业部门配合程度差异较大，因此在样本选取过程中对调查方案要求略有调整，配合程度较好、森林保险推行过程中比较有特色的地区样本量略有增加，其余地区样本量相对有所减少。由于调查对象主要是林农，调查难度大，部分回收问卷数据缺失特别严重，且问卷中个别题目回答错误，视为无效问卷，可用问卷共360份，如表1所示，其中部分问卷存在缺失数据，为避免信息损失，在后续分析过程采用有效单位法进行分析。由于在江西调查过程中发现问卷中存在一些问题，在后续调查中对问卷做了修改和完善，由于两次调查在调查内容上略有差异，因此在后续讨论过程中主要就福建、湖南和浙江调查数据进行分析。

表1 问卷回收情况汇总

Table 1 Questionnaires collected

省份	有效问卷情况	百分比(%)
江西	123	34.2
福建	71	30.0
湖南	133	19.7
浙江	33	36.9
合计	360	100.0

(一)受访者背景信息分析

受访者的性别以男性为主，占91.1%，平均年龄为46.73岁，最年长者为71岁，最小年龄为23岁，受访者中大多数为中年人，集中在36岁到55岁之间，占到了受访问总人数的68.8%，最少的是35岁以下的，这也说明，农村青年大多数进城打工，家中留守农业工作较少。受访者家庭成员中的教育背景中，初中学历占25.4%，中专或者是高中

学历占43.5%,，大专或者本科以上占28.4%，近八成受访者中家庭成员都接受过高中及以上教育，有一定的自主判断和分析能力，便于调查过程中的沟通与交流，有助于提高问卷的可靠性。受访家庭中55.7%的家庭曾经或者现在有外出务工人员，41.8%完全没有过出外务工人员，说明被调查地区仍有近半数的劳动力从事农林生产的，但是家中有涉及林方面技艺的人很少，只有17.4%的受访家庭有涉及林方面技艺的人，大多数受访者家庭都缺乏林方面技艺的人。从受访者从事林业生产的时间来看，40.5%的受访者从事林业生产的时间超过20年，5年到10年和10年到二十年经验的受访者也较多，分别占22.8%和19.8%。而1年以下，基本没有经验的受访者很少，仅到4.6%，从样本年龄分布结构来看，受访者具有一定代表性，比较熟悉林业生产。从受访户林地所处的位置来看，有183户的林地在山地，占到77.2%，其次为丘陵，占到了18.6%，平地及其它较少。说明被调查地区林业生产主要集中在山地和丘陵。从每年的林业投资看，35.4%的受访者家庭年林业投资额在千元以下，投资额在1000到4999之间的占30.4%，年投资额达到5000到9999的家庭只占到受访者的8.0%，年投资额达到万元以上的家庭也很少，仅占17.3%，被调查地区林户每年在林业投资上的额度不大，多数是小规模投资。

(二)森林保险认知与现状分析

受访者中有161位受访者知道有森林保险这一险种，占到受访者总数的67.9%。购买过保险占到89.9%，其中以人寿、医疗、财产商业保险和农村合作医疗保险为主，分别占到32.9%和62.0%，极少部分购买过农业保险、森林保险和其他保险，有8.9%的受访林户没有购买过任何保险。对于森林保险的认识上，有16.5%的受访者未给出回答，为项目无回答；70.5%的受访者认为森林保险是政府主导的一项惠农政策，绝大多数受访者能够正确认识森林保险的，只有少数认为这是上级政府部门安排的任务，占到5.5%，还有极少数认为这是等同于商业保险的，占到了2.1%，如图1所示。

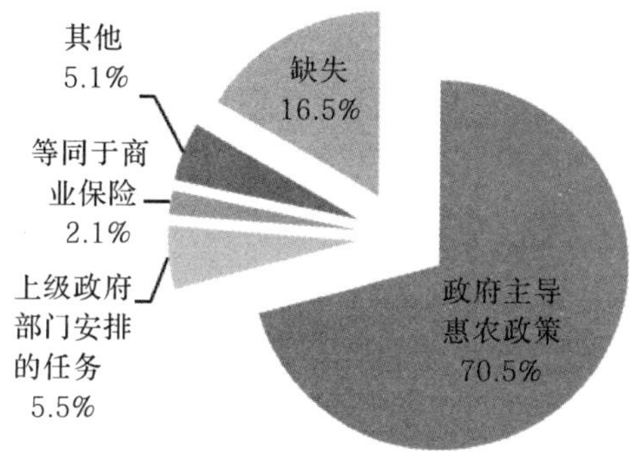

图1 受访林户对森林保险的认识

Fig. 1 Forest insurance understanding of surveyed households

从受访者所在地区遭受严重灾害分布来看，主要是风灾、寒潮、干旱、雪灾、冰冻等气象灾害，占到受访者总数的了65.0%，其次就是火灾和病虫害、鼠害等生物灾难，分别占到了16.6%和8.0%，洪水灾害较少，仅占3.8%，而风暴潮、海啸、赤潮等海洋灾害和人为灾害极少，都只占到0.4%，如图2所示。过去3年中受访者遭遇的主要灾害类型为风雪霜冻灾害、病虫害和火灾，分别占到27.8%、19.9%和19.0%。受访者家庭损失额度在万元以上的有95位，占到40.1%，5000到9999的占到3.0%，1000到4999占到13.1%，千元以下也占到25.7%，说明近半数的受访者近3年遭遇灾害后的损失额度巨大，只有四分之一的受访者遭受的为小额损失。大部分受火的受访者事后没能得到补助，只有很少一部分受灾者得到政府的补助，且数额较少，损失和补助额度之间的差距很大，进一步说明林户购买森林保险的必要性和重要性。从受访者对森林保险的了解来看，70.0%的受访者不了解当地政府和保险公司对森林保险的具体规定，23.2%的受访者基本了解，只有5.9%的受访者很清楚当地政府和保险公司对森林保险的具体规定。对于投保和遭遇灾害后的索赔程序，166位受访者不了解当地投保和索赔的程序，22.8%的受访者基本了解，只有6.3%受访者很清楚投保和索赔的程序，对当地森林保险执行中是否存在故意造成森林保险出险和虚报损失等行为的调查中发现，78.5%的受访者认为当地存在上述行为，14.3%认为到很少出现，只有极少认为当地故意或者虚报损失的行为较多。

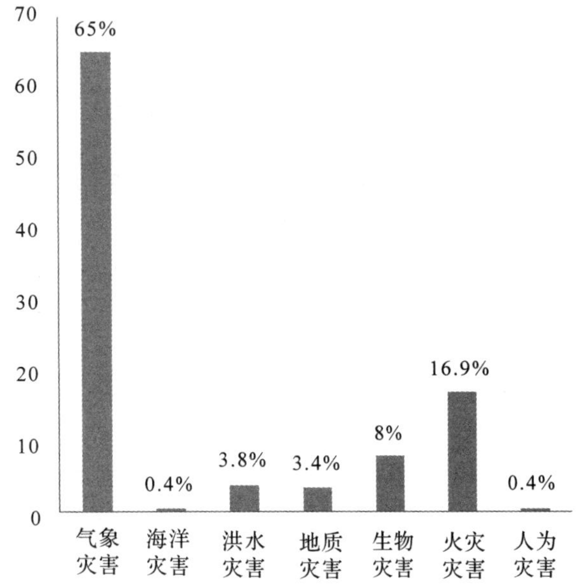

图2 受访者所在地区遭受严重灾害分布

Fig. 2 Serious disaster distribution of respondents' area

在受访者中有37.6%参加了调查年度的森林保险，过半数的被调查者没有参加森林保险，且在参加保险的受访者中有32.9%表示如果没有政府补贴一样会参加森林保险，这说明尽管森林保险的参保者不多，但已经有三成左右的林户具备一定的森林保险意识，能自主参加森林保险。在对于林户参加森林保险险种的调查中发现，最主要的险种为火灾险，占到了受访者的49.5%，火灾险和冰雪冻雨险分别占3.2%和2.2%。说明参加森林保险投保的险种中火灾险比较多，其他险种没有集中性。在受访者参与投保的原因的调查中，有35.5%的受访者是由于当地政府部门的极力倡导和要求而参加森林保险，这说明政府在政策性森林保险推广中具有举足轻重的作用，有29.0%的受访者因为参保能降低风险而参加森林保险，有20.4%的受访者因家庭的主要收入来源为林业而参加森林保险，只有14.0%的受访者是因为费用不高，想试一试，这也说明购买森林保险的林户具有一定的风险意识，参保目的明确。从参加森林保险林户的参保方式来看，极少数为全省投保，15.4%为政府分级补贴，23.1%的受访者是由个人投保，57.1%的受访者是通过有组织的统一投保，如图3所示。

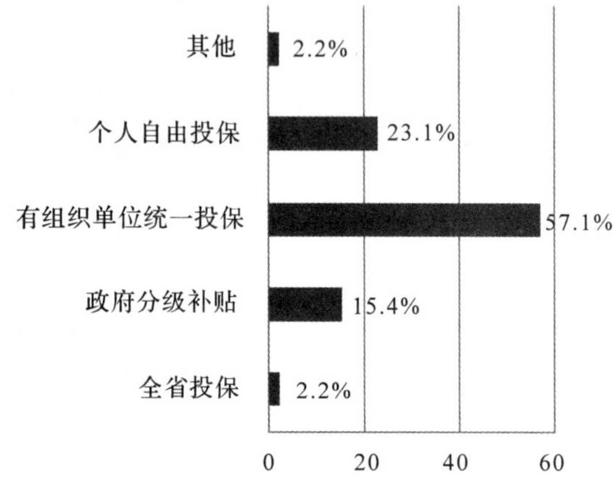

图3 森林保险的参保方式

Fig. 3 The mode of forest insurance

(三)森林保险评价分析

在投保林户的调查中发现，88.8%的受访者认为家庭参保是很方便的，且其中有近三成的投保者接受过森林保险理赔，享受到投保效益。从投保的满意程度来看，42.9%的受访者认为其参保的森林保险理赔令人满意，40.5%的受访者认为一般，有16.7%的受访者认为不满意，受访地区的森林保险理赔体系尚有改进和提高的地方。对于森林保险保额，过半的受访者认为保额合适，46.2%认为保额偏低，少数认为保额偏高，在保额的确定上有待商榷。对于保险公司的服务质量，只有29.1%受访者认为保险公司的服务好，60.5%的受访者认为保险公司的服务一般，有10.5%受访者认为保险公司的质量差，保险公司的服务质量有待提高。从当地森林保险宣传的满意度来看，有63.4%的受访者认为当地政府对于森林保险的宣传做的很好，有29.0%的受访者认为宣传做的不好，有7.5%的受访者认为当地政府没有宣传，地方政府对于森林保险的宣传力度有待加强。对于现行的森林保险制度，近半数的受访者表示满意，有43.0%的受访者表示一般，有7.5%的受访者表示不满意，表明现行的森林保险制度尚有改进和提高的必要性。对于森林保险不满意原因的调查中，近半数的受访者认为保额偏低，35.2%的认为赔付程序复杂，此外免赔标准过高和保险公司服务质量差也是造成林户不满意的重要原因之一。受访林户不购买森林保险的原因很多，依次表现为生活保障不依靠林业收入、投保或者理赔的程序麻烦、对森林保险还不了解以及没有专门的组织交保险。

(四)森林保险投保意愿和需求的分析

从政府的补贴对投保意愿影响看，即使没有政府补贴，64.5% 受访者表示依然愿意继续投保，24.7%认为不再愿意投保，就多数林户而言，政府补贴对投保意愿的影响不大，如图 4 所示。如果有政府补贴，60.9% 的被调查者愿意参加森林保险的投保，25.0%依然不愿意，这说明政府补贴对林户的投保意愿有促进作用，但不是决定因素。在对政府承担保费比例调查中，以每 10 元保费为例，57.5%的受访者认为政府应承担 4 ~7 元，30.0%的受访者认为政府应承担 8 ~10 元，只有 12.5%的受访者认为政府承担可少于 3 元，这表明在保费上，林户还是十分依赖政府补贴的。

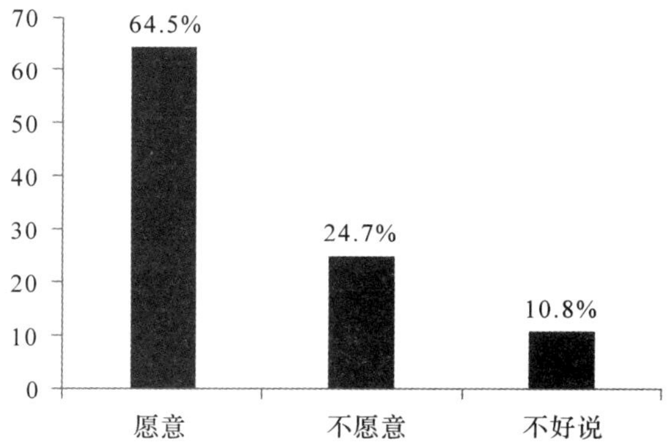

图 4　无政府补贴受访林农投保意愿情况

Figure 4　Insured wills of farmers with being lack of government subsidies

在投保方式上，大多数受访者认为与村为单位统一投保的方式较为合适，39.4%认为个人自主投保较为合适，以村小组和乡镇为单位统一投保分别占受访者的 8.0%和 10.3%，这说明大多数林户希望以统一的形式进行投保，如图 5 所示。

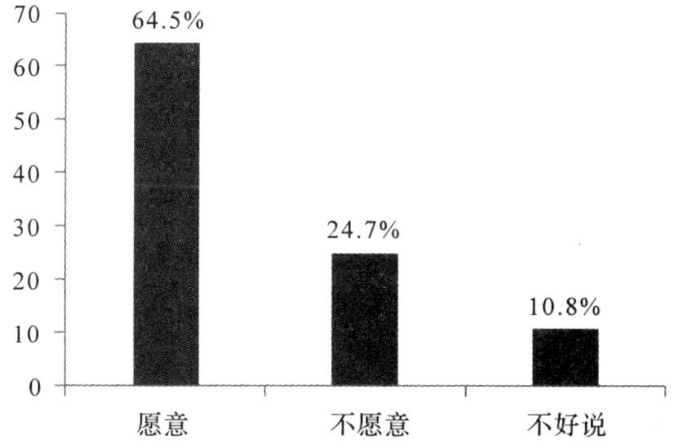

图 5　林户认为合适的投保方式

Fig. 5　The appropriate insured mode that forest households accept

在保额基准的意愿调查中，半数以上的被调查者认为应该以蓄积量为保额的基准，占到了 57.7%，认为应该以生产成本和再造林成本为基准的分别占 28.4%和 13.9%。在投保年限方面，三成以上的林户希望投保年限在 10 年以上，20.6%受访者认为应为 1 年，12.9% 的受访者认为 2 到 3 年，22.0%的受访者认为是 4 到 5 年，7.7%的受访者认为应是 6 到 10 年。受访者在购买森林保险时依次会考虑保险公司的品牌、保险产品的内容、保险公司的服务和保险费，有 57.5%的受访者担心保险公司的赔偿情况，保险公司有待提升林农对其的信任程度。在林农希望纳入保险的灾害范围中，主要集中于风灾、寒潮、干旱、雪灾等气象灾害和火灾，希望纳入海洋灾害和地质灾害的受访者较少。对于开展单项险或者综合险方面，绝大多数受访者希望开展综合保险，占 67.5%，少部分希望开展单项险，占 25.9%，只有极少部希望同时开展单项险和综合保险。在开展特大森林保险的需求调查中，有近五成的林农认为有必要开展特大森林保险，有 47.4%的受访者认为没有必要，另外 7.1% 的受访者表示无所谓。对于特大森林保险，36.2%的受访者认为保费应由政府承担，59.6%的大多数受访者认为应该由政府和个人共同承担，仅有 4.3%的受访者认为应由个人承担，大多数林农愿意和政府共同承担。

二、提升林农森林保险需求意愿的措施

由于此次调查涉及地域广泛，各地林业部门无法提供详细的林农资料，获取完整的抽样框十分困难，加之经费有限，因此采用非概率抽样方法，依据方便原则，和各地林业部门协商确定调研样本，尽管事先考虑到按林地规模和性质分配样本，但在调查过程受到人为因素的影响，个别地方对调研不支持，甚至有抵触情绪，无法从抽样技术角度确保样本的代表性。就统计学角度而言，仅能对样本进行定量分析，无法定量估计总体情况，但可以从定性角度分析调研区域林农对森林保险的认知程度与实际需求，通过实地调研了解林农投保意愿与需求以及现行森林保险制度中存在的弊端，对于进一步完善我国林业现代化保障体系和可持续发展，推动集体林权制度改革具有一定参考价值。本次接受调查的林农中，大多数为中年人，集中在 36 岁到 55 岁之间，占到受访总人数的 68.8%。从受访者从事林业生产的时间来看，从事林业生产的时间超过 20

年的占到了40.5%，5年到10年和10年到二十年经验的被访者也较多，分别占22.8%和19.8%。而1年以下，基本没有经验的被访者很少，仅占到4.6%，说明受访者具有一定代表性，多数熟悉林业生产。从受访者经营林地所处的位置来看，有77.2%受访者家中林地在山地，其次为丘陵，占到了18.6%，平地和其它较少，基本符合调查区域林业生产的特点。受访林农中，有近七成的知道有森林保险这一险种，且有一定的了解，此外，对于森林保险的认识上，有七成以上的受访者认为森林保险是政府主导的一项惠农政策，绝大多数受访者能正确认识森林保险的。从上述分析可以看出，林农样本的选择具有一定代表性，数据分析结果基本能反映出调研地区林农森林保险现状和实际需求。

尽管南方林区进行森林保险的试点走走停停近30年的历程，由于诸多原因，尚处于发展初期，林户的基本状况千差万别，地区差异显著，森林保险供求不平衡，森林保险的普及度不高，并且一定程度上依赖政府补贴，森林保险制度有待完善和推广。从此次调查中可以看出调研地区在森林保险试点和推广的现状，同时也深切感受到林农对森林保险的实际需求，南方林区森林保险市场具有很大空间和潜力，有待进一步开拓和挖掘。

从前面分析可以发现，影响林农森林保险需求意愿的因素主要可以归结为林农对森林保险的认知、政府补贴、投保险种和灾后获益带来的示范效应。多数购买森林保险的林户对森林保险有一定的了解和认知，且认同这项惠民措施。有些林户虽然具有一定的森林保险意识，但是缺乏森林保险的相关知识，思想陈旧，用一些陈旧且效用不明显的方法抵御森林风险，还有一部分林户对森林保险持怀疑态度，对森林保险的了解和认知不准确，因此，林户对森林保险的认识和态度对森林保险需求有着重要影响，因此，政府可以通过宣传媒介引导和创造林农对森林保险的消费需求，进一步拓宽宣传渠道。在宣传的渠道上，充分利用广播、电视、报纸和公告栏等快捷方式，或者通过适当渠道给林户分发森林保险小册子，在村落张贴横幅等贴近林户的方式强化林户保险意识，引导林户正确认识森林保险。调查显示，政府的补贴和扶持对林户参与森林保险有一定的影响作用，特别是对于还没有参加森林保险的林户，如果增加了政府补贴，还会有很多林户加入到森林保险中来。由于当前林户的经济基础普遍不强，保费成为制约林户投保森林保险的条件之一，希望国家和地方政府能够提高林户的森林保险补贴额度，增强林户森林保险购买力，使林户在实践中真正意识到森林保险所带来的利益，增强参与森林保险的需求和意愿。需要注意的是，大多数受访者愿意以蓄积量作为保额的标准，愿意购买综合险，但是目前的险种主要是火灾险，险种局限，不能够满足林户的多样化需求，因此，政府应该鼓励商业保险机构深入了解林户基本状况，根据林户切身需求，制定综合多样的保险类型，以满足林户的不同需求，进一步完善我国森林保险机制。通过调研发现，林户受灾后对森林保险意义的理解更深刻，投保的意愿也就更强烈，且有人获益后，能够产生示范效应，带动未参保林户投保，具有积极正面的宣传效用。此外，受灾严重的地区，在森林保险交纳和赔付过程中暴露问题很多，往往会出现林农、林业部门和保险公司几方博弈问题，因此，在受灾严重的地区推行特大森林保险具有重要意义。

三、南方林区森林保险投保方式分析

回顾我国森林保险的发展历程，曾先后实践了多种不同的模式，如保险公司主办、林业部门代理模式，林业部门与保险公司共保模式，林业部门自保模式等等。由于各种各样的原因，有些模式逐步消失，或被其他模式所替代。目前在南方林区广泛开展的政策性森林保险，主要是采用政府补贴下的商业保险公司经营模式，与先前的森林保险模式相比，现行的森林保险模式突出了政府的扶持和推动作用[5]。

(一)森林保险现有投保模式及利益各方角色

由于调查经费和时间的限制，同时考虑到调查对象的配合程度，此次调研中没有专门针对保险公司的问卷调查，由于森林保险中涉及到林农、林业部门和保险公司等三方利益，因此，在调研过程中安排了与调查区县林业部门、保险公司的座谈，通过座谈尽可能了解各方对森林保险的认识和操作过程中出现的一些问题。在座谈中了解到，现行的森林保险模式在实施过程存在很多问题，林业部门、林农、保险公司利益各方角色定位不明确，林业部门负担重，保险公司不积极，林农投保不热情。中小林农投保困难，保险公司赔付不及时，森林保险投保模式单一，行政色彩浓重，缺少专业的林业灾害勘测和评估中介机构，如图6所示。在推行森林保险过程中，林业部门与保险公司之间利益不一致，林业部门为了提高林农抵御灾害能力，希望大范围推广森林保险，保险公司希望在履行企业的社会责任的同时能挖掘出新的业务增长点，林业部门、林农希望双份、三份甚至多份投保，考虑到自身的商业利益，保险公司不同意。随着林权制度改革的深化，森林保险投保模式也亟待创新，兼顾地区差异、林地差异和林户差异，采取行之有效的投保方式，保证林户踏实缴纳保费，使林户投保真正做到透明、方便和快捷。

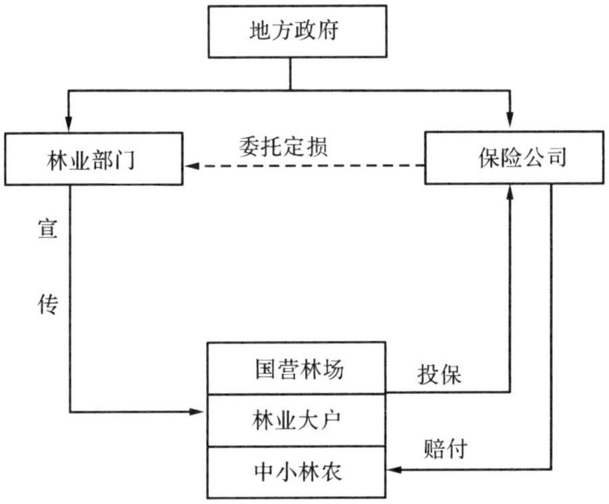

图6　森林保险传统投保模式及利益各方角色

Fig. 6　The traditional insured model and interested parties′roles in forest insurance

值得注意的是，林权改革后均山到户，中小林农占绝大多数，与保险公司界定的林业大户标准(1千亩或1万亩)存在显著差异，中小林农被拒于森林保险之外。在调研过程还注意到，立地条件好，经济效益好的地区，很难出现林业大户；立地条件差，易受灾的地区，容易出现林业大户，在目前保费和赔付标准下，保险公司对森林保险没有热情，迫于社会责任，又必须推行，在此窘境下，在森林保险执行过程中会设置严格的门槛和标准，出险后，扯皮、推委现象严重，不能及时、足额赔付。由于在森林保险推广和赔付过程中涉及大量的技术问题，如不同林龄、不同树种的赔付标准、灾后勘察评估、病虫害保险认定等，保险公司缺乏相关专业技术人员，只能委托林业部门进行勘察评估。由于林业部门角色特殊，勘察结果很难获得保险公司认同。因此，在推动森林保险推广和发展过程中需要处理一系列的问题：如何解决分山到户与大户标准之间的矛盾，把中小林农也纳入到森林保障范围内，充分体现政策性森林保险的普惠性；如何解决保险公司内部林业专业人才短缺，确保勘察评估结果公正性；如何合理安排林业部门、林农和保险公司的利益角色和格局，这些矛盾的解决与否直接关系到森林保险顺利实施。

(二)森林保险投保新模式及利益各方角色

调查显示，大多数林户愿意接受统一、有组织的集体投保方式，这主要源于林户对政府和集体的依赖心理。有些林区以村镇为单位集中投保，集中缴费，集中投保，使中小林农也享受到森林保险带来的利益，由于增加投保环节，出险后容易出现赔付纠纷，赔付归属问题难以解决。还有一些地方森林保险由自发组织的林农协会作为主体统一投保，能够有效简化程序，提高效率，出险后的民事纠纷也由该非官方组织协调解决，具有一定的可操做性。总结调研地区的森林保险经验发现，成立专业的处于中立地位的中介机构完成森林保险出险后的勘察界定能够满足各方利益需要，界定结果基本能为各方所接纳。作为保险公司，应在政策性森林保险大险种下，积极开发新的商业险种，兼顾政策性森林保险的普惠性和商业保险的个性化，既能满足林业生产的需要，也能保证保险公司的利益。作为林业部门应从日常烦琐的森林保险的催缴和勘察评估中解放出来，充分发挥林业部门的政策指导、技术指导、协调沟通宣传的功能，与保险公司协调沟通建立健全完善各类灾害的认定原则、不同林龄、不同树种的赔付标准，协调各方妥善解决森林保险执行过程中出现的各类问题，既有助于减轻了林业生产经营主体的经济负担，政策支农惠农，又能保障保险公司的利益。此外，政府应考虑出资建立风险准备金制度，既可增强风险的防范能力，又有助于分担保险公司承保的后顾之忧，从根本上实现由传统投保模式的创新和转变，建立健全新的投保模式(如图7所示)，既保证了林农的利益，也有利于提高林业部门和保险公司有积极性，在公平公正的基础上推行森林保险。

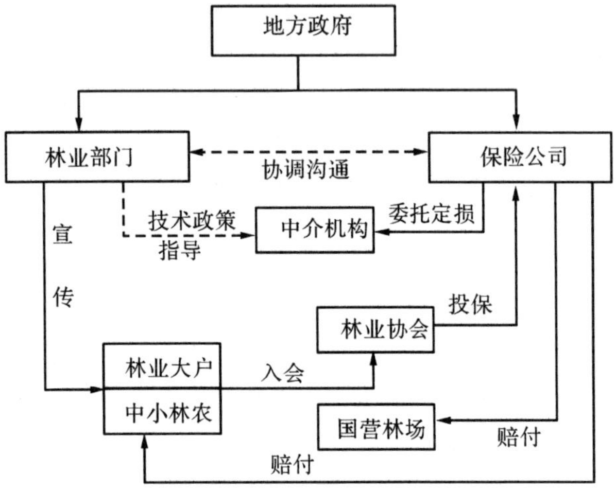

图7 森林保险林农投保新模式及利益各方角色

Fig. 7 The new insured model and interested parties'roles in forest insurance

四、结 论

现行森林保险制度是政府补贴下的商业保险公司经营的政策性森林保险模式，在一定程度上降低了各种灾害给林业生产带来的损失，有助于林农恢复生产。政府力图通过实现林业生产经营主体与商业保险公司的“双赢”来推动森林保险业务的开展。针对林业生产经营者，政府给予一定比例的保费补贴，既有助于减轻林农的经济负担，又能分担保险公司承保的后顾之忧。尽管政策性森林保险设计过程中考虑了各方利益，由于实地操作过程中，影响因素众多，既有主观因素，如利益各方的着眼点，也有客观因素，如各地不同的立地条件、树种的差异以及各地林区自身的特点，政策性森林保险实施过程中出现很多问题，利益各方的角色错位，难以形成共识，林农不积极，保险公司抵触，一些地方森林保险很难推广，因此，深入了解和分析林农森林保险投保意愿，借助有效媒介广泛宣传，强化示范效应，通过设立非官方林农组织，在自觉自愿的基础上，将中小林农纳入森林保险保障范围内，灾后勘察定损评估由中介机构完成，评估结果由林业部门、保险公司和林农组织等利益各方认可。各级政府要从政策层面引导林业部门、保险公司正确定位，扮演好各自角色，提高森林保险的普及程度和灾后赔付效率，增强林农抵御灾害能力，大力推行森林保险等保障政策以完善集体林权制度改革的配套政策，积极推进集体林权制度改革。

参考文献：

[1]潘家坪，常继锋．我国森林保险面临的机遇与挑战[J]．林业建设，2005(05)：2－6.

[2]黄文才．森林保险问题探讨[J]中国林业经济，2008(03)：60－62.

[3]付丽．对我国建立政策性森林保险的思考[J]．中国林业，2008(12)：55.

[4]石焱，王宏伟，方怀龙．我国政策性森林保险的试点情况与发展对策[J]．林业资源管理，2011(03)：5－10.

[5]许慧娟．关于构建复合型森林保险体系的探讨[J]，林业经济，2009(4)：30－37

农林科技服务研究进展述评与展望

王　碧[1]　柯水发[2]　张志涛[3]
（1. 北京林业大学经济管理学院，北京，100083；2. 中国人民大学农业与农村发展学院，北京，100872；
3. 国家林业局经济发展研究中心，北京，100714）

摘要：本文回顾了农林科技服务体系的相关研究及政策，通过对农林科技服务的研究进展进行综述，指出林业科技服务现有研究比较缺乏、采用方法较为单一等问题。针对存在的不足，提出下一步研究重点应集中于对国外林业科技服务的发展进行研究、采用实证分析方法从微观视角分析林业科技服务的供需状况及影响因素、对国内现有农林业科技服务模式进行对比研究等方面。

关键词：科技服务；林业；农业；综述

Research progress of agriculture and forestry science and technology service: A Review

Wang Bi[1], Ke Shuifa[2], Zhang Zhitao[3]
(1. College of Economics and Management, Beijing Forestry University, Beijing, 100083;
2. School of Agricultural Economics and Rural Development, Renmin University of China, Beijing, 100872;
3. Economics and Development Research Center, State Forestry Administration, Beijing, 100714)

Abstract: The paper reviewed the related researches and policies of agriculture and forestry science and technology service system, then pointed out that studies about forestry science and technology service system were insufficient, and the research methods was simple. According to the existing problems, the next study should focus on the following aspects: to study the development progress of foreign forestry science and technology service system, to study the supply and demand state and their affecting factors from micro perspective, to compare the existing service patterns of agriculture and forestry.

Keywords: Science and technology service; Forestry; Agriculture; Review

林业科技服务体系建设是我国实施科教兴林战略的重要举措，是推动林业科技进步和林业产业发展的重要力量，是建设现代林业的重要支撑，是连结林业科技与林业生产的桥梁与纽带，是林业科技成果转化为现实生产力的重要途径。2012 年 2 月，中共中央、国务院发布了中央一号文件《关于加快推进农业科技创新持续增强农产品供给保障能力的若干意见》，文件强调了农业科技重要性，强调提升农业技术推广能力，大力发展农业社会化服务，作为农业社会化服务重要内容的农业科技服务，成为国内众多学者的研究热点。林业作为大农业的核心构成，林业科技服务体系的建设也具有重要的现实意义。当前，特别是随着我国集体林权制度改革的不断深入，集体林权制度配套改革逐渐成为工作重点。集体林权制度改革使得广大农户拥有自己的林地使用权，林地由过去的集体经营变为农户的分散经营，原有的林业科技服务体系已不能满足新形势下林业发展的需要。林业发展的新形势和新任务对林业科技推广和服务工作提出了更高、更新的要求。因此，为使农户更好、更有效地经营林地，必须加强林业科技服务体系建设。但当前国内学者专门针对林业科技服务的研究比较缺乏，由于林业科技服务体系是农业科技服务体系的重要组成部分，因此，作为借鉴和背景介绍，笔者在对林业科技服务体系研究进行综述的过程中对农业科技服务相关研究进行了综述。

资助项目：国家林业局林业重大问题调研项目（项目编号 zdwt－2012－19）。

第一作者：王碧，在读硕士生。研究方向：林业经济与政策。Email：jzwangbi@126.com，地址：北京市海淀区清华东路 35 号，北京林业大学经济管理学院（100083）。

通讯作者：柯水发，博士，副教授，硕士生导师。主要研究方向：林业经济与政策。Email：keshuifa@163.com，地址：中国人民大学农业与农村发展学院（100872）。

一、农业科技服务研究进展

(一)农业科技服务相关概念

对农业科技服务相关概念的界定，理论界基本趋于一致，由于农业科技服务是农业社会化服务的重要组成部分，因此以下先对农业社会化服务进行了概念界定。

1. 农业社会化服务

农业社会化服务，是包括专业经济技术部门、乡村合作经济组织和社会其他方面为农、林、牧、副、渔各业发展所提供的服务，其内容是为农民提供产前、产中和产后的全过程综合配套服务。

2. 农业科技服务体系

农业科技服务体系是农业社会化服务的重要组成部分，它是指在农业科技创新的过程中. 在科技及其成果的供求双方之间起着桥梁作用的机构[1]，是传播农业科学技术、实施科教兴农的重要载体。

3. 农业科技服务

农业科技服务是为了创造、扩散和使用新的农业科技，改善农业科技资源配置和提高利用效率，最终推动农业科技创新的重要手段[2]。它是把农业领域的科学研究成果和相关信息，通过教育培训、媒介传播、决策指导等服务方式介绍给农民，帮助农民提高和改善农业技术方法和生产组织形式、增强抵御农业生产风险的能力. 以提高农业生产效率、增加农民收入、发展农村经济的一系列活动和过程[3]。

(二)政策与实践进展

1991年，为更好地发展农业社会化服务体系，国务院下达了《国务院关于加强农业社会化服务体系建设的通知》，1993年，第八届全国人民代表大会常务委员会第二次会议通过了《中华人民共和国农业法》，强调了农业科技和农业教育，同期又出台了《中华人民共和国农业技术推广法》，高度重视农业技术的推广和应用，第九届全国人民代表大会常务委员会第三十一次会议修订的《中华人民共和国农业法》中，就农业科技和农业教育问题进行了完善，鼓励农民、农民专业合作经济组织、供销合作社、企业事业单位等参与到农业技术推广工作中来，建立培训体系和教育制度，提高农民文化素质和农业专业技术人员素质。2006年，国务院为理顺基层农业技术推广体系，提出《关于深化改革加强基层农业技术推广体系建设的意见》，同年，第十届全国人民代表大会常务委员会第二十四次会议通过了《中华人民共和国农民专业合作社法》，规范了农民专业合作社的组织和行为。近年来，政府更是高度重视农业技术推广，2012年，国务院在印发全国现代农业发展规划(2011～2015年)的通知时，提出大力发展农业社会化服务，同年，发布了《中共中央国务院关于加快推进农业科技创新持续增强农产品供给保障能力的若干意见》，为加强农业技术推广工作，第十一届全国人民代表大会常务委员会第二十八次会议修订了《中华人民共和国农业技术推广法》，进一步完善农业技术推广体系。

(三)研究进展

1. 总体研究进展状况

国内学者关于农业科技服务有大量的研究，主要研究内容包括以下四个方面：①国外农业科技服务发展研究：分析国外农业科技服务发展情况及农业科技服务模式，通过借鉴国外经验对我国现行农业科技服务存在的不足提出改进建议；②国内农业科技服务模式研究：对国内现存国内农业科技服务模式进行分析；③基于农户视角对农业科技服务的实证研究：通过实地调研，分析统计数据了解农民对农业科技服务的需求认知状况；④农业科技服务体系建设中存在的问题及对策研究：通过对国内某一地区的农业科技服务体系建设现状进行分析，指出存在问题并提出改进建议。

2. 研究重点概述

(1)国外农业科技服务发展研究。柏振忠，王红玲[4]对世界农业科技服务体系发展变化进行了研究，农业科技服务的名称、概念、模式、方式、特点和内容等处于不断发展完善中，进入20世纪90年代以来，基本形成当前的知识体系。纵观国外农业科技服务体系发展历史，在不同的历史时期，作为农业科技服务供给主体的政府、市场、社会具有不同的地位和作用，依据三者地位的变化进行划分，国外农业科技服务体系经历了三个历史阶段，即：非政府部门自发供给——政府主导——多元化供给的发展历程，非政府部门参与农业科技服务主要存在模式，即：政府和非政府部门合作，政府为主导、非政府部门为补充，非政府部门主导，典型代表国家分别为美国、印度、丹麦[5,6]。虽然国际上农业科技服务模式可归为三种模式系统，但不同国家在具体的体制运行上仍各有特色，如美国的农技服务实行的是教育——科研——推广“三位一体”模式；

日本的农业技术推广事业是由中央和县共同出资建立的，为“协同农业普及事业”；以色列农业部成立属于国家农业技术推广中心的农业技术推广服务局，并建立多个以节水农业和沙漠农业为主体的试验示范农场；新加坡大办农业科学技术园；法国具有比较健全的农业推广组织；有合作社摇篮之称的丹麦拥有较完备的农业合作社服务体系[7]。除农业科技推广模式有所不同之外，各国由于国情不同、经济发展状况不同以及农业发展水平不同，农业科技推广机构与资金来源也有所区别[8]。

(2)国内农业科技服务模式研究。田建民[7]总结了我国对农技推广模式的探索，认为我国主要有农业科技示范场、农业科技示范园区建设、农技“110”和非政府组织机构模式四种农技推广模式。刘欣晖[9]对农业科技服务体系进行了综述，认为我国农业科技服务模式主要分为政府主导型的农业科技服务体系模式、市场主导型农业科技服务体系模式、混合型农业科技服务体系模式。陈海霞，王新迎，亢志华等[10]对国内外农技推广“市场化”模式进行了探索剖析，指出我国目前农业科技服务模式是以政府为主导，建议打造以政府为主导、构建“自上而下”市场化农技推广模式，并且成立相关组织在这种模式中维护农民权益。另有不少学者对农业高校在农业科技服务方面的服务模式进行了探讨，南京农业大学提出的专家负责制农技推广服务模式[11]、山西农业大学校企联合校地共建等服务新农村的模式[12]、吉首大学与湘西州政府共同组建并在学校设立多家研究机构[13]，云南农业大学“3+3”县校合作服务模式[14]。

(3)基于农户视角对农业科技服务的实证研究。国内众多学者对农业科技服务研究进行了调研和实证分析，其中研究内容主要为农户对林业科技服务的需求认知状况和需求意愿及影响因素分析，主要研究指标包括农民自身因素(年龄、性别、受教育程度等)、农民家庭因素(家庭人口数、家庭收入、非农收入比重、耕地面积等)、农民行为因素(是否经常收看有关农业技能的节目、农业新品种和新技术的采用情况、是否接受过农技推广的指导、是否参加过农技推广的培训、是否接受过农业科技服务、能够得到农业科技服务的次数、是否加入农业合作社、投资农业科技服务的机会成本等)、其他因素(农技人员能否解决农民在生产生活上遇到的问题、农户对科技服务供给主体和供给渠道的选择、农户对于农业科技的需求类型和需求意愿、对农业推广站服务的评价、对科技服务的购买意愿、对农业推广站的改进期望等)，研究方法主要有描述性分析、相关性分析、单因素分析、计量模型、Logistic 回归分析等。

刘旗[15]、鄢万春等[16]、张开云等[17]等分别基于对河南省、湖北省、广东省的问卷调查，对农民对农业科技服务现状的意愿进行了分析，结果表明农业科技服务供需之间存在矛盾，农民对农业科技服务需求强烈，但农业科技服务供给不足，供给渠道匮乏，不能满足农民的需求，科技作用效果不理想。徐金海[18]、熊鹰[19]、孙国梁等[20]、赵朝娜[21]等分别以江苏省、成都、河北、河南等地区为例，分析了农民对农业科技服务的需求意愿、支付意愿及其影响因素，认为农民对农业科技服务有较强的需求意愿，农民的年龄、性别、家庭收入、曾经经历、家庭资源禀赋等因素对农业科技服务的需求产生了影响，越年轻、文化水平越高、家庭收入水平越低、耕地面积越大的农户对农业科技服务需求高，而男性以及年轻农户、收入水平提高、接受过农业科技服务、投资科技服务的机会成本低都会导致农户对农业科技服务有更高的支付意愿。

(4)农业科技服务体系建设中存在的问题及对策研究。不同学者对不同地区的农业科技服务现状进行了分析，并指出存在的问题，提出了改进建议。

综合学者们对现状中存在的问题，主要分为以下几类：①农业科技服务管理体制不完善，机构设置不合理。2002 年，中央提出了分离现行国家农业技术推广服务体系的公益性职能和经营性职能，分别建立公益性和经营性农业技术推广服务体系的基本原则。但当前基层农业科技服务体系中依然存在政府“缺位”与“越位”并存的现象。农技推广机构公益性职能和经营性职能混淆不清，农业科技服务体系缺乏完整、统一和规范的管理[22,24]。②农业科技服务供给不足。刘旗等[15]根据针对地区的问卷调查结果进行分析，发现农民对农业科技服务有着强烈的需求，而农业科技服务供给总量不足。③经费投入不足。当前农业科技服务经费不足，这是造成农业科技服务体系中众多问题的根本。投入严重不足，导致科技人员素质偏低、科技服务供给不足等问题，制约了农业科技法服务的应用和推广[23],[25,26]。④农业科技服务体系参与人员素质偏低。主要包括两方面内容，一是农民素质偏低。农民受教育较少，对农业技术的接受能力较弱，对新技术、新知识的积极性不够，导致农村劳动力缺乏职业技能[25,26]。二是农技推广人员素质不够。我国农业科技推广机构中专业人员少，无法将农业新技术、新知识及时进行推广应用，科技服务队伍中人员素质参差不齐，技术水平低，服务能力差，多学科和多技能的复合型人才严重匮乏，制约了农民所能得到的农业科技服务[26]。

针对现状中所存在的问题，专家学者们分别提出了改进建议。综合各学者对不同地区提出的建议，可分为以下几类：①理顺管理体制。应该坚持公益性与经营性分开的原则，农业科技服务体系基层建设要与政府管理体制改革相结合[23]。②建立健全完善的农业技术推广体系。一是要加强基础设施建设。肖业胜[26]认为完善配套的基础服务设施，便于为农民提供一个更好的信息平台，提供更有效的农业科技服务。二是要改变农技推广体系服务主体单一的格局，完善农业科技供给体系。为满足农民对科技服务内容多元化的需求，科技服务主体也需要多元化。农业科技服务活动必须始终坚持以满足农民需求为出发点，要建立一个多种经济成分、多层次、多形式并存的农业技术推广体系，改进农技推广方式使其便于农民掌握，构建政府主导下的农户、市场和社会力量共同参与的机制，拓宽农业科技服务渠道，为农户提供多样化农业科技服务[15、17、18]。③加大对农业科技服务的财政支持力度，完善投入主体多元化。加大财政支持才能切实提升农业科技服务的总体水平。应在稳定增加财政投入的基础上，以优惠政策鼓励引导银行、金融机构、涉农部门以及民营机构进行投资捐助，建设多元化融资渠道，开展多元化投入体系[16],[23],[25、26]。④提高农民及农技推广人员的素质。建立一个农村教育培训体系，对农技人员以及农民进行科技普及和培训，提高农民科技素质，通过对农技人员分层分类开展培训，大力发展当地科技协调员，造就专业高效的农业科技服务队伍[18、19]。

二、林业科技服务研究进展

（一）林业科技服务相关概念

林业科技服务体系是我国农业科技服务体系的一个重要组成部分，是林业社会化服务的重要内容之一，它是实施科教兴林战略的主要载体，是科技与应用、科技与生产不可缺少的服务纽带，文献研究发现，理论界对林业科技服务的概念界定比较稳定。

1. 林业社会化服务与林业社会化服务体系

林业社会化服务，指的是专业经济技术部门、乡村合作经济组织和社会其他方面为林业发展所提供的各种服务[27]。林业社会化服务涉及到产前、产中、产后各个领域，是连接林农与市场的各种中介组织。林业社会化服务体系是指按照社会分工和协作的要求独立出来的各种林业服务组织所形成的相互联系、相互补充的服务网络的总和[28]，包含的主要组织体系有：乡镇林业工作站、林木种苗体系、森林病虫害防治体系、森林防火体系、科技服务体系及森林资源监测体系[29]。

2. 林业科技服务

林业科技服务指为林农或林业生产经营者提供的各类科技、信息、政策、法规咨询等服务[30]，目前，我国林业科技服务机构基本由省、地、县、乡四级组成，各级林业科技服务机构通过现场指导示范、发放材料、培训讲座、技术宣传等多种形式对林农和林业生产经营者进行服务[31]。

（二）政策与实践进展

2003年，为加快林业发展，实现山川秀美的宏伟目标，促进国民经济和社会发展，中共中央国务院作出《中共中央 国务院关于加快林业发展的决定》，为贯彻落实这一决定，充分调动广大林业科技工作者的积极性和创造性，国家林业局于2004年印发《林业科技重奖工作暂行办法》，2005年进一步出台了《关于进一步加强林业科技工作的决定》，并印发了《2005～2007年林业科教振兴行动方案》，全面推进林业科技进步，贯彻落实科教兴林战略。2006年，国家林业局制定《林业科学和技术“十一五”发展规划》、《国家林业科技创新体系建设规划纲要（2006～2020年）》、《林业科学和技术中长期发展规划（2006～2020年）》一系列科技发展规划，坚持把科技进步作为林业发展的首要推动力量，加速推进传统林业向现代林业转变，并于同年通报表彰了全国林业科技工作先进集体和全国优秀林业科技工作者。2008年，为适应集体林权制度改革后林业生产单位、各类经营组织和广大林农对科学技术急剧上升的需求，更好地发挥科技服务林改的支撑作用。国家林业局印发了《“科技服务林改”行动方案》，紧紧围绕林改后现代林业建设对科技的新需求，创新机制，健全和完善科技推广服务体系，通过“百县千村万户”、林业科技示范区建设、实施百万林农培训计划等系列活动，组织和动员广大林业科技工作者以饱满的热情积极投身到科技服务林改的活动中去，《方案》还提出了科技服务林改的保障措施。

（三）研究进展

1. 总体研究进展状况

目前学者们对林业科技服务的研究比较缺乏，相关研究文章较少，主要内容涉及以下四方面内容：①对林业科技服务模式的研究：主要集中于探讨林改后林业科技服务发展模式；②基于农户视角对林业科技服务的实证研究：通过实地调研，分析研究林农对林业科技服务的认知和参与状况；③创新林业科技服务体系研究：探讨创新林业科技服务体系的方法；④林业科技服务体系建设中存在的问题以及改进建议研究：通过对某一地区的林业科技服务服务现状进行实证分析，指出其中存在的问题，并提出改进建议。目前关于林业科技服务体系建设的研究所采用的方法多为基于某一具体地区的阐述性分析，对地区林业科技服务体系建设状况进行描述，指出当前状况中存在的问题，提出相应的解决对策和建议。

2. 研究重点概述

(1)对林业科技服务模式的研究。在不断变化并且越来越复杂的市场经济体制下，农村发展系统中的社会和环境需求也正将全球对科技服务的看法由统一的政府部门服务转到由一个知识和信息的多元化网络体系提供的服务[32]。并且世界银行的结构性调整计划也为发展中国家带来推广服务供给主体的变化，使得推广服务由原来的政府提供转变为私人管理部门提供，并且这种私人推广服务在一些国家已经表现出积极作用，考虑到长期利益以及对农民教育进行的投资，公共部门和私人部门共同资助科技服务(部分私有化)是合理的。推广服务的私有化意味着农民需要为自己的接受的服务建议进行支付，私营企业、专家顾问、承包机构和农民协会是这种模式下的服务供给主体，英格兰、威尔士、新西兰、荷兰已经实现了这种完全的私有化，爱沙尼亚、智利、匈牙利、委内瑞拉和尼加拉瓜实现了部分私有化[33]。

我国的科技服务主要由政府提供，国内学者对我国林业科技服务的模式进行了初步研究。黄建华等[30]以林改后的福建省为例，指出福建省通过开通“96355”服务热线、实施科技入户、建立科技示范网络功能等模式为林农提供林业科技服务，认为不同模式存在着注重政府引导、体制创新、产学研相结合、调动林农积极性等共性，对完善我国林业科技服务模式具有借鉴和引导意义。

(2)基于农户视角对林业科技服务的实证研究。刘亚萍等[34]通过对广西省进行调研，对广西林农认知和参与林业科技服务的现状进行描述性统计和相关性分析，结论为林农林地拥有量越多，其参与林业科技服务意愿越强，进行的经营管理活动越多，并且认为广西林农对林业科技服务仍然缺乏认知，参与程度还不够。虽然英国已经有了私有化的推广服务，但是许多农民并不想进行支付。保加利亚已经将一部分农场私有化，想通过示范作用来创建私人推广服务体系，但是结果并不理想。所以政府决定在捐助者的援助下创建一个国家推广服务体系。爱沙尼亚创建了一个混合模式，即为贫农提供免费服务，为经济条件较好的农户提供私人推广服务[35,37]。

(3)创新林业科技服务体系研究。童新旺[38]从以可持续发展为核心的林业创新战略、良好的林业发展机遇和林业行业公益性以及林业产品公共型的挑战、搞好省级科技创新基地以及加大投入等深化科技体制改革、加强基础设施建设和创新投资机制以加快林业科技创新体系建设等方面分析了林业科技服务体系创新需具备的基础。詹祖仁[39]从创新体制、机制入手，分析福建尤溪林业科技服务现状，从加强林业科技推广网络体系建设、健全林业科技服务热线、调动积极性、做好示范和科普宣传等多方面创新林业科技服务体系，为构建新型林业科技服务体系提供参考。陈伍爱[40]在介绍广东增城市集体林权制度改革概括的基础上，探讨科技服务创新机制，提出建立有效林业科技推广组织体系、研究社区实用技术、开展示范培训、规范法规政策等措施。

(4)林业科技服务体系建设中存在的问题以及改进建议研究。学者们对于林业科技服务的研究大部分集中于对林业科技服务现状及服务过程中的问题分析，并根据存在问题提出改进建议。不同省份之间林业社会化服务体系建设情况不尽相同，有成就也存在不足。

综合存在的问题，主要包括以下几个方面：①林业科技服务体制尚不完善。当前科技服务实际工作中，存在着多头领导现象，林业科技推广体制不健全，职能定位不明确[41]。②林业科技服务体系资金缺乏。资金缺乏影响了林农营林积极性和林业技术人员创新项目的实施，发放材料、组织培训等存在困难，导致难以实施实质性的林业科技服务活动；使得林业科技推广机构对科技人员缺乏吸引力，造成人才流失，使得乡镇林业工作站很难有效运行[31],[41,42]。③林业科技服务体系人员素质有待提高。这主要包括两方面内容，一方面林业科技人员素质有待提高。林业科技推广体系人员素质不高，并且大多不安心本职工作，队伍不稳定，缺乏能有效解决问题的复合型、创新型人才，科技推广队伍服务能力不足[31,43]；另一方面是林农素质有待提高。林农对林业科技推广活动的接受程度不是很高，并且还存在着部分林农缺乏对林业科技知识的重视，对林业科技知识的认同度较低，由于农民文化及素质不高、信息闭塞，造成生产第一线科技成果推广效率慢，科技服务转化率低，利用率不高[36,41]。④科技服务内容与服务方式不能满足需要。科技服务涉及面窄，科技服务手段与现实需要不相适应，并且目前许多山区林业科技服务设施陈旧，实用性差，内容欠缺，加之当前林农对林业科技服务具有多元化需求，需求强烈，传统林业科技信息传播手段能力弱，已不能满足需要[31,43]。

针对林业科技服务体系中存在的问题，学者们提出了改进建议，主要包括以下几个方面：①完善林业科技服务体系，创新科技服务机制。加强领导，做好各方面的协调工作，强化林业科技服务网络建设，建立多元化的科技服务体系，鼓励和引导各类技术协会和产业协会组建并投入到林业建设中来，大力推进林、科、教三结合，发展社会化林业科技服务组织，加强林业新技术创新和科技服务机制创新[41,43,44]。②加大资金投入，拓宽融资渠道。增加林业科技服务基础设施建设投入，改善科技推广机构的工作和技术装备条件，政府对林业专业合作组织以及专业协会提供资金和政策支持。把林业科技服务投入纳入到林业部门的年度预算之内，鼓励企业和个人投资，拓宽资金筹措渠道，并且减少形式化科技服务活动。在提供无偿林业科技服务的基础上，逐步增加有偿服务内容，利用补助、贴息更优惠政策鼓励和引导各种社会资本进行投资，提倡效益好的项目使用银行贷款，形成多渠道、多层次、多形式的资金筹措方式[31,41,43]。③加强林业科技服务人员队伍建设。为提高林业科技人员素质，吸引更多林业人才投身到林业建设中，给科技人员和广大林农开展技术培训活动提供经常性培训，提高科技人员的工作能力和服务水平，并出台一些激励性政策以便增强对人才吸引力[33,44,45]。四、拓宽服务领域，完善服务模式。在开展林业科技服务之前进行林农需求调研工作，建立实用技术示范基地，通过设立科技示范点，做到以点带面[31,41,45]。

三、述评与展望

目前国内对农业科技服务的研究较多，主要集中于对国内外农业科技服务模式以及地区现状及存在的主要问题进行了研究。其中有不少学者对农业科技服务进行了实证分析，也有学者根据调查所得数据进行了计量分析，从农户视角研究影响农业科技服务的因素。而国内学者对林业科技服务的研究比较少，从微观视角对林业科技服务进行的研究更为缺乏，并且已采用方法多为描述性实证分析，鲜有多因素之间的计量分析。相对农业科技服务相关研究，林业科技服务现有研究均针对于国内，目前缺乏对国外林业科技服务发展模式以及国内外林业科技服务对比分析研究。

因此，针对当前研究中的不足，农业科技服务下一步研究应主要集中于农业科技服务供给方面以及如何更好地发挥农业科技服务作用方面。而林业科技服务下一步的研究重点主要应集中于以下几个方面：①对国外林业科技服务的发展进行研究，并通过借鉴与国内的发展状况进行对比，弥补国内林业科技服务发展中存在的不足；②通过对典型地区进行大量数据调查，利用多种计量分析方法从微观视角系统研究林业科技服务体系供需现状及其影响因素，并针对研究结果提出改进建议；③对国内现有农林业科技服务模式进行对比分析，提出进一步完善林业科技服务体系的建议措施。

参考文献：

[1]周灿芳，曹阳，郑业鲁，等．基于中介服务组织的农业科技服务体系的发展——以高州市明河香蕉合作社为例[J]．广东农业科学，2008，(2)：95－97.

[2]纪绍勤．我国农业科技创新体系研究[D]．北京：中国农业科学院博士学位论文．2005：8—10.

[3]邵文珑．我国农业科技服务供需均衡分析[D]．济南：山东大学，2008(4).

[4]柏振忠，王红玲．世界农业科技服务体系发展变化研究[J]．理论月刊，2004，(11)：155－157.

[5]郭晶．非政府部门参与农业科技服务的国际经验与启示[J]．中国科技论坛，2009，(1)：112－115.

[6]丁楠，周明海．科技非政府组织参与农业科技服务问题研究[J]．中国科技论坛，2010，(5)：133－138，144.

[7]田建民．我国农技服务体系的制度变迁与国际经验的启示[C]．//2006中国农业技术经济研究会学术研讨会论文集．2006：174－179.

[8]陈海霞，王新迎，亢志华，等．国内外农业科技推广"市场化"模式的探索与思考[J]．农业科技管理，2011，30(6)：61－64.

[9]刘欣晖．关于农业科技服务体系的文献综述[J]．全国商情·经济理论研究，2008，(17)：91－92.

[10]陈海霞，王新迎，亢志华，等．国内外农业科技推广"市场化"模式的探索与思考[J]．农业科技管理，2011，30(6)：61－64.

[11]汤国辉，蔡薇，郭忠兴，等．农业院校专家负责制农技推广服务模式的探索[J]．科技管理研究，2008，28(7)：86－89.

[12]王宇雄．高等农业院校服务新农村建设模式研究——以山西农业大学为例[J]．山西高等学校社会科学学报，2009，21(1)：62－65.

[13]刘建兰，李坚，白晋湘，等．区域大学农业科技服务的组织管理现状及对策探索——以吉首大学为例[J]．农村经济与科技，2009，20(1)：96－97.

[14]李文峰，张海翔，武尔维，等．"3＋3"县校合作——西部边疆民族地区农业科技服务新模式[J]．科技管理研究，2012，32(1)：189－192.

[15]刘旗，张漫宇．农民对农业科技服务现状意愿研究[J]．河南农业大学学报，2007，41(6)：698－701.

[16]鄢万春，李飞，钟涨宝，等．农户视野下农业科技服务供需现

状分析——以湖北省枣阳市刘升镇为例[J]. 乡镇经济，2008，24(12)：23-26.
[17]张开云，张兴杰，张沁洁，等. 优化农业科技服务供给体系的策略分析——以广东农村284户为例[J]. 贵州社会科学，2012，(3)：53-58.
[18]徐金海. 农民农业科技服务需求意愿与影响因素研究——以江苏省为例[J]. 经济纵横，2009，(10)：62-64.
[19]熊鹰. 基于农户支付能力与支付意愿的农业科技服务需求分析——以成都市为例[J]. 科技管理研究，2010，30(10)：97-100.
[20]孙国梁，赵邦宏，唐婷婷，等. 农民对农业科技服务的需求意愿及其影响因素分析[J]. 贵州农业科学，2010，38(12)：217-220.
[21]赵朝娜. 欠发达地区农民对农业科技服务需求意愿与影响因素分析——来自豫北地区的实地调查[J]. 河南商业高等专科学校学报，2011，24(1)：47-50.
[22]朱小梅，柏振忠，王红玲. 湖北省公益性农业技术推广服务体系改革模式的利弊分析[J]. 中国农村经济，2005，(12)：22-28.
[23]刘辉，曾福生，杜红梅，等. 基层农业科技服务体系建设的调查与思考——以湖南省衡阳市、张家界市为例[J]. 科技进步与对策，2006，23(8)：22-24.
[24]毛寿林. 基层农业科技服务体系建设的现状与对策——以娄底市为例[J]. 农村经济与科技，2006，17(9)：67-68.
[25]刘振华，钟志明，颜复文，等. 湘南山区农业科技服务体系建设的现状、问题及对策[J]. 经济与社会发展，2011，09(10)：25-28.
[26]肖业胜，黄建强. 农业科技服务存在的问题及对策研究——以湖南省安化县为例[J]. 科技信息，2012，(3)：542-543.
[27]冷清波. 江西省林业社会化服务需求调查与分析[J]. 江西林业科技，2007，(6)·49-51，63.
[28]刘德弟，沈月琴，李兰英. 市场经济下林业社会化服务体系建设研究[J]. 技术经济，2001，(2)：24-27.
[29]钟艳，谷梅. 林业社会化服务体系的问题与对策探讨[J]. 绿色中国，2005，(8)：47-48.
[30]黄建华，吴火和，高楠，等. 福建省林改后林业科技服务发展探讨[J]. 福建林业科技，2009，36(4)：176-180.
[31]陈晓燕. 集体林权制度改革后林业科技服务体系建设研究[J]. 北方经济：综合版，2011，(20)：25-27.
[32] Rivera, W. and A. Gary. Demand-Driven Approaches to Agriculture Extension: Case Studies of International Initiatives [J]. The World Bank, Agriculture and Rural Development, Washington DC, 2004(3).
[33] Bernard Fungo and Judith Nantongo. An Analysis of Privatized Forestry Extension Services in Uganda. The Social Sciences, 2011(6), pp: 8-14.
[34]刘亚萍，万业靖，金建湘，等. 集体林权制度改革背景下广西林农认知和参与林业科技服务程度分析[J]. 中南林业调查规划，2011，30(3)：9-14，17.
[35] Qamar, M. K. Agricultural Extension at the Turn of the Millennium: Trends and Challenges. Human Resources in Agricultural and Rural Development, Di Caracalla V. T. (Ed.). FAO, Rome, 2000.
[36] Scott, T. and H. Furtan. Project performance assessment report No. 29561. Republic of Estonia Agriculture Project. World Bank, 2004, pp: 4.
[37] Kreen, H. and U. Loolaid. Estonia: Fluctuation Between Privatization and Public Sector Reform. In: Privatization of Extension Systems Case Studies of International Initiatives, Rivera, W. and A. Gary (Eds). The World Bank, Agriculture and Rural Development, Washington DC., 2004(2), pp: 23-29.
[38]童新旺. 湖南林业科技创新的思考[J]. 湖南林业科技，2001，28(1)：1-5.
[39]詹祖仁. 林权制度改革后新型林业科技服务体系构建的探讨[J]. 中国林副特产，2007，(5)：87-89.
[40]陈伍爱. 增城市集体林权制度改革中的科技服务创新[J]. 广东林业科技，2010，26(6)：77-80.
[41]项加日，张瑞业，周明，等. 论农村林业科技服务体系建设[J]. 现代农业科技，2010，(8)：247-247，251.
[42]刘亚萍，万业靖，金建湘，等. 林改背景下广西开展林业科技服务活动现状分析及改进建议[J]. 广西林业科学，2011，40(2)：85-89，111.
[43]江淑萍. 新农村建设背景下完善林业科技服务体系的思考[J]. 福建林业科技，2007，34(2)：233-236.
[44]肖红叶. 白城市林业科技服务体系建设的调查[J]. 吉林林业科技，2009，38(3)：41-42，50.
[45]张放. 林业科技为林改后林农服务的几点建议[J]. 辽宁林业科技，2007，(6)：38-39.

《林业经济评论·第4卷》征稿通知

为了促进中国林业经济学界的学术交流，提升学术研究水平，同时更好地服务于现代林业经济改革与发展，北京林业大学经济管理学院在广泛征询业界同仁的基础上，借鉴国内外同类高水平刊物的办刊经验，与中国林业经济学会和中国人民大学农业与农村发展学院共同创办了学术辑刊《林业经济评论》，并以文集(论著)的发刊方式，每年不定期由中国林业出版社正式出版。此提议一经提出，在广大同仁积极赐稿的支持下，于2011年6月、2012年10月、2013年7月成功出版了三卷，获得了一致好评，我们向各界同仁深表谢意！望广大同仁继续予以大力支持，特征集第四卷的稿件，并计划于2013年12月出版。

《林业经济评论》采用匿名审稿制度，宗旨是发表国内、外林业经济学研究的高水平原创性文章，倡导规范、严谨的研究方法，鼓励理论和实证研究相结合的学术取向，并以此作为进一步提升中国林业经济研究在国内、外影响的一个窗口，为广大中国林业经济工作者，特别是为从事中国林业经济研究的同行提供发表高水平林业经济研究成果的学术平台。此外，为鼓励更多学者参与，不收取任何费用。

《林业经济评论》鼓励投稿的主要研究领域包括：林业经济理论与政策，森林资源管理与政策，林产品市场与贸易，林业财政与金融，森林资源与环境经济，保护经济与管理，林业科研与推广，林业人力资源管理与绿色行政，林业产业化，林区改革与发展，林农行为，农村林业组织建设等。

《林业经济评论》主要采取向国内、外林业经济学界教授、专家、学者约稿和征稿两种方式。录用稿件标准首重创新，特别欢迎在掌握翔实资料和深入研究的基础上提出的新思想、新理论、新观点、新论证、新表述，提倡严谨、朴实、明快、清新的文风。

第四卷投稿截止日期：2013年10月30日

投稿电子邮箱：lyjjpl@163.com

稿件邮寄地址：北京市海淀区清华东路35号，北京林业大学经济管理学院《林业经济评论》编辑部(邮编100083)。

投稿需提交电子稿，请作者发送电子邮件时，稿件以“附件”形式(word版本)发送。“正文”写明作者姓名、单位、通讯地址、邮政编码、联系电话等。文章具体格式要求详见网站(http://em.bjfu.edu.cn/lyjjpl/)相关内容。

《林业经济评论》编辑部

2013年7月30日